海外へ飛び出す⑥

working in BEIJING

北京で働く

浅井裕理

Yule Asai

めこん

北京で働く ● 目次

キャリアを生かす

新天地・北京で起業

スペシャリストとして

Information はうしろのページから始まります。

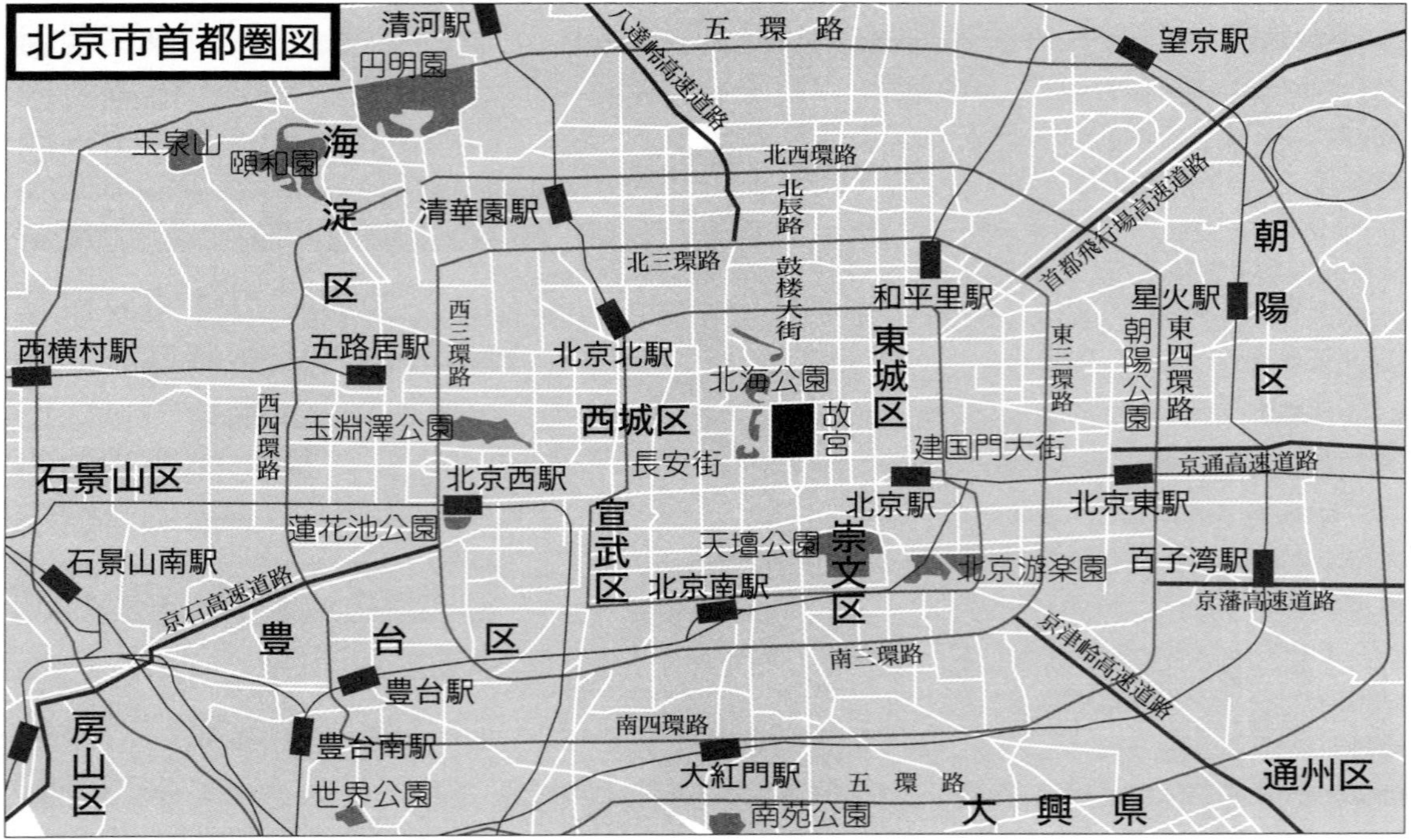
北京市首都圏図
清河駅
円明園
五　環　路
八達嶺高速道路
望京駅
玉泉山
頤和園
海
淀
区
清華園駅
北西環路
北辰路
北三環路
鼓楼大街
首都飛行場高速道路
朝
陽
区
和平里駅
星火駅
東四環路
朝陽公園
東三環路
東
城
区
西横村駅
五路居駅
西三環路
北京北駅
北海公園
故宮
西四環路
玉淵潭公園
西城区
長安街
建国門大街
京通高速道路
石景山区
北京西駅
北京駅
北京東駅
蓮花池公園
宣
武
区
天壇公園
崇
文
区
北京游楽園
百子湾駅
石景山南駅
京石高速道路
北京南駅
京藩高速道路
豊
台
区
南三環路
京津塘高速道路
豊台駅
房
山
区
南四環路
豊台南駅
大紅門駅
五　環　路
世界公園
南苑公園
大
興
県
通州区

北京地下鉄路線図

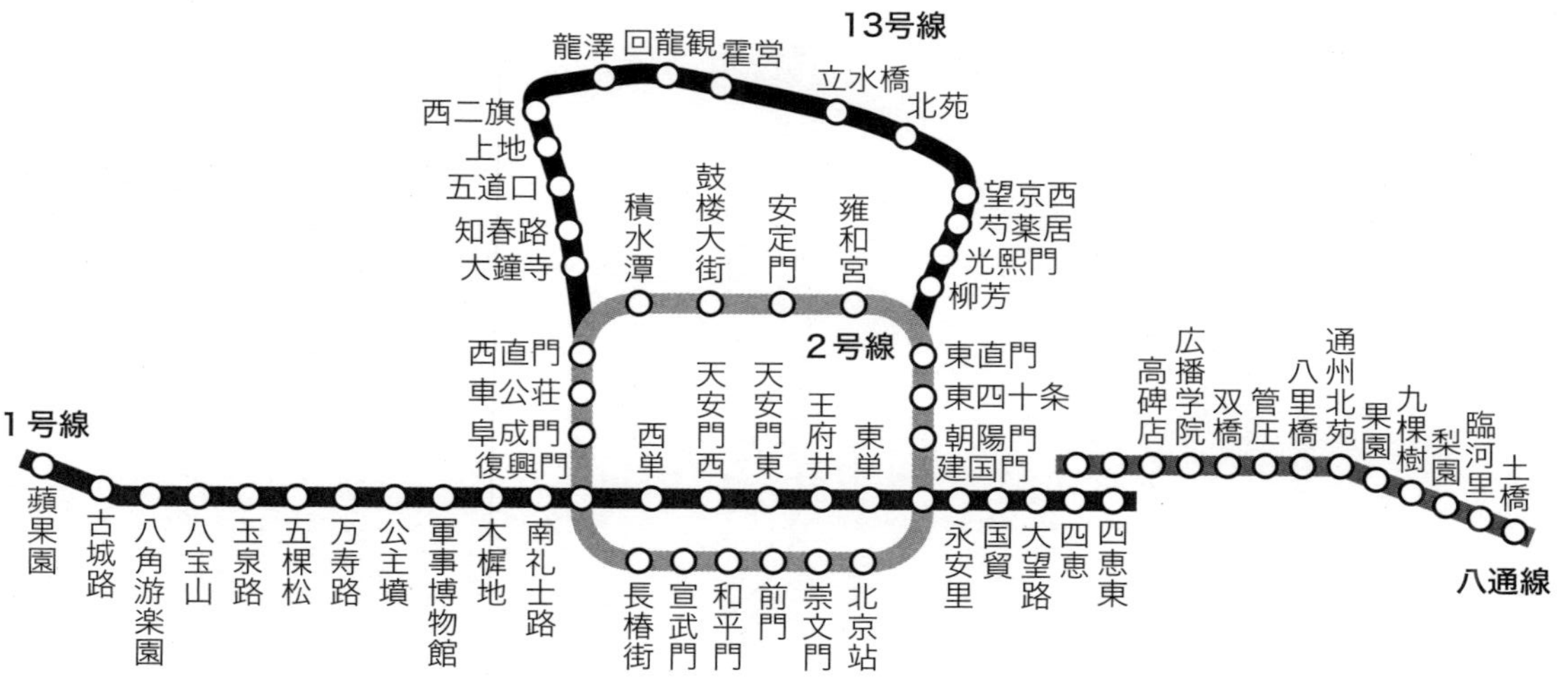

1号線
蘋果園
古城路
八角游楽園
八宝山
玉泉路
五棵松
万寿路
公主墳
軍事博物館
木樨地
南礼士路
復興門
西単
天安門西
天安門東
王府井
東単
建国門
永安里
国貿
大望路
四恵
四恵東
2号線
西直門
車公荘
阜成門
長椿街
宣武門
和平門
前門
崇文門
北京站
東直門
東四十条
朝陽門
積水潭
鼓楼大街
安定門
雍和宮
13号線
大鐘寺
知春路
五道口
上地
西二旗
龍澤
回龍観
霍営
立水橋
北苑
望京西
芍薬居
光熙門
柳芳
八通線
高碑店
広播学院
双橋
管庄
八里橋
通州北苑
果園
九棵樹
梨園
臨河里
土橋

表紙カバー写真　浅井裕理

北京で働く●インタビュー

1 俳優 矢野浩二

YANO Koji

いつかは中国語で中国人を演じたい

一九七二年一月二二日生まれ　大阪府出身
【職業】北京金色池塘影視文化有限公司　俳優
【住居】北京郊外にある、会社が管理する部屋で一人暮らし
【出演作品】日本映画『リングO　バースデー』を始め、『永遠の恋人（原題：永恒恋人）』（北京電視台）、『走向共和』（CCTV）、『記憶の証明（原題：記憶的証明）』（CCTV）、『烈火金剛』（CCTV）など多数。

ドラマの撮影で、捕虜役のエキストラ二五〇人以上を使ったんですけど、これが全員ホンモノなんですよ。本当に御用になった人たち。つまり、刑務所で服役中の人たちということです。現場には警察官が五人来ていましたけれど、二五〇人が一斉に暴動でも起こしたら鎮圧できないいんじゃないかっていう恐怖が、一瞬頭をよぎりましたね。僕はそんな荒くれ者たちを整列させて、「私は、人殺しは好きではない」なんていうセリフを言わなくちゃならないんです。

一九四四年の横浜を舞台にした中国中央テレビ（CCTV）のドラマ『記憶の証明（原題：記憶的証明）』を撮影中のことです。撮影はほとんど北京で行なわれました。僕が演じた「岡田隊長」という役は、横浜に秘密要塞基地を完成させるのが任務で、中国人労働者・捕虜を使って建設を進めます。工事が完成したら帰国できると信じている中国人捕虜と、「完成したら捕虜を全員抹殺するように」と命じられている岡田――。とても興味深い作品です。参加させてもらって、本当に感謝しています。

中国ではこれまでにも、日本人が登場するドラマや映画はたくさん作られてきましたが、ほとんどの場合、中国人が日本人役を演じているんです。ところが『記憶の証明』では日本人役に日本人が起用されました。そういうところからも、監督の意気込みが伝わってきました。楊梓鶴《ヤンヤンヘー》さんという女性の監督なんですけど、本当に妥協という言葉を知らない。満足できるまで、テイクが何十回になろうが、OKが出ないんです。そうしていくうちに、こちらも気分が乗ってきて、役になりきることができました。「この監督は役者のいいものを引き出すということについて、底の底までこだわる人なんだ」と実感しました。撮影では自分でも知らなかった力を引き出してもらいました。成長させてもらったと思っています。

日本と中国での撮影方法ですか？　違いますね。カルチャーショックの連続です。日本だったら、捕虜の役に、本当に服役中の人たちを雇うことはあり得ません。ほかには……。そうですね。喫茶店で向かい合って、ジュースを飲みながら談笑するシーンがあるとしますよね。日本式の撮影では、場面内の時間の経過に合わせて、コップの中の飲み物の量が自然に減っていくように調整します。でも中国では、そういった点は無頓着です。「はーい、カット。じゃあ、その前のシーン、もう一度行ってみよう」なんて言われて、「おい、これじゃ、ジュースの量、矛盾するだろう」なんて考えているのは、僕だけ。あわてて「喋っている間に、ジュース、増えているやん」と注意して、調整してもらうんですけど。

天安門の前の大通り・長安街を相手役の女性を後ろに乗せて自転車で走るシーンがあったんですよ。日本では、そういう場面は普通、牽引《けんいん》なんです。牽引車の上に車両を載せて、引っぱるわけです。自動車のシーンもそうですけど、俳優に運転はさせません。演技に集中できませんから。ところが中国では、させます（笑）。カメラは三輪車が引いたリヤカーに載せて、僕らの自転車の前を走ります。カメラマンがリヤカーに後ろ向きに乗って。リヤカーには、カメラや音声機材、助手の人たちも乗っていて、かなりの重量です。だから三輪車だけではなく、補助の人が二人、リヤカーを引っ張って走ります。原始的？　そうですよね。自転車を漕ぎながら、セリフをしゃべるんですけど、カメラの手ぶれが気になって……。「それ、ぶれてるやろ」って思っていたら、「はい、カット。もう一度」って言われて、リヤカー部隊とともに、再び大移動――（笑）。

あとは、リハーサルなしで馬に乗せられたこととか。「今日は、撮影はない」と言われたので、部屋で台本を読んでいたら、夕方突然、「今すぐ現場行くよ」と声をかけられて。何も聞かずに、とりあえず衣装に着替えて、車で現場に行ったんです。助監督に、「どこのシーンですか」と聞くと、「馬に乗って走って」――。で、何だかわからないうちに馬に乗せられて、リハーサルもなしで、走るシーンの撮影です。いや、中国ではよくあることなんです。それは分かってるんですけど、やっぱり今でもとまどいます（笑）。乗馬は久しぶりでしたけど、なんとかこなしました。

▲高い視聴率を記録したドラマ『記憶的証明』の一シーン

結局、どちらの方法がいいのかというのは、分からないですね。もちろん日本での撮影はきちんとしていますけど、完璧主義というか、細かすぎると感じることもあります。さきほどのコップの例でも、後から見たら、人物がアップになってて、手元のコップは写ってないということはよくあります。結局、ジュースが増えていようと減っていようと、視聴者からは見えない。見えないところまで、きちんとやろうとするのが日本流。おおらかに進めるのが中国流。どちらも勉強になりますね。

日本では、レストランへ行っても、どこも小奇麗じゃないですか。店もおしゃれだし、料理もきちんとしている。一方で、何でもかんでも、きちんとまとまりすぎている、という印象を受けます。中国では大皿でどーんと出てきて、量も多く、食本来の姿というか、自然体なんです。

それと、僕も含めてですけど、日本の若者は歴史を知らないなあと思います。興味がないというか。戦争を描いた映画やドラマなんて、今は本当に少ないですよね。戦争は深いですよ。人間の本質が剥き出しになる。日本という国の過去を知るのも大切なことですよね。

僕は大阪で生まれ、そこで育ちました。おとなしい子供でしたよ。中学・高校では、不良でも優等生でもなく、ごく普通の生徒でした。高校を卒業したときは公務員になりたかったんです。姉が公務員をやっているのを見て、安定した仕事だと思ったので。でも公務員試験に落ちてしまって。公務員は簡単に諦めました。そのあと、やりたいことが見つからずに、アルバイトをして暮らしていました。俳優になろうと思い立って、一九歳のころ東京に引っ越したんです。エキストラ会社に所属しました。でもエキストラはやはり、エキストラなんですよ。一生このままで終わってしまうのでは、と不安でした。それから、環境を変えるために芸能人の付き人になることを思いつきました。真っ先に森田健作さんが候補に挙がりました。ドラマ『俺は男だ！』の再々放送を見ていて、森田さんの印象は鮮明でしたから。

その後の行動は素早かったですよ（笑）。テレビ局に直行して、周辺や玄関を偵察して……。今考えたら、ちょっと危ない人ですよね。でもそれだけ真剣だったんです。それで次の日、またテレビ局に行って「アポイントはあるから」と嘘をついて、本人に会わせてもらいました。

ストレートに「大阪から来ました矢野浩二といいます。役者として面倒見て下さい」と言いました。森田さんがマネージャーに「履歴書を見てあげて」と指示して、立ち去ろうとするので、追いかけて回り込んで、本人の目の前で土下座しました。必死でした。というより興奮していて、何がなんだか自分でもわからない状態。スタッフや警備員の方々に抑え込まれました。若かったとはいえ、今思い返しても、恥ずかしいですね。それから一カ月ぐらい通い詰めて、ようやく付き人になることができました。

付き人はその後、およそ九年間続けました。ええ、長いほうだと思います。運転もへたで、よく車をぶつけたし、道にも迷うし、最初はどうしようもなかったですね。よく「辞めてしまえ」と怒られていました。でも怒られても、次の日には大きな声であいさつをしようと決めていました。付き人時代はいろいろなことを教わりました。つい最近、ドラマで国会議員の役をやったときは、森田さんが国会で着ていらしたスーツを拝借して、撮影に臨みました。付き人時代に、議院会館で大勢の議員を見てきたことも参考になりました。役者という仕事は、日々見るもの、聞くもの、味わうもの、感じるもの、すべてが演技に生かせる職業です。そういう意味では一瞬一瞬が勉強です。

僕は、撮影中でも、プライベートには役を持ち込まないタイプなんです。撮影のときに思い切り集中して、スタジオを出るとすぐ切り換える。そうじゃないと、体力と気力と集中力が持ちませんから。でも以前は違いましたね。二四歳ぐらいのときに、日本で不良少年の役を演じたことがあったんです。そのときは撮影が終わってからも役を引きずっていて、新幹線の中で本物の不良と殴り合いになっちゃったんですよ。原因は、ガンを飛ばしたとか、飛ばさないとか、そういうつまらないことでしたけど。でも、ほら、不良になりきっていたので、つい応戦してしまって。大阪駅のホームで、ぼこぼこになるまで殴られました。怖かったです。今は、気持ちの切り換えがすぱっとできるようになりましたね。役者として成長した？　そういう言い方もできるかもしれません。集中力がついた、というのは感じますね。

初めて北京の地を踏んだのは、二〇〇〇年四月二日です。中国のドラマ『永遠の恋人（原題：永恒恋人）』（北京電視台）に出演したのがきっかけです。正直に言って、中国にそれほど思い入れがあったわけではないんです。だから、もしドラマ出演の話がなければ、一生こなかったかもしれませんね。

初めて北京空港で飛行機を降りたとき、独特の「匂い」を感じました。嫌な臭いじゃありません。いい香りでもありませんでしたけど。昔どこかで嗅いだ、懐かしいような匂い。こちらで生活しているとだんだん感じなくなりますけど、日本に帰国して北京に戻ると、また「あ、あの匂いだ」と思います。

北京は暮らしやすいですよ。人間本来の生活ができるというか、変に飾ったりしなくてもいい。肩の力が抜けるんです。これは故郷の大阪でも東京でもなかった、初めての感覚です。

中国語は、来たときは全く話せませんでした。『永遠の恋人』で僕が演じたのは、中国語がぺらぺらの日本人の役。撮影のときは、相手は中国語で、僕は日本語。放送のときは僕のセリフが全部、中国語に吹き替えられていました。違和感がありましたね。悔しかったというか。僕が演じた人物ではあるけれど、一〇〇パーセント僕というわけではない。これは、また戻ってこなくてはならないな、と強く思いました。

北京に引っ越してきたのは、二〇〇一年四月です。自分を変えたい、俳優として新しい何かを吸収したい、自分のカラーを形成したい――いろいろな思いがありました。それから学校に通って、一から中国語を勉強しました。今では北京の人と話す機会も多いですから、かなり話せるようになりました。来たばかりのころは、タクシーにわざと遠回りされたりして、運転手とけんかしたこともありました。中国語が話せないんで、関西弁で怒っていましたね。中国人の中国語に対抗できるのは、もう関西弁しかないと（笑）。相手はこっちが何を言ってるのか、わからんやろうけど。勉強の成果が上がって、今では中国語でけんかもできるようになりました。

生活にも慣れましたね。北京は気楽です。悪く言えば、いい加減なんですけど。北京は大好きですが、俳優としてはこの空気に染まるのが怖いです。日本人としての個性がなくならないように、完全に染まらないように気をつけています。でも最近、「帰ったら日本のテンポについていけるかな」と不安に思うこともあります。

のんびりした北京ですけれども、最近の発展はすごいですね。古い町並みがどんどん壊されて、新しい建物が造られて。さみしいけれど、成長というのはこういうものなんだ、とも思います。今、中国という国が、リアルに成長しているところを肌で感じて、自分の目で見られるということを、素直にラッキーだと感じています。貴重な体験ですよ。俳優という、一見不安定な世界にいるけれど、こういう変化の中で戦っていくんだと実感しています。

日本人とも北京の人とも積極的に交流していきたいです。そして、いつかは中国語をしゃべる中国人を演じたい。遠い夢だけど、しっかりとした目標として視野に入れたい。そのためには、何にでも挑戦して、ワンカットワンカット大切にして、成長していきたいです。

❷ 日本語教師 笈川幸司

OIKAWA Koji

夢は中国で語学学校を作ること

一九七〇年四月二〇日生まれ　埼玉県所沢市出身
日本大学文理学部教育学科卒業
【職業】清華大学　日本語教師（専家）
【住居】教師用宿舎（二LDK）で一人暮らし。家賃は学校が負担
【収入】月給三〇〇〇元プラスアルファ

（ノートパソコンの電源を入れた後で）なかなか立ち上がりませんね。ああ、OKです。この画面をご覧いただくと分かると思うんですけど、授業の風景をこうやってビデオで記録しているんです。授業中、僕はほとんど「教える」という作業をしていないんです。「ただ撮るだけ」と言うとびっくりされるかもしれませんが……。（画面を指さして）ここに「視聴覚」と書いてあるのは、四年生の視聴覚の授業です。こちらは三年生の「新

聞（ニュース）」ですね。これは一年生と二年生の「会話」。この四年生の授業には、二、三年生も参加しています。先輩の発表を聞いて質疑をすることが、そのまま勉強になりますから。一年生のクラスは一年生だけ、四年生は四年生だけというのでは、つまらないと思って。「レベルが違うのに一緒に授業させるなんて」と専門家の先生方にはお叱りを受けてしまうかもしれませんが、先輩が後輩に教えたり、先輩の意地を見せてがんばってくれたり——。そういう温かいシーンを見られるのがいいですね。

これは「質疑応答勝ち抜き戦」の様子です。この学生が四回勝ち抜いて優勝しました。これも授業の一環としてやったことですが、これがまた難しいんです。質問されたらすぐに答えないといけないし、内容も文の構成もその場で考えるわけですから、高度です。毎学期、授業の始めに「自分の意見を言う前に、前の発表者の発言を褒めなさい」と教えています。「日本語」だけではなくて、コミュニケーションを取るための方法を身につけてほしいと思っているんです。発表した学生に質問をする前に「すばらしい発表をありがとうございました」とお礼を言う。日本ってそういう習慣がありますよね。最近、学生たちが自然にそういうことができるようになったのを見ると嬉しくなります。

どの学生もカメラの前なのにリラックスしているでしょう。「あいうえお」を始めたときから、大勢の前で発表する癖を付けるようにしているからです。優秀な学生が多いのも確かですが、それ以上に感心するのは彼らの努力です。だからその努力をむだにしないよう、教師として僕が気をつけているのは、「ダメ」と言わないこと。北京人は「エ」の段の発音が苦手な学生が多いようで、「です」という言葉が変な発音になりがちなんです。そこで「発音が違う」と指摘しても、なかなか上手にならない。だから最初は褒める。その後で「じゃあ、もう一度発音してみてください」と何度か言ってもらうようにすると、不思議なことに少しずつうまくなるんです。新米の頃、注意したり叱ったりして学生を萎縮させちゃったことがあって、それが今でも心にひっかかっています。ほら、みんな声が大きいでしょ。この子なんか、自信満々という感じです。

授業の様子をビデオで撮るというのは、僕にとっては新しい試みです。北京ではおそらく他にやっている人はいないと思います。なんせ編集作業が一日五時間近くかかりますから。二〇〇三年三月ぐらいから、会話授業のスピーチや討論の際、僕はほとんど参加せずに、教室の端っこで見ているようにしたんです。スピーチをするのも学生、司会も学生、討論するのも学生――。やっていくうちにだんだんおもしろくなってきて、テープレコーダーで録音を始めました。ビデオ撮影をスタートさせたのは二〇〇四年三月からです。最初はみんな緊張して、思った通りにはいきませんでした。途中で止めようかなとも思ったこともありましたが、二カ月ぐらい続けたら、学生たちがおもしろい発言をするようになってきて――。もちろん学生たちにも見せますよ。最初は「見たくない」と恥ずかしがっていましたけど。でも、発音のまずさや発言の際の立ち振る舞いなど、ビデオに写っている姿を自分で見る方が、他人に指摘されるよりも、はっきりと認識できるんです。

慣れてくると、今度は「見られている」という意識を持って、しっかり演じられるようになるようです。時々、カメラ目線の子もいるでしょ。三、四年生には毎週二人ずつプレゼンテーションをしてもらっているんです。ニュースや映画などの資料を一カ月前から準備して、当日はパワーポイントなどのソフトを使って説明します。学生たちはアニメーションやサウンドなどを自分で作ってプレゼンするんですが、こちらがびっくりするほど楽しく聞くことができます。日系企業の方が時々授業見学にいらっし

▲「教師になってやりたいと思っていたことをすべてやっています」

やるんですが、みなさん驚いています。このような授業なら、社会に出たときに役に立つし、面白いよと言ってくれます。

三年前に僕が来た頃は、清華大学は「精読」、つまり読む方に力を入れていたんです。主任や副主任の先生に「会話に力を入れてほしい」と言われてから、やり方を一八〇度変えました。僕もいろいろ考えたのですが、学生に会話を楽しんでもらうためには、教師は口を出さない方がいい。最初は九〇分のうち、教師が四五分、残りの四五分を使って学生二〇人が話す、という授業をやってみたんですが、学生たちは一向にうまくならない。それで、僕が話す時間をゼロにしたんです。まあ、ゼロというのは大げさですが、授業中は全く口をはさみません。最後に総括するぐらいです。

きっと皆さんが思い描く「日本語教師」と、僕はイメージが違うと思います。黒板もチョークも使いませんし。僕がすることは、学生の話を聞いてあげることだけ。最近は日本語教育のシンポジウムでも「授業は学生主体にするべき」という意見が増えているようです。もちろん文法の先生は他にいらっしゃいますし、「精読」の授業もあります。そういう授業でインプットすることも大切だと思っています。そういう先生がいないと、僕の授業でアウトプットできません。僕がやっていることはアウトプットのための一つの訓練です。また、僕の授業の九〇分だけじゃ、もちろん足りない。だから、僕は放課後もよく学生たちと一緒にいます。

僕は元々、小学校の先生になりたかった。だから、今やっていることは、昔からやりたかったことなんです。朝六時から学生と一緒にキャンパスを走るとか。思い描いていた「教師」像を、ここに来て次々に実現させてもらっています。昨年の夏、北京郊外にある香山《こうざん》に登りました。言いだしっぺの僕が一番弱音を吐きましたけど。ここから山まで徒歩で六時間ぐらいかけて行きました。やっと香山に着いたときには土砂降りだったんですが、学生一八人全員が「せっかくだから」と言うので、仕方なく足を引きずりながら登っていきました。途中で雨が上がって、頂上に着いた頃にはとてもきれいな青空が広がってました。最高に気持ち良かったですよ。その時の写真があるんですけど、みんなすごくいい笑顔でした。それから、先週、また学生たちを連れて天安門まで歩いて行きました。やっぱり六時間ぐらいかかりました。北京は広いですね。途中で何度も休ませてもらいましたけど。そうやって一緒に苦労したことが、後で役に立つんですよね。何でも言い合える関係になるんです。

教師になりたくて大学も教育学科に入学したんですが、卒業単位を取るのに精一杯で、教育実習も行っていないし、教師の免許も持ってないんです。卒業後すぐには就職せずに、一九九四年二月からおよそ半年間、欧州旅行しました。日本に戻って来たのは夏でした。ポーランドで好きな人ができたので、ポーランドに留学したかったんですけどね。帰国したら母親が「欧米ばかり見ずに、中国へ行って勉強しなさい」と勧めるので、一九九四年一二月から九六年まで、留学生として中国社会科学院研究生院で中国語を学びました。北京に来たのはその時が初めてで、言葉も全く分かりませんでした。でも、若かったからなのか、少しも大変とは思わなかったですね。言葉が通じない、という状況を楽しんでいました。文化の違いや食生活で困ることもありませんでした。当時書いていた三行日記を読み直してみると、思い通りにいかないことは多かったみたいです。例えば留学生楼でトイレが詰まって水が溢れたとか、天井にぶら下がっている電球が突然爆発したとか——。そんな小さなハプニングで大騒ぎしていました。

留学後は日本で就職し、五年間日本にいました。

留学時代にできた北京の彼女を五年間も待たせてしまったんです。結婚を機に、彼女の知人の紹介で、北京に新しくできた私立短大で面接を受け、日本語教師として働くことになりました。こっちはやっぱりコネ社会なんですよね。結婚の手続きをした翌日に面接試験を受けましたが、あっさり合格しました。鼓楼の近くにある学校でした。その時は、北京で働きながら、通訳の資格でも取って手に職を付けてから、彼女と一緒に日本に戻ろうと思っていました。国際結婚というのは本当にややこしくて、中国で手続きした後、日本でもいろいろ書類を出さなきゃいけないんです。大使館にも外務省にも市役所にも行きました。二カ月ぐらいかかって、再び北京に戻ってきたらすぐに「離婚してください」って言われました。五年間も離れ離れでお互いに辛かったし、彼女もいっぱいいっぱいだったんでしょう。理由は今でもはっきりとは分かりません。

　プライベートでそういう悩みを抱えてしまったので、日本語教師の仕事を一生懸命にやることが唯一の逃げ場だったんですね、その頃は。その私立短大に日本語部が新設されて、なぜかスナックのママさんが代表者になったんです。それまでは学長とうまくやっていたんですけど、そのママさんは日本語教育について何も分からなかった。お金のことばかり考えて、こちらの条件をどんどん悪くするんです。学生が四〇〇人もいて、学校は儲かっていたんでしょうけど、毎月こちらの時給は悪くなるんです。本当に嫌でしたね。それでも僕は今の三倍ぐらいもらっていました。その代わり授業数も三倍でしたけど。そのママさんとの人間関係は辛かったです。でも、半年そこにいたおかげで、どんな中国人ともうまく付き合える自信がつきました。

　で、二年前にそのママさんが学校から三〇〇万元を持ち逃げしたと聞きました。「あの人とうまくいかなくて当然だったんだ」と変な意味で安心しました。当時、その学校が嫌になって、放課後いろいろな学校へ行って授業を見学させてもらっていたんです。清華大学も知り合いに紹介してもらって見学に行きました。そのとき、自己紹介をして、学生たちから一時間ほど質問を受けました。その話が大学の教研室に伝わり、翌週、急に面接を受けることになりました。清華大学で日本語教師になるには最低でも修士終了が条件なんです。面接で「修士はありません。一流大学卒業というわけでもありません」と正直に答えたら、面接担当の先生方が「私たちも一流大学卒業というわけではないんですよ」と言ってくれました。でもよく聞いてみると、お二人とも超有名大学出身なんですよ。それで「そんなこと言ったら、僕なんか三八流大学卒業になってしまいます」と返したら、急に「ははは」と大笑いされて。それで場が和んで、採用になったようなものです。二〇〇一年一一月のことです。

面接が終わって、採用の話をいただいた後、すぐに実家に電話しました。そしたら「頭の悪いおまえがそんなところに行ったら、いじめられるのが関の山なんだから、止めておきなさい」と反対されました。でも前妻のご両親は「この国は名前が大事よ。清華大学という名前の下で一年だけでもいいから働きなさい。将来が開けるから」とアドバイスしてくれました。彼女とはすぐに別居したのですが、僕は彼女のご両親の家に一年間居候させてもらっていたんです。実家の母親も最終的には「今住んでいるところは中国なんだから、中国のやり方に従いなさい」と言ってくれました。父親はその後、亡くなりましたが、母親は昨年一〇月に北京に来て、僕の授業の様子を見て、「ああ、いじめられてなかった」とようやく安心して帰って行きました。

僕の場合は本当にタイミングが良かったんだと思います。清華大学では、二〇〇五年九月から、日本語教育の大学院を出た者以外は採用しないことが決まりました。だから、僕との契約はこの夏で切れてしまいます。僕は九月から、北京大学で教えることになりました。これまで、スピーチコンテストや大学間の交流試合などを企画して、できるだけたくさんの学生に舞台に立ってもらっていたんですけど、それを北京大学の学部長がどこかで見てくれていたみたいなんです。舞台に立つ学生はがんばる。僕が学生に教えているわけじゃなくて、学生が勝手に努力しているという感じはあります。でも、やる気を引き出すのが僕の仕事だという信念もあります。相乗効果ですね。大きな大学以外は、日本人の先生の枠は一人ですから、そうするとやはり権威のある先生を採りたがる。北京大学というところは、僕からしたら恐ろしいところで、教授になるには、「修士がないのか」ではなくて「修士しかないのか」という世界らしいんです。修士は最低レベルの条件でしかない。だから学部長が僕の採用を決めたときには「修士がないっていうのは、一体どういうことなんだ」と反対した先生も大勢いたんじゃないでしょうか。だから学部長のためにもがんばらなくては、と思います。

日本語教師の資格がなくて、大学で日本語教師として働いている人は、北京ではもうほとんどいないようです。北京には元々、北京師範大学、北京大学、北京外国語大学、人民大学、対外経済貿易大学、北京第二外国語学院、北京語言大学など七、八校にしか日本語学科がなかったんですが、最近、北京理工大学や北京郵電大学など理系の大学でも日本語を教えています。定年したばかりの国語の先生が来て教えているところもあるそうです。ここ、一、二年で状況も大きく変わって、日本語教師になるための条件は、厳しくなりました。これから北京に来て大学で日本語を教えたいという方は、やはり日本語関連の大学院を出たほうがいいと思います。

僕の夢は、日本語教育には限らないんですけど、中国で語学学校を作りたいと思っているんです。今学期、僕は午前中に北京外国語大学の沖縄班というコースで同時通訳の授業を受けています。「僕が教えている日本語の授業のように、スピーチや討論、プレゼンテーションを学生主体でやりたい」と提案したところ、試してみましょうということになりました。中国語会話の授業で、しかも生徒の立場で、中国人の先生に認めてもらえたのは本当に嬉しいことです。生徒は一一人で、全員日本人なんですけど、中国語で討論したり、スピーチしたりしています。「今までこんなことはなかったから楽しい」とみんなも言ってくれます。さすがにはビデオ撮影はないんですが、おかげで漢語水平考試*（ＨＳＫ）高級試験にも合格したし、日本語だけじゃなくて、他の言語でも有効な教育方法だと証明できたと思います。北京大学で何年教えることになるのかは、まだ分かりませんが、自分の中では「日本語教師」はそれでおしまいかな、と思います。できたら、その後は学校経営をしたいんです。そのときは頭の柔らかい先生にも、頭の堅い先生に来てもらいたい。いろいろな教師がいていいと思うんです。僕は教師同士が仲良くやっていけるように、間に立つ仕事をしたいですね。

今は大学の教師用宿舎に住んでいます。家賃と光熱費は大学が負担してくれます。2LDKですが、寝室だけで約一二畳ある広い部屋です。日本語教師の待遇は、どこの大学でもほぼ一律だと思います。大卒が三〇〇〇~三三〇〇元、修士が学士プラス三〇〇元、博士はさらにプラス三〇〇元という感じでしょうか。そこからスタートして、毎年二〇〇元ずつ上がっていきます。学校のランクとは関係ないと思いますよ。

もし中国で働きたいという人がいれば、「後進国のあなたに教えてあげる」という気持ちを持ってはいけないということを、声を大にして言いたいですね。「すばらしい中国という国で、未熟な私が日本語を教えさせてもらっている」という謙虚な気持ちがないと、うまく続かない。中国をちょっとでもバカにした態度が出てしまったら、学生たちはすぐに見抜きます。みんな優秀ですからね。

＊漢語水平考試（HSK）……中国の教育部が設けた中国語学習者のための唯一・公認の中国語能力認定標準化国家試験

インフォメーションP・141参照

コンサルティング会社社長

❸ 中山真理

NAKAYAMA Mari

何でもいいから種を蒔いておく、忘れたころに花が勝手に咲いているから

一九四六年六月二〇日生まれ　東京都出身
中国語言学院卒、北京中央音楽学院卒
【職業】コンサルタント会社・ブレークスルーカンパニー（北京東方超思路商務咨詢有限公司）　総経理（社長）
【住居】外交公寓のオフィス兼自宅で一人暮らし（犬一匹と猫二匹が同居）
【収入】中国の人たちと同じくらい

高校を卒業してすぐ、中国に行くことになったんです。父が中国の雑誌『人民中国』に専門家として招かれましてね。宝塚が大好きだったので、見られなくなるのはちょっと残念でした。東京宝塚劇場には、よく通っていました。二〇〇〇年一〇月と二〇〇二年九月に、宝塚歌劇団・北京公演がありましたよね。そのときはコーディネートを担当しました。華やかな舞台でがんばる生徒さんたちもさることながら、影で働く裏方さんの思い

やりに本当に感心しました。このがんばりを中国の人に伝えたいと思いました。さすが八八年の歴史を誇るだけのことはあります。宝塚では、一度言ったことは、二度は言わない。はっきりと返事をする。今の日本の子供たちは返事しませんよね。「分かったの?」と聞いても「いちいちうるさいな」という答えが返ってくる。コミュニケーションは大切ですよ。分かったという事実を相手にきちんと伝えないと。それも思いやりの一つです。

宝塚の北京公演のコーディネートは、かなり前に一度、宝塚歌劇団の植田紳爾理事長に、中国公演について打診したことがあったんです。そうしたら「やってみたいけれど、億単位のお金がかかるよ」と言われて、そうか、無理なのか、と諦めたことがあったんです。

そうしたら二〇〇〇年に日本大使館から「宝塚を呼ぼうと思うんだけど、通訳を担当してくれませんか」という相談を受けたんです。話を聞いたら、連絡係やアドバイザーが日中を行ったり来たりしている状態だというので、「通訳じゃなくて、コーディネート業だったら引き受けます」と返事をしました。すぐに「ぜひ、お願いします」と言われて。

縁というのはすごいもので、北京公演がきっかけになって、知り合いが歌劇団の制作部で働くことになったり、宝塚の舞台衣装を中国で作るようになったりしました。中国を舞台にした作品の衣装は、蘇州で刺繍しているんですよ。思いついたら、「こうしたい」と声をかけてみる。人を紹介する。何でもいいから種を蒔いておくと、忘れたころに花が勝手に咲いている。花が咲くまで丁寧に見ていなくてもいいんです。とにかく蒔いておくんです。

高等学校を出て、北九州市の若松港から「建設号」という船に乗って、家族で上海に向かいました。一九六五年のことです。着いたのは夜中だったんですけど、日本語がペラペラの太ったおじさんが迎えに来てくれたのを、よく覚えています。後でその方が中日友好協会会長の廖承志先生だと分かりました。その夜は和平賓館に宿泊しました。きれいなホテルで、ベッドも大きくて。次の日の朝、上海の町を見下ろすと、広い川がまるで海のようで、「すごい町だな」と思いました。ただ水が汚くて、ちょっと臭いました。だからお茶がまずかった。

次の日北京に移動して、友誼賓館に泊まりました。一歩町に出ると、北京は田舎でしたね。不安より、「何かおもしろいことがあるかも」という楽しみのほうが大きかったです。あの頃は舞台をいろいろ見せてもらったんです。特に「紅色娘子軍」というバレエ団のステージは華麗でびっくりしました。宝塚とはまた別のものですけど、でも宝塚にも負けないほどきれいでした。

北京では語言学院に通ったあと、中央音楽学院に入学しました。指揮者になりたかったんです。その頃から、王府井《ワンフーチン》（北京の繁華街）を歩いていた女性がスカートを切られたという話があったりして、時代の空気というか、そういうものが少しおかしいと感じるようになりました。そして一九六六年頃から文化大革命が始まりました。文革の前と後では、人びとが手のひらをくるりと返すように、変わりました。多くの日本人が中国を離れ、私の家族も帰国してしまいました。私は「もう少し勉強がしたい」と言って残りました。「何が起こるのか、おもしろそうだから見てみたい」という気持ちもありましたね。せっかく音楽大学に入ったのに、三カ月後に「全ての留学生は語言学院に集まるように」という通達が出て、仕方なく語言学院に移りました。

▲今後はイベントを企画するなど、店舗を情報発信の場にすることも検討中

あの頃、北京にいた日本人というのは本当に変な人たちばかりでした。「日本人でない日本人」と言えばいいのかしら。やけに暴力的で過激でした。極左でしたね。私なんかよく「お前は思想が悪い。ブルジョアだ」と責められましたが、私のほうがよっぽど本当の日本人でしたよ。「日本に革命を起こす」なんて言って、革命的な思想を振りかざしてさえいれば、「日本人は立派だ」なんて尊敬された時代です。私は「外国人である日本人が、中国でこんなことしてちゃだめだよ」というふうに冷めていました。「革命的」な日本人からは、村八分にされていました。それなのに、夜になると、「いや、実は僕もあんなことは主張したくはないんだ」なんて言う日本人が、部屋にやってきたりして。「人は楽なところに流れるものなんだ」と悟りました。哀れだと感じると同時に、そういう人生はいやだと思いました。

人生観が変わりました。人間の欲というものが見えて嫌気がさすと同時に、「人としてどう生きるか」ということを考えました。

身の危険ですか？　それは怖かったですよ。できるだけ関わらないようにしていましたけれど、日本人ということで、寮の同じフロアに住まわされていましたしね。夜は部屋から明かりが洩《も》れないように、窓に目張りをしていました。何をされるか分からなかった。突然襲われて、殺されるんじゃないかと思ったときもありました。恐怖心で、一日で五キロ痩せたこともあります。

それから三年経って、中国教育部が「留学生は全員帰国しろ」と言ってきたんです。あの頃革命的だった人たちも、今は大会社の役員さんに納まったりしていますよ。

帰国後、しばらくして、朝日新聞に「日本青年代表団・中国訪問団募集」というお知らせを見つけたんです。日中友好学生団体「斉了会」の承認がなければ、どんなに中国に行きたくても訪中できないという、おかしな時代になっていました。勉強して万全の体制で試験に臨みましたね。面接で、私ばかり答えるものですから、試験官に「もう君は答えなくてよろしい」なんて言われて。結局、一〇〇〇人の応募者の中から一五人が選ばれて、飛行機で香港に行きました。羅湖というところから小さな川を渡って深圳に入り、そこから列車で広州に行きました。中国の赤い国旗が翻《ひるがえ》っているのを見て、感激しました。すると知らないおじさんがやって来て、私に「お待ちしていました」っていうんです。変だな、と思いました。北京では人民大会堂で周恩来総理（当時）と面会しました。総理は団長に声をかけるより先に、私に向かって、「ようこそ、またいらっしゃいました」と言ったんです。びっくりしました。そして「お父さんはお元気ですか」と。これが中国式配慮なんです。いい勉強になりました。「接待というのはこういうものなんだ」と。私のような一個人をそこまで気遣ってくれる。訪中の半年後に、また驚くようなことがありました。この時の写真が送られてきたんです。周恩来総理と私が握手をしている写真です。今も自宅に置いてあります。

翌年一九七二年に中日国交正常化が実現し、田中角栄首相が訪中しました。テレビや新聞で様子を見ていたら、中国側の随行員が、私たちの訪中団のときと同じメンバーなんですよ。訪問した場所もまったく同じ。ああ、私たちは、予行練習だったんだな、とそのとき初めて分かりました。私たちの訪問が国交正常化への地ならし的役割を果たしたんでしょうね。

その頃から私のところにマスコミが殺到するようになりましてね。テレビや週刊誌が「中国について話してください」と。ラジオ局に「アメリカのジャズをかけながら、人民日報の見出しを簡単に紹介する番組をやりましょう」と提案したら、「それはいいね」と。でもスポンサーがつかないから、スポンサーを探してきてほしいと言うんです。「それなら、新日鉄がいいですよ」ということで、人づてに当時の稲山嘉寛社長（一九七三年に同社会長就任、一九八〇年に経団連会長就任）に会わせていただきました。稲山さんは開口一番、「それ、どうしても、やらなきゃいけないの？」とおっしゃいました。私は「そうです。どうしてもやらなくちゃならないんです」って答えました。二六歳で若くて生意気だったんですね。ちょうど日中経済協会ができたときで、稲山さんに「そこで働きませんか」と誘っていただいたのに、「サラリーマンはいやです」と返事をしました。当時はマスコミ業界であぶく銭を稼いでいましたから、安い給料で働くのはいやだった。稲山さんは、秘書の方に「場所は青山で、とてもいいところなのにね」と話し掛けてから、私に「地道に働いてごらん。石の上にも三年という言葉があるでしょう」

と言われて、「まず三週間働いて、働けたら三カ月、そして三年というふうに考えたらどうですか。まずはやってみることです」と諭されました。

一九七三年五月に日中経済協会に就職したんですけど、その年の六月にまた訪中団があると聞き、三週間お休みをもらって参加しました。それでもお給料をもらえたのでびっくりしました。

日中経済協会には八年いて、この間に職場結婚をしました。一九八〇年に稲山さんが経団連会長になって、すべての職を辞任なさったときに、いいきっかけだと思って私も協会を辞めたんです。経済協力よりも、やはり文化交流がやりたかった。当時はそんなこと言っても、「文化交流なんて、お金が余ってしょうがないときにやるものだよ」と誰も相手にしてくれませんでした。でも文化交流こそが日中友好に貢献できるものだと信じていましたから。文化はお金にならないということは、今なら身にしみて分かりますけど（笑）。それから自宅の一室で翻訳業をしたり、夫の駐在にくっついて北京に住んだり、元麻布の中国大使館の横で中華料理店を開いたりしました。

九五年にまた夫が北京に駐在になったので、経営していた中華料理店を整理して、私も九六年に中国に引っ越してきました。今度は永住しようと決めてきました。決意というよりも、もう人に引っ張られて、あちこち移動する生活がいやになったんです。それに東京では、もうやることがなかった。北京と東京の距離、生活観、価値観がどんどん近くなって、東京でやれることは、北京でもほとんどできるようになった。でも北京でしかできないことは、たくさんあります。永住するためには、夫の家族としてのビザでなく、自分でビザを取らなければならない。それで起業したんです。

コンサルタント会社を設立しようと思い立ちました。あちこち奔走して、会社規約がいるからと言われたので、弁護士事務所に依頼して。数カ月経って規約ができあがってみると、「登録は自分で行なってください」と言われたんです。それなのに規約作成の費用として一〇〇万円請求されました。結局、一〇〇万円払ったのに登録もできず……。それが対外友好協会というところにお願いしたら、二〇数万円で簡単に登録できたんですよ。この国では、知らないということは、まさにこういうことなんです。知らなければ遠回りさせられる。それどころか、目的地にさえもたどり着けない。

困っている人を放って置けないんですよ。自分も困ったから。ほかの人は困らなくてすむようにお手伝いしたい、って思いますね。おせっかいなのね。目の前に穴があったら、あとから来る人たちに「危ないですよ」と教えてあげたいんです。でも今は、「そんなこと教えてもらわなくたっていい」「別に落ちたっていいじゃない」っていうタイプの人が多いですよね。自分が穴に落ちる立場でなければ、つまり自分の利害に関わらないことについては、いたってクールな人が多い。私は、あとから来た人たちに遠回りや無駄遣いはしてほしくないんです。余った時間を違うことに使ってほしい。

今はね、日本と中国の人々の心を結びつけるような音楽を作りたいんです。中国も日本も歌に関する感性は同じなんです。ただ言語が違うだけ。中国のメロディを日本風にアレンジして、そこに日本語の歌詞を乗っける。こんなことばかり、もう二〇年もしゃべっているのに、未だに実現していないのよね。中日共同のメロディを作るときは、中国人の曲じゃないといけないんです。両国の歴史は複雑ですけど、はっきりと言えるのは、いじめられた方はずっと根に持っているということです。いじめられた方にはコンプレックスが残る。いじめた方は謙虚であるべきです。日本は相手を承認するのが苦手ですよね。

日本側が一歩でも二歩でも引かないと、日中関係の溝はいつまでも埋らないでしょ？　記念行事もたくさんあるけれど、参加できる人は限られている。でも音楽は違います。

一九九八年の長野五輪開会式で、小沢征爾氏の指揮で五大陸の五会場の人々が「歓喜の歌」を合唱するという企画がありましたよね。ベルリン、シドニー、ニューヨーク、北京、ケープタウン（南アフリカ）の五都市と結んだ、地球大合唱です。あのイメージです。あのときもお手伝いさせていただいたのですが、故宮での大合唱が終わった後、北京と日本のスタッフが抱きあって泣いていました。感動的でしたよ。ああいうのを見ると、両国が一緒に何かをやり遂げたというひとつの体験は、一〇〇人の政治家の言葉にも勝ると実感しました。

北京はもう立派な国際都市です。日本人も国際人として成長してほしいですね。中国のことを知らない日本人が多い。知らないくせに一番近い国なんですよ。私は一貫して文化交流に努めて来ました。大げさに言えば、お互いの文化を理解すれば、世界は平和になると信じています。そのためにも日本人に中国を知ってもらって、逆に中国人に日本を知ってもらいたい。

魯迅《ろじん》も言っていますよね。「人が通ったところが道になる」と。私は他人が通った道はいやなんです。未来を創造していきたいんです。未来は自分で作るものですから。それなのに「前例がない」なんて、理由にならない理由を口にする人が多すぎますよ。人がやっていないことをやるからおもしろい。言葉の持っている固定観念を取り除けば、発想は自由に広がります。人間の辞書に不可能なんていう文字は、元々ないんですよ。

アナウンサー
坂本めぐみ
4

SAKAMOTO Megumi

年齢や条件的なことを気にせず、自由に生活できる

一九七〇年九月二日生まれ　群馬県安中市出身
東京アナウンス学院放送アナウンス科修了
【職業】中国国際放送局　日本語部アナウンサー
【住居】友誼賓館の1LDKで一人暮らし
【収入】外国専家局規定の基本給のほか家賃補助あり

現在、友誼賓館の住居から、職場がある八宝山までは、通勤バスを使うと三〇分ぐらいで、地下鉄だと乗り換えを含めて四〇～五〇分かかります。勤務時間は不規則で、バスに合わせて仕事をするわけにはいかないので、バスにはあまり乗れません。その週のスケジュールは、番組の収録に合わせて決まっていきます。夜遅くまでかかりそうな日は、遅めに出てきたり。また組むスタッフによっても違ってきます。取材先に直接行く日も

あれば、会社には戻らずに直帰する日もあります。だから一日のスケジュール表というのは書けないんです。

メインで担当しているのは『キャッチ・ザ・北京』（中国語名：北京写真）という、普段着の北京を紹介する番組です。例えば若い人たちの間で使われている流行語を紹介したり。「北京街歩き」（中国語名：街頭漫歩）というコーナーでは、一本の道路、例えば平安大街や小さい胡同（路地）などに沿って、実況中継しながら歩いていきます。自転車修理をしている人、焼き芋を売っている人、それに飛び込みで入ったローカルフード店など——いろいろ取り上げます。路上で暇そうにしているおばさんに「あそこにおいしいお菓子屋さんができた」「あそこには昔、こんな有名人が住んでいた」と教えてもらうこともあります。取材のときは中国人スタッフも一緒です。録音機材も持って行きますよ。いや、重くはないですよ。今は便利になって録音用の機材もポータブルMDなど、コンパクトで便利になりました。

それから北京で生活する人を紹介する「ボイス・メール（中国語名：声音郵件）」というコーナーもあります。日本語が話せれば、日本人に限らず、韓国人や中国人にも出演してもらっています。「最近こういうお店が気に入っています」といったゲストの話から、リスナーは今の北京の情報をキャッチできるというわけです。人の生き様から始まって、その人の背後に映る北京を聞いてもらう。せっかく北京に住んでいる人に出てもらうのですから、今どういう曲が流行っているかなど、その人にリクエストをもらって、出演者のコメントを紹介した後に、リクエスト曲を聞きながら、「今週はこういう人に会ってきた」と紹介するコーナーです。

そのほか「北京トピックス」というコーナーでは、北京の日常を最新ニュースを交えて詳しく紹介しています。政治、経済、社会問題といった大手メディアが取り上げるようなニュースではなく、小さな庶民ニュースを扱います。あの団地にペット専用トイレができたとか、小学生から高校生までが参加する英語コンテストが開かれたとか、地下鉄の駅の近くで自転車のレンタルが開始されたとか——。

ネタ探しは大変ですね。ほとんどは中国人スタッフとの世間話から拾ったものです。「昨日、花だけを使った料理を出す店に行った」とか。新聞を読んでいても、小さい記事ほど気になるんですよ。あとはどんどん自分で街に出て行って、なるべくタクシーは使わずに、歩いたりバスに乗ったりして、実際に目にしたもので「あ、アレはこの間はなかった」みたいなものを探します。見るもの全てネタになるという感じです。

番組はナマ(生放送)ではなくて事前録音ですから、これまで大きな失敗というのはあまりないですね。日本ではアナウンサーになりたての頃に、歌が入っていないカラオケ版の方を流してしまったことはありますけど。

私は中学・高校と吹奏楽部に所属し、トロンボーンを吹いていたんです。トロンボーンって、見た目が難しそうですし、やりたがる生徒は少なかったです。女の子の間ではフルートやサックスといった木管楽器が人気でしたね。でも私はチャレンジ精神が旺盛だったので、見たとたんに「やりたい」と思いました。社会人になってからも、アナウンサーになる前に、高崎を拠点にした市民楽団に所属していました。その時、姉妹都市交流の一環として演奏会をやろうということで、一九九二年に河北省承徳市を訪れました。それが初めての中国でした。吹奏楽部出身の人たちに、引退後、使われなくなり、眠って

▲企画から、番組制作、取材、録音までこなせるのは大きな強みだ

いる楽器を寄付してもらい、その手入れした中古楽器を持っていって演奏会をした後、楽器を全部置いてくるという企画でした。

高校卒業後、酒類・食品卸の会社に就職しました。高校時代の国語の先生の影響で報道関係に興味を持ちましたが、どのような過程を踏めばいいのか当時は全くわからず、アナウンサーへの夢はそこで一旦切れてしまったんです。早く社会に出たかったというのもあって──。OL六年目に、たまたま書店で立ち読みをしていた時に、専門学校のガイドブックを見つけ、そのとき初めて、本格的なアナウンス教育を受けることができる学校があるということを知ったんです。今やらなければきっと後悔すると思って、専門学校進学のために会社を辞めました。お金はかかるし、将来どうなるか分からないけどやってみよう、と。およそ二年間、自宅のある群馬から東京のアナウンサー専門学校に通いました。

専門学校を卒業した後、たまたま地元の群馬県でラジオが開局されるということで、開局メンバーとして採用されたんです。大きい局と違って地方局なので、番組制作、営業、庶務、ゴミ出しといった雑務までなんでもやりました。最初は全てが手探りでしたが、それが徐々にキャリアになっていきました。即戦力にならざるを得なかったですしね。一人にかかる負担は相当大きかったですから。だから北京に来ても、そのときの経験があるので、全然大変だと思わなかったですね。

中国での演奏会で知り合った女の子と文通を始めたんですが、アナウンサーになってからも手紙の交換は続けていました。いつか中国語がしゃべれるようになりたいなあと、独学で勉強をしていました。ピンインから始めて、中断しては、また思い出して再スタートという感じで基礎部分を何度も繰り返してやっていましたね。

ラジオ局で五年間働いてみて、これからのことを考えたんです。自称アナウンサーも含めて、しゃべるだけの人はたくさんいる。でもセールスポイントを持っている人はすごく少ないような気がしました。例えば中国語が分かって、機械の操作や制作も全部できる。「アジア」というキーワードで検索すると、私の名前が出てくるような、そんな自分の専門分野を作りたかったんです。他の人とどうやって差別化していくか。そう考えたとき、私のまわりにあったのが、中国語であり、アジアというフィールドだったんです。アナウンサーの勉強をしているときに、今からちょうど一〇年前になりますが、友人とシンガポール旅行に行ったのがきっかけで、アジアの多民族的な音楽や文化に興味を持ち始めました。群馬のラジオ局でもアジアンポップスを紹介する番組をやっていました。当時、東京などではアジアンミュージックをかける番組はあったのですが、地方では少なかったですね。「だったら自分でやっちゃえ」みたいなノリで、趣味で集めていたCDを番組に使って、音楽だけではなくて、雑学も少し取り入れたりしていました。「マレーシアに行くとホテルの天井に矢印が書いてある。それはメッカの方を向いている」とかね。

アジアと関わっていきたいという思いは強かったですね。いくつか選択肢があって。でもアナウンサーを辞めてまで行くからには、ちゃんとした理由がほしくて、中国への公費留学の試験を受けたんですよ。それで受かったら、行こうと——。毎年数千人が受験するという狭き門だったのですが、二〇人に選ばれて、北京外国語大学への留学が決まりました。留学して半年たった頃に、留学仲間の知り合いが、ラジオ局でアルバイトをやってみませんかと声をかけてくださって。それとは別に、公費試験の窓口だった日中友好協会の事務局長さんが偶然、中国国際放送局の日本語部長とお知り合いでした。面接のときに「アナウンサーを辞めてまで行くの」と聞かれて。その時に名刺の裏に、「この人はアナウンサーのキャリアがあります」と一筆書いてくださいました。それを印籠《いんろう》代わりに持って中国国際放送局を訪問したんですけど……。たまたま二つの方向からアプローチして、留学修了間際に、日本人専家に欠員が出るというので、タイミング良くスライドできました。日本でのキャリアが認められたんでしょう。そのまま学生ビザから労働ビザに切り替えました。

北京のいいところは、年齢や条件などを気にせず、自由に生活できるところが好きですね。日本より住みやすいです。中国国際放送局勤務は現在三年目です。契約は五年までとなっていますが、先のことはあまり考えていません。肩書きは一応「専家」ですが、お給料は家賃補助の分を含めても日本で働いていたときの半分以下です。かつては定年退職後にお手伝いとして来ている人が多く、中国の物価も当時は低かったので、それでよかったのでしょうが、今はちょっと……。でも、住むところも提供されているし、自分が払う生活費といえば電話代ぐらいですね。

アナウンサーを目指そうと決心したのが二四歳で、もうすでにかなり遅いスタートでした。在京キー局では、大卒で二三歳以下というように、条件的に厳しく、書類選考で落とされたりすることもしばしばあり、悔しい思いもしました。そういう意味では、働く機会を与えてくれた群馬のラジオ局には感謝しています。実は、今取材で使っているMDも、中国へ来るときにそのラジオ局の同僚が「お餞別に」とプレゼントしてくれたものなんです。

私は楽天的な性格なので、物事をあまり悪く取らないんです。そういう意味では得をしていると思います。それに、中国へ来た時期も良かったですね。私の留学が決まってすぐ、二〇〇八年の北京五輪招致が決定したんです。開放ムードに溢れている時期でした。周囲も誰一人として中国行きを反対しませんでした。逆に「先見の明がある」と言われたほどです。今は五輪開催で一旗揚げてやろうという気持ちで来る人も多いですけど、その頃は、中国と関わりがあったり純粋に中国に興味があるから来たという人が多かったですよ。

中国人と一緒に働いていて感じるのは、意識の違いです。日本人はプロ意識が強い。自分にも厳しいけど、他人にも厳しいという人が多いような気がします。言ってみれば職人肌で、仕事に対する要求が高い。少しぐらい大変でも、良いもの、クリエイティブなものを作ろうという努力をします。でも中国は国として成熟してからまだ日が浅いですし、脈々と受け継がれている大陸的性格というものが影響しているような気がします。苦労してまでやりたくないというような人もいますし、クオリティが高いという言葉がどういう状態を指すのか、意識できていない人もいます。ですから、良いものを作ろうと一緒に努力するときに、ギャップを感じることはあります。でも若い子になればなるほど、耳も目も肥えているという傾向は強いですね。そういうところを伸ばしてあげたいなと思います。

ただ、「これをやって、その間にあれをお願い」というふうに複数の指示を出すとパニックになる人もいます。処理能力が低い。一人ひとりの性格を読んで、仕事を割り振っていかないといけません。中国の人と仕事をする上で、これは大切です。彼らの性格を知っていないと、トラブルの原因になります。よく言われることですが人前で叱らない。大勢の目のある前で叱ると、面子をつぶすことになります。些細なことですけどね。文化の違い、考え方の違いを理解して、譲るところは譲って、でもお願いする部分はお願いする。バランスを取っていくことも必要です。あとは日本式を押し付けない。相手がいいと思って選んでくれれば、それでいい。日本人の仕事の進め方は、合理的で、良いものができる土台というかルールがしっかりしていますけど、他の国の人から見た場合、その几帳面さが苦痛だったりするんですよね。日本式はこうだけど、この国の状態はこうだから、と判断して、「どう？」と提示してあげたうえで、選んでもらうようにするとスムーズにいきます。「日本はこうだから、こうして」と押し付けるとうまく行きません。

今のポジションというのは、自分で仕事をしつつ、指導もしていかなければならないという立場です。自分でやっちゃった方が速いのは事実ですが、それをすると彼らが伸びない。でも私は引退した身ではなく、現役ですよね。自分のクオリティも高めたいし、勉強もしたい。そのバランスが難しいです。逆に、いろいろなことを提案できる環境にあるのは恵まれています。

日本しか知らない目ではなく、外を見た目を持つことができて、すごく良かったと思います。日本ってやっぱりすごい国ですよ。モノ作りでもそうですし、礼儀正しさもすばらしいですよね。中国が急速に伸びているのを見て、日本は経済不況でもあるので「負けているじゃないか」と焦る人も、「日本はダメだから」と悲観的になる人も、確かにいるでしょう。でも「日本人にしかできないものもたくさんあるよ」と言ってあげたいです。もっと自信を持てばいいんですよ。

一歩外に出ると、いろいろな「物差し」があるというのが分かります。日本と中国だけでなく、米国、オーストラリア、シンガポール、ドイツ――いろんな国の人がいて、いろんな国のやり方が見られて、トータルで判断できるようになりました。仕事上でも臨機応変に進めていくことができるようになったと思います。うまくいかないもどかしさから、落ち込んでしまう人もいるじゃないですか。でもうまくいかないことでじれったさを感じても、「まあ、こういうこともあるんだ」と肩の力を抜くことが大切です。それでも妥協できない面もたくさんあるんですけどね。暮らしていく中で、バランスが取れるようになっていくんでしょう。

私はどこの国へ行っても、三日で慣れるタイプなんです。だから北京にも違和感なく、すぐ溶け込めました。もともと京劇に興味があったとか、三国志が好きだったとか、そういうのとは少し違います。波に乗っていったら、着いたところが中国だった、という感じ。広い意味でアジアに関わっていきたい。中国にこだわらず、ロシアからトルコまで、アジアを中心にいろいろ仕事ができたらいいですね。

ホテルウーマン
5 伊東和子
ITO Kazuko

ハプニングは日常茶飯事。ホテル業のプロを目差したい

一九六八年一〇月二八日生まれ　長崎県長崎市出身
福岡女子大学文学部英文学科卒業
【職業】北京新世紀日航飯店（ホテル・ニッコー新世紀　北京）
　行政助理（エグゼクティブ・アシスタント）
【住居】同ホテルの一室で一人暮らし。家賃は会社が負担
【収入】月給二〇〇〇ドル

約一〇年間働いた京倫飯店から、二〇〇四年一〇月中旬にこちらの北京新世紀日航飯店に異動しました。京倫飯店は一九八四年に開業した、JALホテルズ系列のホテルです。そのJALホテルズが中国に設立した合弁会社が二〇〇四年一二月に北京新世紀飯店を改装して、「北京新世紀日航飯店（ホテル・ニッコー新世紀　北京）」として開業しました。ここは元々は全日空（ANA）グループが運営していたんですが、二年前にANAが

手を引いて、その後は中国側だけで運営していました。現在の日本人は、JALホテルズから派遣された二人、全日空時代からいる現地採用二人、それに私の計五人です。

京倫飯店では営業を担当していましたが、今は経営のお手伝いをする立場です。ホテルの名前やロゴの変更、予約システムの整備、マニュアル作り、それに財務関係や教育関係も担当しています。総経理(社長)の通訳を務めたり。異動に当たって、お給料を少しだけ上げてもらったんですけど、飲みに行く時のタクシー代に消えちゃうんですよ。タクシー代だけで月二〇〇〇元ぐらい使ってますね。車を買ってもいいいんですけど、自分で運転するとアルコールが飲めなくなりますから。

私が北京に留学したのは、今からおよそ一〇年前の一九九四年。当時は中国で働きたい日本人を探している会社が多かったんですよ。特に「北京で就職しよう」と強く思っていたわけではなくて、たまたま声をかけていただいたんです。「職歴があって英語が話せれば、中国語は多少でいい」ということだったので、面接を受けました。留学期間が一年だったので、中国語を習得するにはまだ足りない感じでしたし、お給料をもらいながら勉強しようかな、という軽い気持ちでした。一九九五年五月に日航系の京倫飯店の採用が決まり、八月一日付けで勤務を開始しました。タイミングが良かったんですよね。

最近の就職事情は当時と全く反対ですよね。留学生は増えているし、中国で就職したいという人も多いですから。現地採用の給与レベルもどんどん下がっているようです。北京での就職を希望する要因としては、日本の状況が悪いという事情もありますが、北京の生活がとても便利になったことも挙げられると思います。

私が来た頃は、日本製のものは「ヤオハン」でしか手に入らなかったのですが、元々が留学目的でしたから、そんなに贅沢な暮らしは望んでいませんでした。食べるものさえあれば——という感じで。

大学卒業後、英語教師として働きました。本当は大学を出てすぐに英国に留学したかったのですが、湾岸戦争が勃発して行けなくなってしまいました。そのときちょうど母校から「教員にならないか」という話があり、お受けしました。その後、ケンブリッジで一年間語学を学びました。日本に戻った後もまだ働きたくなくて、長崎市のアジア諸国との交換留学制度に応募しました。行き先は中国、韓国、マレーシア、タイ、シンガポールなどから選択できたので、中国を第一希望にしました。

留学先は清華大学でした。今は新しい寮も建って、キャンパスがとてもきれいになっています。でも以前はただ広いだけ、という印象でした。緑も今ほど多くはありませんでした。中国人用の留学生寮は八人部屋で、パイプベッドに裸電球。留学生寮も不便でした。中国語は留学が決まってから少し勉強した程度だったので、北京ではピンインから始めました。

北京の印象ですか？　振り返ってみれば確かに田舎でしたけど、当時は「こんなもんかな」と思いました。まだ大学生だった一九八九年の春、天安門事件（同年六月四日）の直前に一カ月間、友人と列車で中国の南部から西部を旅行したことがあったんです。だから逆に、留学に来た時は「意外ときれい」とびっくりしたぐらいです。ただ北京空港にはがっかりしましたね。福岡から中国国際航空（CA）を利用したんですが、タラップを下りて、バスに乗せられて、暗い建物の中をひたすら階段を上って——。首都の空港がこれで大丈夫かな、と心配になりました。

留学生活は特にトラブルもなく快適でした。先に留学していた日本人学生に、最初の買い物に連れて

▲現地採用でホテル10年のキャリアを積み上げてきた

行ってもらいました。当時、寮には日本人が三〇～四〇人いて、みんな仲が良かったですね。今だったら何百人もいるから、日本人は珍しくないし、新入生だからといって特別扱いされることもないでしょうけど。あの頃はいろんな人が「大丈夫ですか」と気遣ってくれました。

「ホテルで働きませんか」と声をかけていただいたときは、英語教師という仕事とかけ離れていたので、私にできるかなと少し不安でした。教員だったので、電話対応やメッセージの書き方など、社会人としての常識も知らなかったですし。だから「お客様と話せるのかしら」と心配でした。

今は違うかも知れませんが、一〇年前のホテル業って北京ではかなりレベルの高い仕事だった。だから中国人のフロントスタッフもみんな若いけれど、頭がいい人が揃っていました。JAL系だったので日本人フロントも二人いました。言葉や仕事に関して、いろいろ教えてもらって、そうするうちに自然と覚えました。

ハプニングはたくさんありました。働き始めた頃、「セーフティボックスに入れたはずのお金がなくなった」と言われたときは、どう対応したらいいか分かりませんでした。単にお客様の置き忘れだったんですけど。あと、日本人のお客様がトイレタンクの蓋を落として割ってしまったこともありました。水が流れなくなったので、お客さまが自分で蓋を開けたら、滑り落ちて割れてしまったんです。それをホテル側が「弁償してください」と請求し、お客様は「元々は水が流れなくなったことが原因だ」と主張なさり、結果的にはホテルの保険が適用されることになったんですが。中国のスタッフは理由に関係なく「弁償してください」と言ってしまうんですよね。でも日本人としては「それはおかしい」という感覚があって、その間に挟まれて、仲介役が大変でした。そういう小さな事件はたくさんありました。すぐに慣れてしまいましたが。このエピソードも最初の頃のことだったから良く覚えていますけど、今だったら次の日には忘れてしまうぐらいの内容ですよ、きっと。

私たちホテルスタッフはリブイン（ホテル内居住）と言ってホテルの一室を自室として使っています。部屋のタイプは一般の客室と同じですけど、景色が悪いとか、空調設備が窓をふさいでいるとか、客室としては使えない部屋を割り当てられています。やはりまだ新人だった頃、朝起きてカーテンを開けたら、大きな蛇がいたんですよ。窓の下に機械室があって、その屋上部分に寝そべっていて……。ほとんど死にかけている感じでした。北京でこんな大きな蛇を見るなんて想像もしていませんでしたから、本当にびっくりしました。調べてみたら、ロシア系の航空会社のクルーがおもしろがってマーケットで買ったものだと分かりました。ホテルスタッフが「ペットお断り」ということで注意したら、お客様が窓から放り投げたらしいんです。「すごいことが起こるもんだな」と思いました。ロシア人クルーは、バスタブの中でスイカを割ってカーペットや壁をスイカの汁だらけにしたり、その頃は要注意でしたね。

フロントスタッフとして二年間働きました。二年契約だったのでそのまま辞めるつもりだったのですが、ちょうど営業担当の日本人が辞めたんです。「営業に異動しませんか」と聞かれたので、そのまま残ることになりました。「あのとき、営業に行っていなければ、今ごろは日本で結婚して、違う人生を送っていたかもしれないな」と思うこともあります。

フロント時代も日本人相手の仕事がほとんどだったので、部署が変わるだけで、お客様対応という業務の内容は変わりませんでした。今は外に出て日系企業を回るという仕事が中心。「営業に移って苦労した」ということはないんですけど、生活は全く変わりました。フロントはシフト制で「朝から夕方まで」と「昼から夜まで」という勤務で、仕事が終われば後は自分の時間でした。でも営業は違います。その頃は北京で働いている日本人女性が少なかったということもあって、会社を訪問すると、いろいろお話を聞かせてくれる人が多かったですね。そうなると「お昼を食べましょう」「夕食を食べましょう」ということになって――。私はそういうお付き合いが好きなので、全く苦ではなかったですね。知り合いもどんどん増えて、ゴルフも始めるようになりました。元々スポーツが好きだったので、はまってしまって、よく通いましたね。今は一〇〇～一一〇のスコアで回ります。始めた年は、月四～五回は行っていました。新型肺炎（SARS）が流行した二〇〇三年四月は一〇回ぐらい行きました。北京に残っていらした方はみなさんいらっしゃっていましたよ。

二〇〇三年三月に米英がイラク攻撃を開始して、ツアーにキャンセルが出てきたな、と思っていたら、今度は四月に中国でSARSが流行し、出張やツアーが全て中止になりました。四月は営業に出られなくて、出歩く人が減って、道もきれいで、車も空いていて、人口密度が低くて、不謹慎かもしれませんが、快適でしたね。「万が一患者が出て、ホテルがクローズという事態に陥ったら大変なので、日本で待機してください」と言われ、五月に一時帰国しました。宿泊客も激減していましたし。

その後、七月一日に北京に戻ってきました。北京のホテル業界では現地採用の日本人が辞めさせられたり、自分から辞めたり、いろいろあったみたいです。そういう意味で私はラッキーでした。宿泊客は七月ぐらいから少しずつ増えてきて、秋にはコーポレートのお客様が戻ってきました。修学旅行のお客様は今でもまだ後を引いています。日本の高校などではスケジュールを二〜三年前に決めてしまうところも多いですから。

有名人のお客様ですか？　いわゆる有名人がいらしても「特にケアしてください」というインフォメーションがなければ、普通のお客様と同じ対応をしますので、特別扱いということはないです。よく「有名な誰々さんが、どこそこのホテルで、こんなわがままを言った」とかうわさが流れますが、そういうことはあまりないです。ある番組の関係で、役所広司さんに五日間泊まっていただいたことがありました。私、役所さんの大ファンなんです。その時、スタッフの皆さんに混じって、一緒にお食事をさせていただく機会がありました。でもうれしくて酔っ払ってしまって、何も覚えてないんです。元々お酒は好きなんですけど、ちょうどその頃、NHKのど自慢大会や大相撲北京公演などいろいろなイベントがあって、とても忙しかったんですね。車の手配などに追われて、あまり寝てなくて。一緒にお食事をすることがうれしくて、たくさん飲んでしまったうえに、疲れていたためにお酒の回りが早くて……。まわりのスタッフの方もいい人ばかりで、隣に座らせていただいたりしたんですけど。結構、早い段階から酔っ払っちゃったみたいです。すごく幸せだったはずだったんですけど、覚えてないんです。もったいないことをしました。

二〇〇四年にサッカーのアジアカップが開催されたときに、あるテレビ局にご利用いただいて、その中にセルジオ越後さんがいらっしゃったんです。私、本当に芸能界に疎《うと》くて、事前に宿泊者リストをいただいて手配していたんですけど全く気が付かなくて。パスポートをお預りした時も、「セルジオ越後さんって珍しい名前だなあ」と思ったんですけど、普通に「越後さま」ってお呼びしたほどです。お部屋の説明をする際に「ブランド物はどこで買えるの？」と軽い感じで質問されたので、「さすがテレビ関係の人は気さくだな」と思いました。でもやっぱりどこかで聞いたことがある名前だと気付いて、オフィスに戻ってネットで調べて、ようやく分かりました。「あー、またやっちゃった」って。自分でもおかしくて笑ってしまいました。

仕事の他には、北京日本人会で広報委員のボランティアをしています。委員は全部で七〜八人。『日本人会だより』を編集しています。おいしいレストランを探して「みんなに教えたくなるグルメ」というページにまとめたり、旅行記を書いたり、楽しいですよ。大相撲北京公演の時は、力士の土佐ノ海さんにインタビューをさせていただきました。気さくで素敵な方でした。ご実家が漁師さんなのに「魚と船が苦手なんです」とおっしゃっていました。完全なボランティアなので、仕事の合間にやらなくてはいけないので大変なんですけど、みんなでおしゃべりしながら作っていくのがとても楽しいです。

お給料は年間契約で、一カ月に直すと手取りで二〇〇〇ドルです。ホテル内での食事とクリーニング代、部屋代は会社負担です。その他、年二回の帰国のための航空券代と、有給休暇を年二一日いただいています。確かに現地採用で二〇〇〇ドルというのは高級な方かもしれません。現地採用は給与レベルの差が大きいですよね。でも私も最初は八〇〇ドルからスタートしました。当時は一ドル八〇円台だったので、「え？　六万円？」と思いましたよ。大学生時代の家庭教師代より安かったですからね。でも勉強したいという気持ちが強かったので、あまり気にしませんでした。部屋もあるし、食事もついているし、留学の延長だったので贅沢もしなかったし、全く困らなかったです。

三カ月後に一二〇〇ドルになって、後は毎年一〇〇ドルぐらいずつ上げてもらっています。私は計算が得意な方ではないのですが、今の給与レベルであれば、気にしないでおいしいものを食べに行ったり、タクシーに乗ったり、ゴルフしたり、休みのときに旅行に行ったりしても、十分な額です。「高いから止めておこう」とか、考えなくても大丈夫です。外資系ホテルということで、中国系よりは待遇がいいかもしれません。それに同じ職場に長くいると、お給料が下がることはないですよね。その代わり貯金はないです。こちらで暮らしている日本人には家を買ったりなさっている方が多いのですが。

最近ようやく、将来を考えなきゃいけないと思うようになってきました。「普通の現地採用とは違う」と思ってもらえるように勉強しなければいけません。そういう意味では、異動はいい機会でした。日本企業を回る営業というだけでは、あと一〇年できるか、と聞かれるとちょっと厳しい。今はつまらなくても、経営やマネージメントを覚えて、ホテル業のプロを目指したいですね。

新しい体制になって、改革の真っ最中なので覚えることはたくさんあります。語学もコミュニケーションには困らないレベルですが高いレベルの通訳ができるかというと、それほどのレベルではないので、中国語もがんばりたいですね。今きちんと勉強できるかどうかで、将来が決まるのかなと思っています。

6 旅行会社勤務
遠藤直美

ENDO Naomi

中国もいけるじゃないかと、だんだんはまっていきました

一九七三年七月二五日生まれ　山梨県甲府市出身
大東文化大学外国部学部中国語学科卒業
【収入】ＪＴＢ新紀元国際旅行社有限公司　駐在員営業部主任
【住居】最近購入した新築マンション（一六七平方メートル）
【家族】中国人の夫、二歳の息子と三人暮らし
【収入】日本勤務の同じ業種の同年代の八割程度

インタビューのお話をいただいた時、「今までお客様のためにがんばってきたことが、ようやく認めてもらえた」と思い、とても嬉しかったです。弊社はＪＴＢと中国企業の合弁会社で、私は二〇〇一年七月から働いています。背が高い？　そうですね。一七三センチあるんです。だから中国の人によく間違えられます。初対面の人に「大連出身ですか」とか聞かれることもあります。

中国との出会いは、大学の時。高校時代にバス

ケットボール部に所属していて、高校三年の時に国体に参加しました。大学進学に向けての重要な時期にバスケットの練習に励まなくてはなりませんでしたので、高校側が国体参加を条件に、私の進学先を、責任をもって探してくれるということになりました。進学先はいろいろな大学から選べたのですが、経済とか法律とかそういった学部はあまり魅力的に思えなかったんです。外国に興味があったので、中国語学科があった大東文化大学に決めました。その時は、北京で働くようになるとは全く思っていなかったですね。「国体に参加できて、大学に行けるなんてラッキー！」という感じでした。だってまだ高校三年生ですよ。はっきり言って、まだ何も考えていませんでした。

大学時代は中国語をメインに勉強しました。大学での四年間の他に、プラス一年間、北京首都師範大学に留学したので、計五年間勉強したことになります。大学時代は年に一回は中国を訪れていました。大学二年の夏には北京大学に短期留学しました。おかげで相当しゃべれるようになりました。

初めて北京に来たのは大学一年の時、一九九三年冬でした。初めての海外旅行でもありました。中国語学科の友人三人で航空券だけを手配して北京と上海を訪れました。印象は悪かったですよ。はっきり言って最悪でした。中国の人に騙されまくったんです。当時、外国人旅行客はいましたが、中国の人にとってはまだまだ珍しい存在だったようで、一八、一九の若い日本人女性が来たということで珍しがられたのが印象に残っています。今の発展ぶりの片鱗もなかったですよ。特に動物園周辺は今から比べるとかなり後れていました。「一歩出るとこんなに世界が違うんだ」と、カルチャーショックを受けました。とても貧しい国で、みんなが外国人のお金を狙っている、という感じでした。旅行中、毎日毎日騙されてしまうので、友人三人で部屋に戻ってから悔しくて泣きました。「絶対に言葉をしゃべれるようになって、けんかをしに来よう」と誓い合ったのが、本格的に勉強しようと思ったきっかけでした。

一番屈辱的な思いをしたのが、羊のしゃぶしゃぶを食べに行った時。出された肉が腐っていたので、「腐っているから交換してください」と言いたかったんですけど、中国語で表現できずに困ってしまいました。ウエイトレスの人たちも分かっているはずなのに交換してくれない。そして最後に「あなたの言ってること、分からないわよ」みたいな仕草でばかにされたんです。それがすごいショックで。「何なんだ、この国は」って、激怒しましたよ。悲しくもなりました。

騙され方で一番ショックだったのは、一年間の北京留学中のことです。闇両替商で換金してもらったら、「早く行きなさい。警察に見つかるから」ってせかされて、急いでその場を離れたんです。後で見たら、お札が半分に折れた状態になっていました。半分の金額しかもらってなかったんです。これはショックが大きかったですね。五、六万円両替したので、当時は金額的にも大きかったし。羊肉と両替、この二つが印象に残っています。

このように中国に対する最初の印象は悪いものでしたが、語学にはまりまして。中国を好きになった理由は、北京の懐の深さです。日本は「常識」という統一された物差しがありますが、中国に来たら、その物差しは必要なかった。解放された感じがしたんですよ。中国人と日本人で「モノ」に対する見方は違うけれど、日本人が絶対正しいかというと、そんなことはない。生きていく上で楽になったんですね。それに気づいてから「中国もいけるじゃないか」とだんだんはまっていった気がします。

長期留学のときは大学内で暮らしました。欧米人、韓国人、タイ人などいろいろな国籍の学生がたく

▲遠藤さんによると、営業に向いているのは「話すことが好きでくよくよしない人」

さんいて、私のルームメートは韓国人。私にとっては意義のある一年となりました。まず言葉がものすごく上達しました。それに、それまで自分の中にあったのは中国と日本の文化だけでしたが、他国の文化、タイ人とか韓国人とか米国人とか入ってきて。あの時代があったからこそ、今いろんな困難にぶち当たっても、困らずに解決する術を得たというか。いろんな国の人と交わることで、それぞれの価値観を学べたと思います。

大学を一九九七年に卒業して、生薬――漢方薬の原料です――の貿易会社に就職しました。日本で販売されている生薬の輸入業務を行なう会社です。中国語を使う機会はたくさんありました。出張もあって、広州交易会に通訳として同行させてもらったこともあります。でも残念ながら、入社から一年半経った頃、銀行の貸し渋りの影響を受け、会社側が希望退職者を募ったんです。それを機に思い切って台湾人経営の中国専門の旅行会社に転職しました。給料は安く、東京で暮らしていくには厳しい環境でしたが、無料で中国語スキルアップをさせてもらい、「しかもお金もいただける」と、プラスに捉え頑張りました。天職に出会えたと思えるほどでした。その後、国家資格の一般旅行業務取り扱い主任者を取得しました。

その旅行会社で、当時私の大顧客だった、今の中国人の主人と出会いました。彼は留学後、日本で働いていたのですが、「日本に居ても『発展する空間』がないから、成長している故郷・北京に帰りたい」と、彼との結婚を機に北京で生活することになりました。二〇〇一年四月のことです。その年の六月に北京で結婚式を挙げて、七月にはもう今の会社で働いていました。スピード就職です。会社がほしい人材と、私ができることがちょうどマッチした感じです。

現在の担当業務は中国に進出する日系企業および駐在員向けの営業です。「新規開拓で外に出なさい」という話でしたが、知らないことも多かったので、最初の一年間は手配業務が中心でした。まず感じたことは「接するお客様がこれまでとは違う」ということです。日本で働いていたときはお客様がいろいろバラエティに富んでいましたけど、中国では大手会社の駐在員の方が基本。インテリ層というか、知識が豊富で頭の回転が速い方ばかりだったので、その点はプレッシャーでした。接客するに当たって、言葉遣い、手配の内容など、失敗しないように常に気を配っています。来たばかりの頃、営業のために商工会議所の名簿をチェックして、びっくりしたんですよ。「えー、こんな大手ばかり……。営業に行けないよ」って。やっていけないいんじゃないかという不安から始まって、一年間はそういう状況が続きました。意外ですか？　北京の日系社会は狭い世界なので、すぐに口コミで噂が広がるじゃないですか。「ＪＴＢの遠藤さんって、全然だめだよね」「すごいトンチンカンなんだよ」なんて。それが怖かったですね。自分自身も、「あの会社のあの担当は」という話をたくさん耳にしていましたので。

泣いたこともありました。入社一カ月ぐらいの時、ある旅行を手配するのにうまく進まなくて、ホテルの部屋が確保できなかったんです。こちらが新人だったということもあって、お客様がいらいらなさって——。「責任者を出せ」と社長まで呼ばれて、「これは会社対会社の話だから」と言われて。なんだかすごい大きな話になってしまったんです。そのときは会社に対してすごく申し訳なく感じました。お客様は仕事の能力が高い人が多いので、できない人と話すといらいらしちゃうんだと反省しました。

またお客様からのクレームにも対応させていただいています。旅行という商品は目に見えるものではないので、お客様の受け止め方によって、ご意見をいただくことがあります。当初はどのように解決していいのか分からずに、具合が悪くなってしまうこともあるほどでした。中国側の担当者が起こしたミスでも、クレームの時は日本人が対応します。そこでうまく対応すれば、もっといい顧客になってくれるので、それを信じて心をこめて接しています。クレーム処理を担当して、ずいぶん強くなりました。

私が直接担当していたわけではないですけど、「お客様がすごく怒っているので、遠藤さん、電話を代わって」と言われたときがありました。お客様ご夫婦と二歳ぐらいのお子様とご両親が北京動物園の中にある海洋公園にいらっしゃったんです。水族館を出てきたら運転手さんがいない。真冬だったので、すごく寒かったんですね。「もう五分も待ってるんだけど、どこに行ったんだ！」ということになって……。結局おトイレに行っていただけなんですが。高齢のご両親と小さなお子様が一緒ですから「風邪を引いたらどうするんだ」と、すごく怒られてしまったんです。「運転手さんが急にトイレに行きたくなりまして……。大変申し訳ございませんでした」とお詫びして、二日目、三日目と会社にお邪魔してお話をうかがいました。でも誠心誠意対応していくうちに、いろいろと別の話もできるようになって、今度一緒に飲みに行こうと誘っていただけるまでになりました。その方はその後、上海に転勤になったんですけど、出張で北京にいらっしゃるたびに弊社に顔を出してくれたり、電話をしてくれたり。クレームが出会いのきっかけになった例ですね。

社員は一二〇～一三〇人です。たいへん恵まれている社内環境だと思います。会社の業務のうち七～八割はインバウンドと言われる、日本側のＪＴＢからの受け入れ業務です。弊社は日本のＪＴＢが受注したパッケージ商品や団体旅行を全て受け入れる、中国の窓口的役割を担っているんです。私が所属する駐在員営業部という部署は、中国にお住まいの日本人のお客様を対象に旅行サービスを提供しています。部内には一四～一五人いるんですけど、優秀な社員がそろっていて、現地採用の友人に羨ましがられるぐらいです。スタッフ一同、お客様の立場に立って、残業も恐れず、一緒に努力してくれて、本当に助かります。中国にある会社で働いていると、現地スタッフと意思の疎通がうまく取れなかったり、日本人の気持ちを理解してもらえないと嘆く人もいますけど、私自身はそういうことを感じたことが一度もないんです。お客様が日本人なので、そういう部分がうまくいかないと、間に挟まれて辛い思いをしますからね。

中国のスタッフに認めてもらうために四年間がんばってきました。クレーム処理も嫌がらずやりました。私がいる意味は、みんなが嫌がることをするためだと思って……。あとは成績ですね。私の給料を、なぜかみなさんは知っていますから。今のお給料は、旅行業界で働いている同年代の八割ぐらいです。中国は物価が安いですから、悪くない収入です。中国のスタッフより高く設定されています。団体旅行は営業に行って取ってくれば自分の成績ですけど、個人の手配はお客様の電話を取ればその人が担当者になるわけですよ。だから誰にでもできる、ということになります。ですから最初の一年間はスタッフから「いる必要がないんじゃないか」という目で見られているのでは、と負い目を感じました。この部署で初めて現地採用された日本人だったので、「そんな高い給料を払って、日本人を雇う意味があるのか」と、そんな雰囲気でした。

入社から一年経って、二年目の夏に妊娠しました。その一年間はさらに営業ができなかったので、スタッフからの風当たりが強かったように感じます。居心地が悪かったですね。今は営業だけに集中できるようになったので、それなりに数字が見えるようになって、成果も上がるようになり、中国人スタッフも協力的になってくれました。以前は営業と手配を両方やっていましたから、成果が出にくかったというのもあるんです。でも逆の立場だったとしても同じことを考えると思うんです。「中国人の三、四倍稼いで来ないという意味がないでしょう」「せめて自分のお給料くらい自分でペイしなさいよ」と。会社にしてみれば、給料分ぐらい稼いでもらってもしょうがないですし。ちなみに現在は給料の五倍の営業収益を上げることが目標となっています。

商工会議所の名簿はいつも持ち歩き、責任者の名前も会社の住所も全部覚えるみたいな勢いです。新規開拓は大変ですが、営業が好きなんです。今でも初めてのところに電話するときは、事前に伝えたいことをメモして、それを見ながら、という感じです。サービス業はお客様に楽しんで喜んでもらえて、お金をいただくという、とても健全な仕事ですよね。日本にいるときから旅行業界にいて、天職だと思っていたので、中国でも同じ仕事に就けてラッキーでした。ちょうど旅行業が外資系に解放されて、JTBが立ち上がって、部門も走り始めて——という状態での採用だったので、タイミングもよかったです。四年経った今はお客様にも認知してもらえるようになりましたから。

子どもはこちらで出産しました。地元の産院です。個室は、母子の部屋の他に家族の宿泊用があって、二部屋構成です。冷蔵庫、テレビ、お風呂が付いていて、快適でした。医療レベルも高かったですよ。中国全土でも名の知れた病院なんです。入院は三日間でした。安い部屋は一泊一二〇元ですが、私が泊まった部屋は一泊六〇〇元。トータルで四〇〇〇〜五〇〇〇元でした。分娩費用は中国語で「接生費」と言うのですが、それはわずか二〇元でした。

新型肺炎（SARS）が流行したとき、会社的には大打撃だったんですが、私にとっては、これ以上ないタイミングでした。出産直後だったんです。主人も会社が休みになって、一番たいへんな時期にみんなが助けてくれた。私自身、会社を休むのにもあまり負い目を感じなくてすみました。

中国と日本の相違点は子どもの育て方。聞いた話では、中国の都市部では帝王切開の割合がかなり高いということです。私は自然分娩でした。事前に母親教室があって、先生が「日本の帝王切開率はたったの一、二割です」と言ったら、拍手が起こったぐらいです。病院側もお金が稼げるし、スケジュールも立てやすいですから帝王切開を勧めますね。

中国の母親は、授乳期間中でも子どもと一緒に寝ないケースが多いんです。理由は単純に「疲れるから」。こういう考え方の背景には中国の社会システムがあるんです。女性の社会進出が進んでいて、働きやすい土壌が整っています。生まれて三〜四カ月で出勤しますから、夜は家政婦さんに見てもらえばいい、という気持ちになります。保育園も「全託」というお泊りさせる制度がありますし。月曜日の朝預けて、金曜日の夜迎えに行く。土日だけ会えればいいやという感じでしょうか。

最近、市内のマンションを購入しました。自転車で通おうかな、と思うぐらい、職場に近い場所。カルフールが目の前にあり、買い物も便利。頭金を二〇パーセント払ったんですが、ローンが大変です。一六七平方メートルと割と広いので高かったですし、二〇年ローンで一カ月六五〇〇元の返済です。

北京に来て、何の後悔もないです。困難があっても気にしないタイプだというのもありますが、この土壌が自分の性格に合っていると思います。女性の社会進出が当たり前という意識があって、体制も整っている。女性が料理を作れという風土じゃない。仕事を続けながら子育てしていくという夢が実現できる社会です。日本だと、能力があっても、働き続けるにはかなり努力しなければならない。あとは今の生活を心からエンジョイしているので、小さなトラブルがあっても元気でいられます。自分の理想とするライフスタイルに合った社会なんです。仕事も楽しいですし。

これから北京で働いてみたい、と考えている方たちは、「何でもいいから北京に」というのではなく、まず何が好きなのか、やりたいことは何なのかを明確にしてほしいですね。好きなことがあって、その延長線上にある仕事をする。北京に来る前に、悩むぐらい考えて、映画を見たり、いろいろな活動に参加したりして、自分のやりたいことを見つけてほしいですね。どこにいても自分らしくいられることが大切ですから。

客室乗務員
永嶋由規子

7 いろいろなタイミングが合って、今ここにいる

NAGASHIMA Yukiko

一九七四年二月三日生まれ　神奈川県出身
日本大学文理学部中国文学科卒業
【職業】エアチャイナ（中国国際航空）　国際線客室乗務員（北京ベース）
【住居】賃貸マンションで一人暮らし
【収入】社会人新人程度＋諸手当て。フライト時間によって毎月異なる

今は一カ月のうち三分の一以上が上海ステイです。休日は不定期ですが、基本的にはフライトの次の日はオフになります。一機に日本人クルー一人で乗務します。日中間のほか、中国国内線も飛んでいますので、機内にいる四〇〇人のうち自分だけが日本人ということもあります。でも慣れたせいでしょうか、プレッシャーはないですね。国内線はほとんど満席なので「忙しくなるな」と覚悟をして臨みます。日本人だと分かると「あ、日

本人なの？」と気さくに話しかけてくださる中国人のお客さまもたくさんいます。

日本と中国を一日二往復することもあり、平均で週四回ぐらい日本に飛びます。でも日本ステイはなくて、日本線はすべて日帰り。日本へは東京、大阪、福岡、広島、名古屋、仙台に就航しています。チャーター機でほかの都市に行くこともあります。エアチャイナは中国のフラッグキャリアですので、政府要人や有名な方もたくさんお乗りいただいています。でも後から知らされることが多いですね。私たちは基本的にはエコノミー担当ですし、乗務中は忙しくて、誰が乗っているかなんてチェックする時間はありませんから。

明日は午前中に大阪に飛んで、午後は東京、それから上海に戻ってきて、そのまま上海ステイというスケジュールです。短距離で時差もないのでそれほどつらくはありません。確かに体力と気力がないとできない仕事ですね。北京から東京、上海、深圳と飛んで、それから真夜中に上海に戻ってくることもあります。月間の飛行時間はピーク時は一二〇～一三〇時間、冬のオフシーズンは九〇時間ぐらいでしょうか。


中国との出会いですか。大学三年生の冬休みに短期留学で三週間北京に滞在しました。まだ携帯電話もなかったですし、王府井も工事中で町が埃っぽかったですね。でも想像していたほど、田舎ではありませんでした。遊ぶところもあって食事もおいしかったし、「日本と似ているな」と思いました。それで留学先の大学の先生に、何も考えずに「来年一年間来ますのでよろしく」と言ってしまったんです。「中国がとても好き」とか「中国語を一生懸命勉強しよう」とか、そういう強い意志はなかったのですが、いろいろなタイミングが合って、今ここにいる、という感じですね。

大学を卒業して、留学生として北京に来ました。最初の授業では自分の名前を呼ばれたのにも気がつかないほどでしたけれど、一年間で日常会話には不自由しないようになりました。留学で視野が広がりました。いろいろな国の友達と知り合えた。初めて日本を離れて生活すると、日本という国が世界の人からどう思われているのかや、日本の長所・短所が少しずつ見えてきますよね。外国人に日本人の真似をさせるとたいていペコペコお辞儀をするんです。確かに空港で日本人の団体が、一人のガイドさんに集団で何度もお辞儀をしているところをよく見かけます。でもそういう姿を見ると、同じ日本人として愛しさを感じますね。

帰国後すぐに、外務省・西欧二課で非常勤職員として四カ月間働いたあと、エアチャイナの東京支店に入社しました。飛行機と中国語に携わる仕事が第一志望でした。オペレーティングを一年間、旅行社向けのカウンター発券業務を三年間担当しました。上司は中国人でした。飛行機は好きだったのですが、当時はクルーになろうとは思わなかったですね。憧れてはいましたが、「生まれ変わったらチャレンジしてみよう」ぐらいに感じていました。それがあるとき、チャーター課のお手伝いで、地方空港でチャーター機のハンドリングをする機会があったんですね。お客様が楽しそうに降りてきて「お世話になりました」って言ってくれたんです。その言葉に感動して「やっぱり現場で働きたい、クルーになりたい」と強く思いました。

ちょうどエアチャイナが日本人乗務員の採用を始めた時期だったんですよ。年齢的にラストチャンス

▲「『ありがとう』もクレームも、お客様からいただく言葉は宝物です」

だと思ったので、それからの一年間は生活の全てが受験に向けた準備という感じでした。クルー受験専門学校にも通いましたし、通信教育を受けたり、英語や中国語の家庭教師をお願いしたりしました。体力作りのためにスポーツクラブやO脚矯正のための整体に通いましたし、スキンチェック対策のために皮膚科に行ったり、ファーストエイドや語学の資格を取得したりしました。実際の面接では、室内をぐるぐると歩かされてその様子を観察されたり、超至近距離で皮膚や口の中をチェックされたりもしました。航空身体検査はとても厳格でした。やはりこの仕事は体力が資本なのだとひしひしと感じました。

一番のネックは視力でした。受験資格は「裸眼で〇・四以上」だったのですが、当時の私の視力は〇・〇五程度でした。思いつく限りのすべての方法を試しました。眼科は二つ掛けもち、米国のパイロットが行なっているレンズ治療法を受けてみたり、ブルーベリーをたくさん食べたり。『視力は必ず良くなる』というような本がありますよね。そういった本の著者の連絡先を調べて、新幹線で自宅に直接うかがったりしたこともありました。最終的には、レーザー手術なしで左眼が〇・五、右眼が一・二まで上がりました。眼科医も驚いて「ぜひ体験談を書いてほしい」と頼まれたほどです。

働きながらの受験準備でしたが、不思議とつらくはなかったです。毎日が充実していましたから。くじけそうなときは空港に行って、飛行機を見たりしました。面接は緊張しましたが、用意したセリフではなく、自分の言葉で素直な気持ちを伝えられたと思います。

合格は、秘書の方からの社内メールで知りました。仕事中でしたけど、涙が出ましたね。今まで「のほほん」と暮らしてきた私が、初めて目標に向かって全力投球して、夢がかなったのですから最高の気分でした。私は二〇〇二年入社の第三期生で、同期は七人が合格して、五人が残っています。間もなく五期生がやってきます。

今まで北京空港の目の前にある会社の系列ホテルに住んでいました。一人部屋です。ホテルですので私たちのほかに、一般のお客様も宿泊しています。待遇は中国人クルーよりもいいと思います。お風呂好きの日本人のために専用バスタブを付けてくれるなど、会社側に気を遣ってもらっているのを感じます。今は市内のマンションに住み、会社へはタクシーで通っています。

客室乗務員として再び北京に降り立ったときは「これから始まるんだ」と新鮮な気持ちでした。荷物を受け取るときに、そばに中国人スタッフがいたのにもかかわらず、誰も手伝ってくれなくて、大きいダンボールやスーツケースを全部自分で運びました。荷物が大きいトラックに適当に積まれて運ばれていく後ろ姿を見たときは「中国らしい洗礼を受けたな」と思いました。

研修では、マナーの訓練とエマージェンシー訓練が特に印象に残っています。鏡張りの部屋で笑顔、歩き方や座り方、名刺の頂き方などを練習する授業がありました。エマージェンシー訓練は、大声を張り上げたり、滑り台を滑ったり。あとは消火訓練やファーストエイドなどですね。人を引っ張って二五メートルを繰り返し泳いだりもしました。みんなマスカラが落ちた、パンダのような顔で真剣に取り組みました。年に一度は再訓練があり、最近はテロ・爆発物対策が加わりました。

私の経歴を見ると、中国が大好きで仕方ない人のように見えるかもしれませんが、中国に対する感情は割と冷静なんです。実際に中国で暮らしてみて、好きな所はたくさんあります。大陸的な大らかな考え方も好感が持てるし、正直だし、どの人も明るくて幸せそうですよね。同時に嫌な面もあります。アバウトすぎる、衛生面での認識の甘さ、それに自分が悪くてもなかなか謝らないところなどが苦手ですね。

実は今日もここに来る前に、けんかして来ました。現像をお願いしていた写真を受け取りに寄ったのですが、約束の時間にできていない。謝りもせずにぶっきらぼうに「五分待て」と言うだけ。三〇分待ってもできてこないので「いい加減にして!」と怒ってしまいました。でも私があんなに文句を言ったのに店員さんが「気をつけて」と送り出してくれて、私も笑顔で「ありがとう」と応えたりして。中国の人って、自己主張が激しいけれど、お互い言いたいことを言い合ったら、さっぱりと笑顔で別れますよね。私自身北京に来る前は、こんなに主張したり、怒ったりしたりすることは少なかったけれど、今はすっかりたくましくなりました。気持ちいいですよ。

中国と日本のお客様の違いですか。そうですね。中国ではミールを食べ終わっておかわりする人が多いですね。国内線では必ず「もう一個」という人が出てきます。余っていたら差し上げるようにしています。足りなかったらお断りするのですが、不機嫌になる人もいますね。中国人クルーを見ていると、お客様にはっきりとものを言い過ぎて、見ていてひやひやすることもありますが、曖昧な態度はダメなんです。できないのに結論を曖昧にしていると、お客様に期待させてしまうじゃないですか。中国では、できないことは「できない」とはっきり言わなくてはいけないんです。遅延時に、ホテルの手配など地上でのケアについて質問されることもありますが、機内では確実なことは言えません。そういうときは「恐らく……」などと曖昧な言葉を使わず、「分かりません」とはっきりと伝える必要があります。

変わったお客様ですか。あまりにも多すぎて覚えていません。職業病とは少しニュアンスが違うかもしれませんが、いやなことがあってもすぐ忘れるようにしています。次のフライトに引きずらないようにしています。反省すべき点は反省していますけれど……。中国のお客様は不満などをすぐに言葉で表現しますので、迅速に対処するようにしています。逆に日本のお客様は不満などをあまり表面に出しません。注意深く観察し、積極的に話しかけるようにしています。

エアチャイナで働く日本人は全員で一四人ですが、同期や後輩と、愚痴やハプニング、楽しかったこと、トラブルの処理方法など、各自のフライトでのできごとを言い合って、情報交換をするよう努めています。

まだ新人の頃、長時間の遅延でお客様が怒り出してしまったことがありました。でもその前に、一〇時間以上の遅延を経験した同期の経験談を聞いていましたので、落ち着いて対処できたのが思い出として残っています。

つらくて泣いたことは一度もありません。感動して涙を流したことはあります。仙台から大連を経由して北京に行くはずが、天候不良で大連で長時間待機。そのあと天候が回復して北京へ向けて出発したのですが、また条件が悪くなり、今度は青島に向かうことになりました。でも青島も天候が悪くなって最終的に再度大連に戻ることになりました。もう夜中になっていましたし、乱気流で飛行機がすごく揺れましたし、最初は笑っていたお客様も、いらいらなさって泣いたり怒鳴ったり。私も疲れていましたけれど、機内を回って状況を説明しました。もちろんアナウンスも入れましたが、一人ひとりに私の口から説明したかったんです。降機時、一人の女性のお客様が「あなたがいてくれてどんなに心強かったかわからない、どうもありがとう」と言って手を握ってくださったんです。そのとき、初めて機内で泣きました。普段のフライトでもお客様の生の声が一番うれしいですね。エアチャイナとの契約は最長で五年間ですけど、客室乗務員の仕事はできれば一生続けていきたいです。

私たち日本人は、日本のお客様にサービスを提供するために雇われているのですが、私たちが中国の会社の飛行機に乗って中国人のお客様に接することで、日本に対していいイメージが育ってほしいですね。中国人クルーと日本人のお客様の間で通訳をすることもあるのですが、そういうふうに、機内の中で潤滑油のような、橋渡し的役割が果たせるのもうれしいです。逆に、機内で中国人と日本人がけんかを始めたりするのを見るたびに、「自分は無力だな」と悲しくて仕方ありませんでした。「いつになったら、本当に仲良くなるのかな」と考えながら、小さい飛行機の中でコツコツと日中友好をやっていくだけです。日本人も中国人も個人個人は本当にいい人ですし。

日本にいる家族は「早く帰国してそろそろ落ち着いてほしい」と思っているかもしれません。でも「向上心があるうちはやってみなさい」と言ってくれています。特に母は、私よりも進んだ考え方の持ち主で、これからの女性はまず生活力を身に付けなければいけないといつも言っています。非常に頼りにしていますし尊敬しています。

エアチャイナは全日空と業務提携をしているので、全日空のクルーが私たちの飛行機に乗務することもあるんです。日本の機内と様子が違うので、最初はびっくりしていましたが、今は「楽しい」と言ってくれます。彼女たちの働きぶりを見ていると、私も勉強になります。日本のサービスや仕事はきめ細かいですね。たとえば離陸のときにカートが滑り出さないように、すべて鍵をかける決まりになっているんです。日本の飛行機では鍵を忘れることはありえない。もしそんなことがあったら、国土交通省に反省文を提出しなければならないんです。でも中国の飛行機では「あ、出てきちゃった」と、すぐにカートを元の位置に戻して、急いで鍵をかけて、それで終わりです。全日空の方と一緒に飛ぶときは、中国人クルーもいつもより丁寧に仕事をしたり、真似をしてみたり、いい刺激を受けているみたいです。

サービスにはお国柄が出るので、多少ギャップを感じることもあります。例えばお客様にぶっきらぼうに物を渡したり、舌打ちをしたり。舌打ちは日本人からするとありえない行為ですが、中国では癖のようなものであまり意味はありません。そのギャップを埋めるために私たちが存在するのかもしれません。逆に中国人クルーから見ても、きっと私たちの仕事ぶりにギャップを感じていると思います。お客様にはっきりと言えなくて困っていると、代わりにきっぱり言ってくれたりします。言葉だけでなく、文化の違いからくるギャップの埋め合いをしながら働いています。最近は、お互いのサービスに興味を持ち、良いところを取り入れて、自分たちで言うのもなんですが、サービスはよくなってきたと思います。日本語が話せる中国人ではなく、なぜ日本人である私たちが雇われているのかを考えながらサービスするようにしています。

この仕事はたくさんの人に出会えるのが魅力ですね。それに大好きな飛行機に乗れることです。飛行機から見る景色って本当にきれいじゃないですか。客室乗務員としてのキャリアは三年しかなくて、まだ半人前なので、目の前にあることをコツコツと丁寧にこなしていきたいです。万が一フライト中に飛行機が落ちても成仏できると思います（絶対落ちませんけど）。それくらい仕事も生活も充実しています。

両国の悪いところも良いところも、すべて受け入れるようにしています。受け入れないとやっていけませんから。なんでもかんでも悪く取っていたら、友好は築けません。それに、感謝の気持ちと、細かいことを気にせずに忘れることができる大らかさを身に付ければ、どこの国でも楽しく生活できると思います。

設計士
山岡淳
YAMAOKA Atsushi

8 中国の建築業界は開放的。チャンスになるという予感あり

一九七五年六月二二日生まれ　兵庫県出身
法政大学大学院工学研究科修士課程建設工学修了
【職業】OMSコンサルタント・北京事務所　設計士
【住居】一五階建ての中国人向け一般住居（五〇平方メートル）に一人暮らし
【収入】日本円にして月およそ一〇万円

小さい時からプラモデルとか、物を作る作業が好きだったですね。勝手にジオラマ（実際の風景に似せた小型模型）を作って、写真に撮って友達にあげたりしていました。プラコンというのがあるんですが――プラモデル感覚で組み立てるラジコンですね――できあがってから、みんなでレースをしたり。小学校一年生の頃にちょうどファミコンが流行り出しました。ゲームもしたけど、外で遊ぶ文化もまだ残っていて、よく外で遊びまし

たね。その頃から、外でできる、物を作る仕事がしたいと思っていたような気がします。建築家を目指す人というのは、建築的体験が背景になっていることが多いんです。近所に有名な建築家のお宅があってよく遊びに行っていたとか、どこかのニュータウンを見て寂しさを感じたとか。でもそういう原体験的なものは自分にはなかった。ただ数学が得意だったので理系に進んで、建築がおもしろそうだなと、その程度でしたね。建築学科は偏差値も高くて狭き門だったので、「狙ってみよう」というのもありました。

大学を出た後は働こうと思っていたんですが、希望していた所に「今、仕事がないから大学院にでも行けば」と体《てい》よく断られたんで、大学院に進学しました。大学院のときは、週の半分ぐらいは泊まりでした。他のデザイン系の研究室は建築の成り立ちのシステムや建築論を研究するという感じだったのですが、うちの研究室は放任主義で、学生コンペによく参加しました。みんなでわいわいやりながら、学年を超えて有機的に人と関わっていました。「こういうのがあったらいいね」「これからはこういうのがいいね」「今までこういうのが見落とされているね」といったアイディアを形にして提案するという感じでした。実践的でない部分もありましたが、自分の意見やテーマを、いかに他の人に分かってもらえるか、それが大切でした。

東京は建築家が多くて、講演会やギャラリーにもよく足を運んでいました。環境的に恵まれていましたね。日本建築家協会（JIA）という団体があって、そこのセミナーでは週一回建築家の方を呼んで、学生や社会人が参加してお話を聞いたり、ワークショップで物を作ったりするんですよ。僕は学生のときに関わって、その後三年間お手伝いという形でずっと携わっていました。

中国に来るきっかけは、JIAのある方に「中国で人を探しているよ」と誘われたことです。大学院の卒業が間近だったのですが、就職活動を全くしていなかったんですよ。アトリエ事務所――簡単に言えば、建築家の主宰する、スタッフ数十人規模までの個人設計事務所――に行こうと漠然と思っていたんです。でも同時に、環境を変えたいなとも考えていました。そのとき偶然にも「中国」という話をいただいて、「行こう」ということにしたんです。それまで中国とは全く関係がありませんでした。ヨーロッパばかりに目を向けていましたから。研究室の先生が「これからは中国だよ。僕が若ければ絶対中国に行くのに、君たちはどうして行かないの」と口癖のようにおっしゃっていたんです。それが頭の片隅にあったのかもしれません。

そのお話というのが中国で初めに勤めたコンサルタント会社です。中国で店舗を作りたいという人たちのために、人材開発とか店舗設計をトータルでサポートしている会社です。僕は店舗デザインなどを担当していました。ビルディングの勉強が中心だったので、本当はインテリアに関してあまり興味がなかったんですよ。でもとりあえず、環境を変えたいというのを優先しました。

二〇〇三年秋に大連本社に行き、バーや喫茶店、住宅の内装を主にやりました。自分のキャパシティが拡がっていないので、狭い視野の中で中国を理解しようと思って、最初はやっぱり悩むんですよね。単に空間の設計だけではなく、仕事の仕組み、組織のあり方、営業、デザインも考えなければならない立場になって、「大変なことになってきたな」と思いました。でもしばらく経つと、中国を知るうえで良い環境を手に入れたと考えるようになってきました。設計という行為自体、単に都市や建築だけでな

▲「日本とは全く異なる中国の建築業界とどのように関わっていけるのか楽しみ」

く、社会や人々の行動心理まで知らないとできない作業ですから。学生の時に考えていた設計という行為は漠然としていましたが、大連での一年で、より具体化しました。お客さんと向かい合って、意見や希望を聞いて、デザインを提案して、見積書とにらめっこし、素材を選ぶことの意味を学んだという感じです。建築は、何か実験の場、仮説の検証場というだけでなく、リアルな生活の場であるという事実が実感として理解できました。

業者をうまくなだめたり叱ったりしながら、現場を勉強して実現するということの難しさも学びました。実現しないかもしれないと知りながら提案することもありましたね。お客さんの喜ぶ顔、失望する顔、気持ち良く設計料をいただけるときもあれば、支払いトラブルが発生する場合も——。ほんとうに色々なことを経験しました。

空間を提案したときに「それはお前、なにもしてないいんじゃないか」と言われたことがあったんです。そのときは精神的疲労感がありましたね。すごく考えていいもの出したつもりでも「お前はデザインしてない」「外観はあそこの建物をそのまま真似してくれ」と言われて。中国側のクライアントの多くは「手を加えれば加えるほど努力した」みたいな感じでしたね。だから日本のモダニズム、モダンな感覚にある、いわゆる「余白の美」みたいなものを、分かってくれる人は少ないんです。「派手なほうがいい」というセンスですから。そこで感覚の差を感じると同時に、自分のキャパシティの狭さも目の当たりにするんですよ。

環境の話をすると、日本では建築の中に自分がいた。まわりも建築をやっている人だから、環境も理解し合えるし、僕が話している内容も分かってくれる。でもコンサルタント会社では、建築というのはユーザーに提供できるサービスの一つであって全てではない。企業というのは営利目的なので利益が優先される。つまり、かけていい時間やコストが限られているわけです。自分がやりたいものと会社や顧客が求めているものと温度差があるんですよ。最初はそれに戸惑いました。そういった状況の中で、自分が本当に求めているもの、やりたいことを自問していきました。

中国の建築業界は開放的ですよ。建材市場に行けば、誰でも資材が買える。飲食店の店主が建築資材の価格を知っていたりするんですよ。下手な建築論だけでは通用しない部分もある。おもしろいと思うんです。中国に来たばかりの頃は、驚いたこともたくさんあったけれど、自分をブレイクスルーするチャンスになるという予感もあった。企業に属しながらも、個人として取り込もうと、つまり自分のキャリアのためにがんばりたいと思いました。建築という職業に就職はしているつもりですが、就社という感覚ではないんです。

北京に移ったのはその一年後、二〇〇四年一〇月です。北京ではいろいろなプロジェクトをやりました。大小のイベント、店舗、内装……。成功も失敗もありました。予算的に大きいものだと、日系大手メーカーの展示イベント。大手代理店からの下請けというかたちです。中国六都市を巡回したのですが、展示会のシステムが分かって面白かった。建築的提案というのはないのですが、システマティックに組み立てる工程が勉強になりました。

今は北京駅の目の前にある日本料理店の内装を担当しています。あと今進んでいるプロジェクトは衣料品ショップと喫茶店で。あとはイベント関係もいくつか抱えています。

ここでの仕事はかなり刺激になります。日本とはデザインに対する考え方が違うんですよ。エントランスとかホールとか、空間がいくつかありますよね。僕が考えている建築というのは、一つのコンセプトが全体に浸透している空間なんです。極端に言えばドアノブに至るまで、考え方が統一されているというのが理想なんです。「こういう空気感が味わえる」とか「こういう体験ができる」といった、抽象的なコンセプトを一つ一つ形に落とし込んでいって、建物として完成された一個のメッセージがあるというような……。

中国の人は「ここはこの雑誌のこのページのイメージ」「あっちはこの雑誌のこれにして」というような注文をする。そうすると、写真ごとのコンセプトが違うからできあがりがチグハグになるし、居心地が悪くなります。よくないと思うんですよ。でも中国の人にとっては、そんなことは関係ない。こういう考え方の違いにぶつかったとき、それを「だから中国人は」と片付けるのは簡単ですけど、最近は「もしかしたら中国人はシーンごとにスイッチを切り替えられる人種なのではないか」と思えるようになってきて……。映画のシーンみたいに、エントランスはイタリア人、リビングに入ったらフランス人、と、そういうことがこの人たちはできるんじゃないかと、そう考えてみるんです。だから例えば小津安二郎監督作品に見られるような定点観測的な視点ではなくて、ハンディカメラでどんどん視線を変えていくような感覚なんだな、と解釈すると、また回るものがあるんですよ。え？　深読みしすぎですかね。でもね、「もうだめだよ、この人たち」と思って、宇宙船よろしく、日本やヨーロッパの建築をどーんと押し付けるのもいいんですけど、それをやっちゃうといつまで経っても中国に根を張れないんですよ。彼らの現象を僕なりに解釈して、「だったらこっちのアイディアをぶつけた方がいいのでは」と考える方がクリエイティブな気がします。

中国に来て「不思議だな」と思うことって、いっぱいあるんですよ。「どうしてこんな埃だらけのところで揚げパンを売るの？」とか。日本にいるとき、社会が形骸化していて、「これが習慣だから」と言って、理由を深く考えずに「まわりの人がそうだから」って納得していたということ、ありますよね。帰るときは机の上を片付けてから、とか。そういう感覚に慣れていたので、中国に来て「どうしてこんなところにこんなものが？」「これはこうしたほうがいいんじゃないか」と思うことも多かったんですけど、それは日本というOS（オペレーティングシステム）の上の日本的アプリケーションとしての僕が考えていることであって、北京ではちょっと頭打ちになっちゃうな、と。こうあるべきだという考え方を取っ払うことで、また別に得るものがある。吸収する、素直に学ぶというのはそういうことだと思うんです。根を張ろうと思ったらそういう視点がないと、うまくいかないかもしれません。

北京の街並みっておもしろいじゃないですか。建物の上にポンと様式チックなものが乗っかっていますよね。建物の外観も派手さを競っている部分があります。派手さのバリエーションが変化するだけで、「そこに住んでいる人や働いている人にとって心地よいか」という問いかけとはまた別問題なんですね。パブリックなスペースをどれだけ生かせるか、歩いていてどれだけ楽しくなるかということが重要だと思うんです。

日本にも明治維新の頃、和洋折衷建築があったでしょう。海外の様式を真似て、見様見真似で大工さんが作ったじゃないですか。そうやっていた日本人が、中国人のコピーを否定するのはナンセンスだと思うんですよ。自分たちもその歴史の上で技術を伸ばしていったんですから。だから中国の建物を見て「こんな見かけだけでいいのか」と思う反面、これからどういうのができていくのか、自分がどうやって関わっていけるのか、と楽しみに思う部分もあります。

上海や深圳はどちらかといえば日本っぽい。道も狭くて、くねくねしている。高速道路も首都高みたいです。北京というのはやっぱり古くから都があっただけのことはあって、都市計画がしっかりしています。地図を見れば一発で「あ、これは北京だ」と分かります。長安街が東西に横切っていて、広い道に沿ってガンガンと建物が建っていて、このスケール感は、「北京ならでは」だと思います。経済の最先端を感じたいなら上海かもしれませんが、都市のオリジナリティを実感するなら北京です。故宮や天安門広場のスケールもすごいですよね。そういう意味ではおもしろい場所だと思います。

今は北京駅の南側に住んでいます。会社までは自転車で二〇分。タクシーや地下鉄を利用することもあります。一般の中国人住宅で、隣も上下も全部中国人です。部屋は西向きで、面積は五〇平方メートル。リビングと個室とキッチンがあります。家賃は月二一〇〇元です。買い物も便利ですよ。造りはあまりよくないですが。まだ築二年なのに排水の匂いがしたり、水を流す音が響く。中国の人はそういう点をあんまり気にしないんでしょうか。

住宅の平面図を見ると、日本は奥にリビングがあって、まさに奥座敷なんですよ。でもこっちは玄関を開けたらいきなりリビングです。家族と一緒にいるのが大切だという思考があるんでしょうね。家に帰ってきて、そのまますぐに個人の部屋に行けてしまうような造りは、中国の儒教的精神と相反するのかもしれないですね。そこはむやみに日本ふうにしなくてもいいと思うし、日本ふうを提案しても相手にされないですよ。玄関の扉も廊下側ではなくて、家側に開きますよね。日本では雪国以外、そういう造りはあまりないです。中が狭いですから。でも中国は玄関もないし、扉も内開きだし。本当、困るんです。靴を置く場所がなくて。

食事は外食が多いです。洋食、日本食、中華を順番に食べる感じです。お昼は六元のお弁当を頼んでいます。夕食は半分ぐらい友人と食べて、残りは家で食べたり。

いいホテルに行ったりもしますよ。最近はグランドハイアットのラウンジでお茶を楽しんだりしています。生演奏をやっている中で、お客さんと打ち合わせをするときもあるし、何するでもなく、ただお茶するだけのときもあるし。ああいう空間に自分を置いておくことは大切だと思うんです。一〇元の食堂でも食べるし、一流の場所でゆっくりもする。自分のレンジを広く維持したいですよ。

今は、北京でも有数の繁華街の一つで建設が予定されている商業ビルの建築の設計を担当しています。

個人的にはこの建物に対して、ジョセフ・コーネル（一九〇三―七二年、米国生まれ、シュールレアリスト）の作品に見られるような可能性を見ています。彼の作品にあるような、出会いそうもないものたちが出会う場所、偶然集まったものの集合が作る新しい世界の可能性を準備しうる場所、そのような建物になればと思っています。代表を始め、ここの建築に携わる他のスタッフもそれぞれ、別の可能性を見ているのではないでしょうか。このように建築に限らず、あるものを通してお互いのビジョンや考えを交換する場にいるというのは、素晴らしいことです。日本人としての良さを与え、中国人としての良さを彼らから享受する、そして最終的には個人としてレベルアップしていくというのが今の環境に感じる可能性です。中国にいる日本人としても、幸せなことだと感謝しています。ローカルスタッフと交流することに関してネガティブな意見も確かにありますから。その点は建築設計という業種の特異なところかもしれません。

将来の夢はいくつかあります。まだ抽象的なレベルですけど。中国での経験を日本に還元したいな、と思います。中国で学んだことを、建築を通して日本で生かせるかな、というのがあるんですね。中国でビルディングを建てて、メディアに乗って、社会に問うというかたちもありだと思います。中国を利用して、学ぶものは学んで、日本の建築の可能性を拡げたい。もう一つは将来、中国と日本に事務所を開きたい。そして中国の事務所では日本の、日本の事務所では中国の人材をそれぞれ活用したいですね。両国が互いにとって有効たり得る時期が来ると思うので、それまでに人を育てて交流していきたいです。今はまだ、自分が育っている段階ですけど。

9 歯科医 林浩一

患者を診る楽しさを実感、高い技術とサービスを提供したい

HAYASHI Kouichi

一九六一年四月一九日生まれ　北海道深川市出身
日本歯科大学新潟歯学部卒業
【職業】北京漢和歯科　歯科医
【家族】一人暮らし
【収入】日本の新人のお医者さんぐらい

二〇〇二年に初めて北京に来たときは、いいところしか見せてもらえなかったんです。レストランは高級レストランだけ、見学もきれいな新しいビルだけ。病院を開く場所は決まっていました。ここは地下鉄の駅や幹線道路が近く、交通の便がいいですからね。日本人と中国人をターゲットにしたかったので、中国の方にとっても通いやすいという理由で、選んだ場所なんです。

小さいときは、医者かコックになろうと思って

いたんですよ。両親に「料理は趣味でできるけど、医者は趣味ではできないよ」と言われて、医者になろうと決めました。大学の歯学部を卒業したあと、埼玉県浦和市（現さいたま市）にある波多野歯科に就職。浦和で五年間勤務している間に、スウェーデンやアメリカへ研修に行かせてもらいました。

そして、今から一三年前、一九九一年に地元の北海道深川で、自分の病院を開業しました。一〇年間続けましたが、そこそこお金も儲かって、順調でした。というか、順調すぎて、ついついお金儲けがエスカレートしてしまうんです。患者さんを治療することが楽しくて歯医者になったはずなのに、お金儲けが先行して、だんだん楽しくなくなってきた。なんのために仕事をやっているのか分からない状態に陥ってしまいました。

そんなとき、今の病院（北京漢和）のオーナーである深江先生が北京行きの話を持ってきて、「もしやってくれるんだったら、一緒にやって行きたいけど、どうかな」と誘ってくれました。北京には外資の病院はあるけど、単独の歯科医がないという話でした。今だったら一番になれるぞ、と言われて。そのとき、ちょうど「何か話が来るということは、できるということ。できなければそういう話は来ない。話が来たときには断らずにチャレンジしよう」という内容の本を読んでいる最中だったんです。それで「これも何かのご縁なのかな」と思いました。

不安ですか？　もちろん、ありましたよ。中国を訪れたこともなく、どんな国かも分からなかったし。でも、期待されたということが大きかったです。自分で病院を作った経験もありましたし、コンサルタント業もやっていたんです。成功する自信はあったので、やってみたいな、と思いました。

しかし、そのときに中国側パートナーから聞いた北京の歯科事情は、後になってほとんど嘘だったということが分かりました。彼は「君に期待している」とか、「日本の先端技術を持ってきてほしい」「困っている患者さんが大勢待っているから」と言っていたのですが…。

日本にいるとき、僕は歯科医師の平均の二倍の年収をもらっていました。もちろん税金にたくさん持っていかれますよ。それが北京に来て、その何分の一に減ってしまいました。日本にいると、競争も厳しいし、つい収入を重視してしまうんです。ほかの病院が夜遅くまでやっているのを見ると「うちは休んでいていいのかな」とか、「一日五人ぐらいの患者さんでやっていこう」と思っても、収入が減ってくると「もう少し診たほうがいいかな」とか――。ほしいものもたくさんありましたし。常に自分自身に問いかける毎日でしたね。お金のために歯医者さんになったのではない、と。中国に来たらそういう雑念も払えるかなと思って。当初は北海道と北京を行ったり来たりしようとも考えましたが、それはむりなので、深川の病院は他の人に貸しました。

北京に来てすぐに国家試験を受けなければなりませんでした。来る前はそんな話は聞いてなかったんですけどね。ほかの都市については知りませんが、北京では国家試験を受けなければ開業できないんです。日本と同じレベルの試験です。実技もあるし、緊張しました。日本のものより難しいかもしれませんね。

開業は二〇〇四年二月です。僕がカルテ様式、システムから機材まで、一カ月ぐらいかけてすべて準備しました。来る前に中国側にお願いしていたんですが、蓋を開けてみたらまったく使い物にならないことが分かりました。システムが違うんです。名刺やパンフレットすらできていなかった。宣伝も一切

▲「中国レベルの料金で日本と同じ治療とメンタルケアを目指したい」

してなかった。最初は「患者さんはいっぱいいる」と言っていたのに、予約も入っていないし。

北京大学などから先生を招いたんですけど、自分を売り込むときには「僕にはお金持ちの患者さんがたくさん付いているから、患者さんが大勢来るよ」なんて言うんです。全員がそうでした。その先生方がある程度患者さんを呼んでくれるだろうと楽観していたら、一カ月経ってもぜんぜん患者さんが来なくて。「いつ来るの」と聞いたら、「今週は忙しいから、来週は来るだろう」と言い訳ですよ。

これではやっていられない、ということで、名刺とパンフレットを持って日系企業を自分の足で歩いて回りました。会合やパーティーにも進んで参加して、もうやるしかないな、と。生まれて初めて営業というものを経験しました。

最初は給料なんてなかったですよ。観光旅行気分で来てはいましたけど、三カ月ぐらいでお給料がもらえるかな、なんて考えてたんですけどね。もらえるようになっても、日本のＯＬぐらいの金額でした。でも一番つらかったのはお金のことよりも、せっかく治療をしに来たのに、最初なにもできなかったことです。

しかし、日本にいたときは仕事が嫌いになりかけていたのに、その後、こっちで純粋に治療したいという欲望が出てきたのは自分としても意外な収穫でした。

宣伝の効果は高かったですよ。宣伝で日本語情報誌に登場するときは、格好をつけてもしょうがないので、親しみを持ってもらうために自分をさらけ出すようにしています。バツイチであることも公表しました。いや、好きでやっているわけじゃないですよ。宣伝の一環です。もともとそういうキャラクターなのでしょうがないですが。

僕がこちらで実感したのは、日本の治療というのは患者さんにすごく信頼されているということです。それはありがたいんですけど、日本のレベルは二極化しているんです。北京もそういう傾向にあって、ちゃんとした治療を受けている人は全体の一〇％ぐらいしかいないんじゃないかなあ。

中国では医者をきちんと評価する土壌が育っていないです。せっかく北京に来たので、当たり前の「きちんとした治療」を目指したいですね。歯の治療というのは後々まで残るものなので、誰に見られても恥ずかしくない治療がしたいんです。日本では合格点が取れる治療でも、ほかの中国の先生が見たらレベルが低いと誤解されるかもしれない。「だからここまでやっておこう」とか、そう考えますね。そういう意味では患者さんにとってはラッキーなんじゃないでしょうか。

医療というのは、技術的なものだけではなく、メンタル的フォローも必要なので、コミュニケーションが重要です。日本の患者さんは病院に行き慣れているので、例えば虫歯になって「削って詰めます」と言われれば理解できます。でも中国では、ある程度の年齢になってから初めて歯科治療を受けるという患者さんもいて、「削って詰めるって何？」というレベルなので、もう話して話して――。二時間も説明したのに「お金がないのでやめる」とか。初めは大変でした。通訳も間に入りますし。冗談や世間話、そういう流れで今までやってきたので、そういうことができないのがちょっとつらいですね。中国語も勉強しなければいけません。今は患者さんに話や意見を聞いて、患者さんのためになると思えば、治療方針をきちんと主張します。それが医療のあるべき姿なんですよね。複数の選択肢を示して、選んでもらっています。

合弁のパートナーとの喧嘩別れもありました。患者さんが増えてくると、僕が院長であることが気に入らない。もともと日本人の院長で日本式のシステムを取り入れた、日本の病院を開くという約束だったのですが、医師として来てもらっていたオーナーの甥っ子を院長にしてもらわないと困る、と言われて。中国人が院長になったら、日本式は分からないじゃないですか。技術は教えれば分かりますけど、日本人が重視する、細かいケアなどソフト面が分からない。だからそこだけは絶対に譲れなかった。

中国側は使ったこともない材料を「高ければいい」という感じで使用しようとするんです。僕は一応自分で使って納得したものを使うことにしている。「どうしてこれを使わないんだ」というディスカッションが毎日始まるんですよ。説明する余裕もないし、疲れてしまいますよね。そのうち利益の取り分などでも意見が食い違って。最終的には同じ区内で開業の権利を持っている新しいパートナーが見つかって、トラブルはお金でカタがついて、今は順調です。半年の間にいろいろありました。

そのトラブルのおかげで、どうやって開業するかなどのノウハウも蓄積されたから、まあ、よかったんですけど。そういった経験を生かして、今後は日本から中国に進出したいという小規模病院のお手伝いをやっていこうと計画しています。コンサルタント業ですよね。実際に二、三件、お話をいただいています。

あとは技工所探しですね。歯科医療というのは、衛生士、歯科医、技工士のチームが重要なんです。いい技工士さんがいないとまったく仕事にならない。この技工士探しにかなり時間がかかった。やっぱりレベルが二極化してるんです。技術が高いところは値段も高い。日本の値段ぐらいになっちゃう。でもこちらとしては、中国にいるのだから、できるだけ費用は抑えたい。技術は日本の平均レベルでなく、日本でも上の方のレベルでないと患者さんも納得しない。患者さんが日本に帰ってほかの病院で治療を受けるときに、「中国ってこの程度」と思われるのは悔しいじゃないですか。「中国でもこんないい治療ができるんだ」と感心されるようなものがほしかった。だから本当に大変でした。北京大学付属の技工所があったんですけど、いいときと悪いときのムラがあった。正式な注文を出したとたんに、工賃も倍に値上げされました。工期も長いし、パートナーとしてやっていけない。今は職人肌で、日本に出しても自慢できる、トップレベルのすばらしい技工士が見つかりました。僕の財産ですよ。日本につれて帰りたいぐらいです。

人を使うのも難しいですね。新人の看護婦さんを雇って、日本のスタッフを呼んで、日本語や日本式の方法、システムを教えたんです。なにか道具がなくなったとしますよね。日本では患者さんに分からないように探すじゃないですか。たとえ裏では大慌てでも、表面上は取り繕いますよね。でもこっちは平気で「ありません」と言って、バタバタと捜したりします。患者さんが一番不安になるようなことを平気で言ったり、やったり。サービスを受けた経験がないので、見本となるものがないんです。受付でも延々と待たせたりします。「患者さんが本を読んでいたから、声をかけなかった」って言うんですよ。いや、患者さんが本を読んでいるのは、待っているからだ、って。そういうことまで教えなければいけないんです。

本の並べ方も教えました。日本の本はふつう右開きですが、中国の本は左開きなのです。だから日本の本なのに全部裏返しに置いてある。それで「表紙はこっちだよ」とそこまで教えるんです。最近、僕も少し麻痺してきましたけどね。日本人がやっているというだけで、高いサービスが期待されるじゃないですか。地元の病院としては普通のサービスであっても、「日本」とうたっているばかりに、「なんだこれは、ひどいサービスだ」と評価されてしまう。気をつけなくてはいけません。

北京では、現地採用の若い人たちと話したり飲んだりコミュニケーションを深めることができるので、若返って、楽しいですね。日本では忙しかったので、そういうことも面倒くさくて敬遠してましたから、雇用されている人の気持ちが聞けて、新鮮な気持ちになります。

北京には長くいるつもりです。彼女もようやく見つかったんで。ええ、日本人です。彼女と相談しながら生活しています。今まではなんでも自分で考えて決めていました。自分でやって、自分で失敗して、悩んで、解決していて――。正直言って、アップアップしているときもありました。それがなくなっただけで楽になりましたね。これからはなるべく相談しながら進めていこうと。やっぱり異国に住んでいるから、お互いに悩みもあるし、中国で知り合えたからよかったのかな。

目標はやはり「北京で治して帰りたい」と思ってもらえるような信用のある病院にしていくことです。日本人にとって今はまだ、中国での治療は主訴《しゅそ》治療（患者からの訴えに対する治療）です。日本に夏休みに帰るまでに痛みを止めてほしいとか、取れたものを詰めてほしい、とか。でも逆に、治療のためにアメリカへわざわざ出かけていく日本人もいるじゃないですか。そういうふうに、日本からも治療に来てくれるような病院を目指したいです。技術をメインで考える病院作りをしたいですね。

中国にいると技術的に遅れてしまうのでは、という不安はあります。僕は「総入れ歯」をライフワークにしていて、日本でセミナーを持っていて生徒さんもいるんです。だから月に一回は帰国して、その機会に自分も生徒として他の講習会に参加したいですね。むかしから「講習会荒らし」と呼ばれるぐらい、勉強が好きだったんです。趣味ではあるんですけど、患者さんに還元することができる趣味ですね。医師というのは、習ったことを手で表現しなければならない。習えばできるというわけではなく、表現できるかどうかは医師による。自分の腕を磨いて表現できる楽しさがあるんです。サラリーマンになって安定しようなんて考えたことは一回もありません。歯医者というのは、どこにいても腕一本で食べていける。そのために技術を磨いてきたんです。将来はライフワークである入れ歯の専門病院を作りたいですね。

10 美容院経営 吉原誘一

YOSHIHARA Yuichi

中国人を理解するというのは、永遠のテーマです

【一九五三年四月二八日生まれ　熊本生まれの高知育ち
山野美容専門学校卒業
【職業】ヘアーサロン「WAVE」（北京港澳中心瑞士酒店〈北京スイスホテル内〉）　店長
【住居】北京東側の中国人向けマンションの二階で一人暮らし
【収入】「そこそこ」

明日、映画の撮影に行くんですよ。昨年末に知り合いの助監督から「吉原さん、日本髪結えますか」と聞かれて、「当たり前じゃん。俺を誰だと思っているの？」ということで、現場に日本髪を結いに行ったことがあるんです。「一日二〇〇〇元ちょうだい」って言ったら、一〇〇〇元に値切られちゃいましたけど、二日間行きました。芸者役の日本人留学生四人の髪を担当しました。

気持ちよかったですよ。今まで友達みたいな口

調だった人たちの僕を見る目が急に変わって、「老師《ラオシー》」（先生）って呼ぶんですよ。中国人のヘアメイクがじっと観察してました。みんな真剣でしたね。僕が髪を結っている様子やできあがった日本髪をビデオカメラやデジカメにばんばん撮ってました。終わった後、「時間があったら、監督さんに紹介して」とお願いしたら、それが監督さんに伝わって、その場で急に「はい、一〇分休憩」っていうことになって――。監督さんやプロデューサーとも話せましたし、かなり丁寧に扱ってもらいました。

その流れで映画に出ることになったんです。裁判のシーンで証言する日本人役なんですけどね。前日「吉原さん、四〇歳ぐらいの日本人で出てくれる人を探しているんですけど。いませんかね」って電話がかかって来たんです。それで「四〇代の日本人はいっぱいいるけど、みんな平日は働いてるんだよ。そんな急に言われたって、いるわけないだろう」って答えました。それで僕が出ることになったんです。まあ、興味深い体験だと思って引き受けました。

北京はおもしろいですよ。友人といっても、東京に住んでいると半年に一度しか会えなかったりするじゃないですか。でも北京では月に一回は飲んだりできますからね。行動範囲が狭いし、日本人が活動する区域も限られていますから。多いヤツだと週一度は会います。友人も増えるし、今回みたいに映画に出たり、いろいろな経験ができる。芸者役の日本人留学生を助監督に紹介したのも、僕ですしね。

僕は昔から阪神ファンなんです。北京にも阪神タイガースファンの集まりがあるんですよ。「阪神老虎隊迷倶楽部」っていうんですけど。会員宅に集まって、テレビで観戦しながら、飲んだり食べたり、楽しいですよ。料理好きなので、いろいろ作ります。一口ハンバーグ、白菜ロール、キュウリの梅肉和え、メザシ、サラダスパゲッティ、冷しゃぶ――全部で八品ぐらい作るときもあります。そういうのが好きなんで、ついお世話係を引き受けちゃうんですよね。

北京は長いですよ。最初に来たときから数えて一五年です。中国人との付き合い方というか、接し方は分かったけれど、理解できないところはまだあります。北京の人って、あいさつをきちんとするじゃないですか。エレベーターで一緒になって、知らない人でも「ニーハオ」って話し掛けると、にっこりと答えてくれます。アメリカ人も「ハロー」って言ってくれる。知らない人にあいさつしたら、日本人は「え、俺ですか？」ってびっくりしますよ。北京の人は突然、話しかけてきますから。道を歩いていたら「その靴、いいね。どこで買ったの？　いくらだった？」なんて。

中国人を理解するというのは永遠のテーマです。接し方は分かるんです。でも親しくなると、おせっかいになる人もいますよね。どんどん中に入ってくるというか。そういうところが、ちょっとまだ分かりません。

初めて北京に来たのは、一九九〇年五月二〇日です。山野愛子美容院の銀座本社で統括マネージャーをしていました。長富宮飯店（ニューオータニ系ホテル）の中に北京店を出していたんですが、そこの店長の体調が悪くなった。その店長が、女性だったんですけど、僕の直接の部下だったこともあって、「秋まで」という約束で北京に来ました。岩波書店の日中辞典を渡されて「まあ、行ってこい」と。

その頃、中国には、①自転車が多い、②全員が共産主義、③全員が中山服を着ている、④店は国営店ばっかり——というようなイメージを抱いていました。実際に当たっていたのは、自転車が多いことだけでした。もう暖かい時期だったので、中山服なんて誰も着ていなくて、Tシャツとかポロシャツとか、

▲仕事だけでなく遊びも全力で楽しむ吉原さんは北京在住日本人の「兄貴」的存在

思ったよりカラフルでした。その年の一〇月に予定どおり任期が終わり、北京を離れたんですが、そのときは正直言って、ホッとしました。「二度と来るか」と思いました。

そう思った理由……。原因は主に僕の中にあったんでしょうね。その頃は、海外というとハワイやパリという感じで、中国は視野に入っていなかった。距離は中国のほうが近いけれど、イメージ的にはヨーロッパやアメリカのほうがずっと近い感じでした。ハワイやアメリカへは行ったことがありましたけれど、アジアはあまり見ていませんでした。海外に住んだのも初めてでした。顔は似ているけれど、考え方が違うという事実にちょっと戸惑いました。北京店は中国企業との合弁会社だったので、「現地の社員を教育しなくては」「技術を教えなければ」という優等意識がきっと僕の中にあったんでしょう。壁を作ってしまって、ギャップを乗り越えることはできなかった。外国人と働くのも初めてでしたから。

店は日本人のお客さんがほぼ一〇〇パーセントでした。一九八九年の天安門事件の直後でしたから、日本人の絶対数は少なかったけれど、これから対中投資や北京進出が増えるだろうという、予感のようなものはありました。スタッフともお客さんとも日本語でやりとりしていたので、言葉もろくに覚えず帰ってしまいました。どこかで「腰かけ」という意識があったんでしょう。ホテル内に住んでいたので、中国人の従業員にいつも見られている、という感じはありました。きちんとした行動を常に求められていました。

「二度と行かない」と思った中国でしたが、不思議なもので、日本帰国後にやり残したことがあるような感覚に襲われて。雑誌で「中国」という記事を目にして、真っ先に読んでみたら、日本の中国地方だった、ということもありました。そんなふうに、中国への思いがじわじわと湧いてきたんです。

転勤願いを出して、一九九二年におよそ一年ぶりに北京に来ました。このときは、北京にもう一軒新しい店舗を立ち上げることになっていました。その後は超多忙でしたね。一九九四年に東三環路に北京二号店をオープンし、その翌年七月に帰国しました。このときは帰りたくなかったですね。中国フリークになっていましたから。

僕は熊本生まれの高知育ち、いわゆる土佐っ子なんです。美容師になってからは、いろいろな土地に行きました。まず本店で二年仕込まれて、札幌店の開業に携わったあと、千葉パルコ店に行き、京都で三年間働いたあと、いったん山野美容院を辞めました。でも直接の上司だった人に「人がほしいから」

と誘われて、また再就職しました。その頃は開店すればとりあえずお客さんだけは来る時代でしたから、店の規模が決まれば客足も売上もすべて予想できましたね。その後も関西方面や和歌山、広島、彦根などの開店を手がけました。和歌山と彦根は同じ年にオープンしたんですよ。スケジュールはタイトでしたね。常に何かに追いかけられているような感じで。それから月に一度の割合で東京に出張をして、新人の教育や技術者のステップアップの指導をしたり、ブライダルフェアを指揮したり、ハードに働いてましたね。

一九九五年から本社勤務になったんですが、一九九六年九月に再度、「北京へ行ってくれないか」という話が出ました。「出張扱いだから二カ月で帰ってこられる」という説明を信じて、冬服も持っていかずに飛行機に乗りました。

二カ月という約束だったのに、帰ってこいという打診はない。第一帰れる状態になくて、九七年四月に「そのままいるように」と辞令が出たので、慌てて一時帰国して、本格的に北京に引っ越してきました。結局、九九年三月に中国系企業との合弁を解消することになったのですが、資本金が大きすぎて減資が難しかったことや、負債があったことなどもあって、店舗を閉めることになったんです。そのとき本社からは「帰ってくるなら場所を用意しておく」という申し出があったのですが、どうしようか、と自分自身で考えて、やはり「北京に残りたい」と思いました。「これまでがんばって働いてきたんだ。休んで就職浪人してもいいかな」と――。

そうこうしているうちに日本食レストランのフロアマネージャー兼中国人従業員教育係として働かないかという誘いがありました。飲食業は初めての分野でしたが、同じサービス業だから大丈夫だろうと思ってOKしました。ところが働き始めると、同じサービス業といっても、美容院と飲食店は似て非なるものだと思い知りました。美容院は昼の仕事ですが、レストランは夜も営業している。ランチと夕食の間は、お店は閉めるんですけど、勉強会などで忙しく、結局、拘束時間が長いんですよね。フロアマネージャーとして演出を考えたりしますけど、美容師時代と違って自分の技術を売ることができないのがつらかったですね。それでも何とか一年がんばって二〇〇〇年四月に退職しました。

北京で広く事業を手がけている人から、スイスホテルのスポーツクラブ内に美容院をオープンしないか、という話があったのはちょうどその頃です。二〇〇〇年七月オープン予定だったんですが、営業許可証がなかなか下りないというトラブルに見舞われました。焦りですか？　それよりも「何とかなる」という気持ちの方が大きかったですね。これればかりは何とかしかならないんですよ。まあ、一年経っても許可証が下りなければどうしよう、とは思いましたね。実際にライセンスを手に入れたのは二〇〇一年四月でした。およそ一〇カ月待ったことになります。お客さんは日本人が五割。残りの半分は中国人と日本人以外の外国人です。

ここ二年で日本人が経営する美容院が急に増えました。それまではうちを含めて三軒しかなかったのに、今は、一、二、三……、全部で八軒ぐらいですかね。高いサロンもあります。カットだけで、日本人美容師が担当すると四五〇元、それとは別に指名料がかかる店もあります。大手は初期投資の金額に合わせて、何年で回収しようということを考えて、価格を決めますからね。日本人美容師が増えれば、それだけランニングコストもかかりますし。確かに北京は豊かになって、アッパーミドル、いわゆる富裕層が増えました。でも「付加価値があるから高くてもいい」という考えは、まだ浸透してないような気がします。サービスや付加価値にお金が払えるようになるのは、市民にいろいろ基本的なものが行き届いてからになるでしょうね。

だって生活物価そのものが安いでしょ。特にカットは安い店だと五元からありますよ。外国人が経営するサロンだと五〇〇元。実に一〇〇倍の開きがありますからね。日本だと一〇〇〇円カットがあって、上は高くても、まあ、一万円ぐらいですから、せいぜい一〇倍です。さすがに一〇万円のカットはないですから。野菜もそうですよ。五元もあれば山ほど買える自由市場がある一方で、その隣に建っている外資系スーパーマーケットでアボガドを買うと一つ五〇元とか、平気でしますからね。年収五〇〇〇万円の人の隣に、年収五〇〇〇円の人が歩いていたりするんです。一握りの富裕層を、大勢の安い労働力が支えている。そういう社会なんです。地方にはそういう労働力の予備軍がいっぱいいますから、全員が豊かになるまでにはまだまだ時間がかかりますよ。

だからといって日本と比べて何でも安いかというと、そうじゃない。乗用車は、日本で一五〇万円ちょっとで買える日本車が中国では三〇〇万円ぐらいします。携帯電話も日本では〇円、一円の機種もあるのに――まあ、その場で契約しなきゃいけませんけど。中国では三〇〇〇元はしますからね。ものの価値観が日本とはまったく違います。新しく進出する美容院は、そういうところまで分かって価格を設定してるんでしょうかね。

ただ外資系に務めているＯＬは美容やファッションに気を遣うようになりました。そういう人たちは要求が高い。でも、同じ北京の中でもここは日本でいう六本木や麻布みたいなエリアなんです。日常的に外国語が飛び交って、世界中のレストランが並んでいて。可処分所得が高い人が多い。この店の奥にスポーツクラブがあるでしょう。平日の午後に、体を鍛えたり、体を焼いたりしている若い人もいます。一日中いるヤツもいますしね。いわゆる「セミリタイア」ですよ。何の仕事をしているのか尋ねると、「株やってます」とか「家賃収入で食べてます」とか。

ちょっと前までは、北京で日に焼けている人と言えば、工事関係者か農民でしたからね。遊びで日焼けしている人なんて皆無でした。その点、僕はサーファーが基本ですから。お店の名前を見てもらえば分かると思いますけど。それが最近「ステイタスとして肌を焼く」と考える人も出てきた。ここのクラブに通っている人は、時間も金もある人ばかりです。僕を見て「きれいに焼けてるね。どうやっているの」なんて聞いてきます。いろいろ教えますよ。日本に帰ったときにオイルを買ってきて、分けてあげたりします。

最近はスローライフを心がけています。自然体でいたら、自分の中でそういう流れになってきた、という感じです。タクシーやレストランなんかでもちょっとしたトラブルがあるでしょ。以前だったら怒っていたようなことでも、今は「これ、いつもより味が濃いんだけど……」「え、取り替えてくれるの?申し訳ないね」みたいな感じで、友好的に対処するようになりました。だって怒ったってしょうがないじゃないですか。こっちの要求を無理に押し通すんじゃなくて、相手の対応やまわりの環境を観察しながら、ゆっくり構えているど、いろいろうまく運ぶんですよ。海外で暮らしているのだから、全てが思い通りになるわけじゃない。なるようにしかならないいんですから。

ジムで体を鍛え始めてから、タバコも止めました。もう半年になります。無理に禁煙したんじゃなくて、自然にうまく止められました。やっぱり年齢的なこともありますし、こちらに住んでいる日本人はみんなそうだと思いますけど、健康に気を遣ってるんですよ。外国に住んでいるわけですからね。今や、トレーニングマニアですよ。週に五日は仕事前に三〇分、四・五キロぐらい走って、その後、筋トレ三〇〜四〇分して、最後に一キロは泳いでますから。ビールの量も気をつけて、かなり絞れましたね。もう少しで体重六〇キロ台です。腕や足の筋肉なんて、すごいでしょ？ 仲のいいお客さんに「すごいね」って言われますけど、そういうときは「カラオケや飲みに行く時間を半分に減らして、体を鍛えたほうがいいですよ」ってアドバイスします。そうやってまわりを啓蒙していくのも楽しいですし、実際にやっているから、説得力もありますよ。こっちで暮らしているとエレベーター付きのマンションに住んで、タクシーを利用することも多いじゃないですか。マンションにジムがついているのに、「行かなくちゃ」と言いつつ、みなさん利用してないですよね。

海外で働くためのベースは体ですから、やっぱり。健康志向ですよ。むちゃくちゃ食べ物に気をつけているというわけではないけれど、身体にいい方に自然に向かっている感じです。あとは人間関係ね。なるべく多くの人と付き合って、トラブルがあってもムダにいらいらしない。そういうことを考えていくと、自然にスローライフに行き着くんですよ。

フリーコーディネーター

11 鈴木晶子

SUZUKI Akiko

トラブルはありすぎて、忘れてしまいました

一九七二年一〇月二四日生まれ　千葉県出身
東洋大学文学部国文科卒業
【職業】フリーコーディネーター
【住居】朝陽区の中国人向け住居
【家族】中国人の夫と二人暮らし
【収入】日本の普通のOLぐらい

私と北京を結ぶキーワードは「立ち上げ」です。別の言い方をすれば、何もないゼロの状態から、人に喜んでもらえる「形」へと整えていくことです。日系商社の北京工場立ち上げ、それから、月刊の日本語情報誌『北京ウォーカー』の創刊に関わりました。二年間の編集長生活を経て、今はフリーで、日本のメディアなどの取材コーディネートや、企業向けのビジネス文書の翻訳といった仕事を引き受けています。

新しいことを始める勇気ですか？　そうですね。いろいろな経験を積んで、さまざまなことを受け入れられるようになったと思います。

実は今度『これが上海人だ（仮題）』（王謙著、㈱TOKIMEKIパブリッシング）という翻訳本を出版する予定なんです。その話を具体的に依頼していただいたのが二〇〇三年一〇月でした。そのときに勇気を出して「引き受けよう」と決心できたことは、自分でもちょっと驚きでした。以前だったら「時間的に無理です」「できません」とすぐに断っていたと思います。工場、雑誌と経験を積んできたからこそ、「やってみよう」と飛び込んでいく気持ちになったんです。本の翻訳を引き受けて、それから「編集長を辞めても大丈夫」というところまで、扉を開けることができました。コーディネートの合間にビジネス翻訳に携わっているんですけど、時間的に少しきつくても、引き受けることができるようになりました。マイナス要素ばかりを考えていたら先に進めない。逆にムリにでも自分をその立場に持っていくと、周囲は付いてきてくれるもんなんです。それに今までは「自分がやらないと」と責任感ばかりが先行していたけれど、自分がやらなくても自然にできあがってくることもある、と分かりました。変な話ですけど、私が明日死んでも世界は回っていくんですよね。まわりのためじゃなくて、自分のために進んでもいいかな、と。ふっと肩の力が抜けたんです。

東洋大学時代に第二外国語として中国語を選択しました。スピーチコンテストに参加したら、かなりいい成績が取れて、すっかり中国語にはまりました。在学中に二回の短期留学を経て、一年間の北京留学を決意しました。一九九四年当時の北京では、外国人は良くも悪くも「特別な存在」でした。ジーンズをはいて、髪を染めて歩いていると、一目で外国人だと分かってしまう。そんな状況でした。「中国に溶け込みたい。社会の一員になりたい」と考えていた私には、それが苦痛でした。人間同士の関係を築きたいと希望していたのに、「人間」として見てもらう前に「日本人」と見られてしまうんです。もちろん特別扱いという感じで親切に話しかけてくれる人もいました。その一方で、バナナの皮を投げられたりした経験もあります。

大学を卒業した後、四国・香川の手袋工場に就職して、半年間働きましたが、中国に戻って北京で働きたいという思いが強くなったので退職しました。それから日系商社に転職、北京工場の立ち上げスタッフの一員として中国に移りました。ちょうど日本人女性のアジアでの就職がブームだったころです。就職希望者の多くが給与や住居といった待遇面にこだわったようなのですが、私は「住居の手配は必要ない」と申し出ました。中国人の彼と一緒に住むことを決めていましたから。

当時、中国では外国人は専用のマンションに住むことが義務付けられていたんです。だから駐在員は一カ月の家賃が三〇～五〇万円という部屋に住み、企業が全額を負担していました。規制が解除された現在も、駐在員のほとんどは高価なマンションで暮らしていますよね。給与の二～三倍にも相当する家賃の支払いが必要ないという私の条件は、会社にとって魅力的だったのでしょう。日本で研修を受けて一九九七年六月に北京にやって来ました。工場立ち上げという仕事は、仕様書の作成、機械設備のチェック、納品における注意点を始め、前職の手袋工場で教えていただいたノウハウを生かせる内容でした。

工場では中国人スタッフ一八〇人を三～四人の日本人が管理・指導しました。週一度の割合で夜勤を担当していた時期もありました。工場の仕事というのは、決まりごとによって運用されるので、いった

▲中国と鈴木さんを結ぶキーワード「立ち上げ」を軸に夢に向かっている

んルールができ上がれば、あとはルールに従って進んでいけばいいんです。それに最終的な意思決定をする責任者がいて、その人に相談すれば、解決できる問題がほとんどでした。幹部クラスの宴会や工場でのお泊まり会も経験しましたよ。年越し（旧正月）のときには工場のスタッフ約二〇〇人が参加して、にぎやかなイベントが開かれました。

工場での経験から三つのことを学びました。一つは、中国人は優秀な人が多く、日本人より使いやすいということ。手の動きが素早いし、目がとてもいいんです。根が素直なので、その能力を引き出してあげれば、必ずいいものができます。

二つ目は、国有企業で働いていた人はあまり役に立たないということです。国営の靴下工場で働いていていた人を班長に指名したのですが、人に物を教えないんですよ。国有企業独特の体質というのでしょうか。そういうことが続いたので、国有企業出身者を雇用するのは止めました。

三つ目は、中国人スタッフの実力をうまく引き出すコツは「人間」対「人間」として付き合うことです。具体的には「がんばった人が稼げる」という明確な成功報酬制度が有効です。北京工場時代には従業員の給与格差はおよそ一〇倍でした。それくらいメリハリを付けないと、優秀な人ほど転職してしまいます。中国の国有企業で、そういう成功報酬制度を取り入れているところは少ないんですよ。「古きよき横並び時代」の影を引きずっているんですね。

日本でのお給料にはおよそ五年間、ほとんど手を付けませんでした。北京での給料は手取り四八〇〇元。それも三〇〇〇元くらいしか使わないので、毎月二〇〇〇元ずつ貯金できたんです。五年が経つ頃には、まとまった額の貯金がありました。でも不安だった。金銭的には全く問題はないのに「働かなきゃ」と、いつも「マスト(must)」を抱えていた感じです。

工場で働きだしてそろそろ五年経とうという頃、次に「何をしようかな」と考えていたら、「北京で出版を計画している情報誌の編集部で働いてみないか」という話が舞い込んできました。まさか編集長を任されるとは思わなかったので、すぐにOKしました。編集の仕事は初めてでしたが、編集長を「まとめ役」ととらえ、工場で大切だと教わった「納期」「品質」「利益」にこだわって、中国人と日本人約二〇人をまとめながら仕事を進めました。上海で発行されていた『上海ウォーカー』の編集長をはじめ、まわりのスタッフはみな優秀で、教えてくれる人もたくさんいて、自分でも運がよかったと思います。広報の仕事をしていた父にもいろいろ相談しました。

『北京ウォーカー』での二年間は常識、特に日本の常識、仕事とはこういうものという常識が、ひっくり返った二年間でした。『北京ウォーカー』に異動してから、手取り給与は数千元レベルになりました。日本では毎月二五日が給料日だとして、二五日が土曜日だったら、前日の二四日には振り込みがありますよね。でも、一週間遅れたりしたこともありました。工場では期日が一番大切で、「絶対的」なことの一つだったのですが——。

二〇〇二年六月一日の創刊に向けてがんばっていましたが、無理だとわかると、軽い口調で「七月一日にしましょう」と言われました。その安易さが、私的には理解できませんでした。最終的に創刊は二〇〇二年九月でした。

働き始めてから最初の半年は、「アバウトさ」が理解できず悩んだこともありましたが、最後には慣れました(笑)。でも慣れてよかったんです。それも一つの価値観なんですよね。「だらしない」という見方もありますが、これまでロボットのように納期を守っていた私にとっては、応用力を身に付けるいい機会になりました。予定がクリアできなくても、「じゃあ、こっちの道を進めばいいや」と別の方法を見つけることができるようになりました。締め切りはもちろん重要ですが、長期的視野に立つことのほうが、より大切です。早めにもらえる原稿はできるだけ事前に提出してもらい、レイアウトやデザイン案を練っておく。例えばデザイン一つ見ても、仕事量が増えてデザイナーが疲れてくれれば、よい結果は期待できません。余裕のあるスケジュールを立てておけば、たとえ失敗があっても、やり直す時間が確保できますから。忙しさをグラフで表したときに、山(ピーク)がなく、フラットな状態が理想と言えますね。無理をしても結局長くは続かないんです。二、三号はいい雑誌が出せても、継続的に余裕を持って続けられる仕事をしなければいけません。

あとは①クライアントに不利になるようなことは書かない、②政治的な話題は避ける——という点に注意しました。具体的には新疆《しんきょう》ウイグル自治区で問題が発生したなどの理由で国内世論が揺れているときは、イスラム系の人々が暮らす「牛街」についての記事は書かないとか——。

トラブルですか？　ありすぎて忘れてしまいました（笑）。スタッフはきちんとした人ばかりだから良かったのですが、外部の人と仕事をする際に面食らったことはたくさんありました。例えば風間杜夫さんが公演のために北京にやってきて、インタビューをお願いしたことがあるんです。そのとき日本のテレビ局が「地元誌の取材を受ける風間杜夫」を取材したい、ということになって、私たちの「取材の様子」が取材されたんです。そのとき外部の若いカメラマンに撮影を依頼していたのですが、彼が「取材される自分」をすごく意識してしまって——。カメラマンは長髪だったんですけど、ファインダーを覗きながら髪の毛をかきあげてみたり、変に意識をして全然きちんと撮影してくれないんですよ。現場でもきつく注意はしたんですけど。できあがってきた写真がボケボケでした。どんな写真もそうですけど、インタビュー写真というのは撮り直しできないじゃないですか。本当に困りました。やっぱり仕事に対する意識の違いというのがあるんでしょうかね。

二〇〇三年に結婚した夫とは、別居婚なんです。彼は今、海淀区の義母の家に住んでいます。世話をしなくていいので気分的に楽ですし、離れている時間があると、二人の時間が濃くなっていいです。三日間会わないと「どうだった？」「ご飯食べた？」と相手を思いやる気持ちが出てきます。彼の方は最近、脚本・監督の仕事が決まったんです。中国のことですから、蓋を開けてみるまでは分からないんですけど、一応契約は済んでいます。中国中央テレビ（CCTV）系列のドラマなんです。A社から話があって、CCTV側からOKが出たあと、契約書を締結するまでに時間がかかったので、B社に話を持っていったら、B社が乗り気になってくれて——。でも一応義理を立ててA社に「B社と契約することになりそうなんだけど」と相談したら、「なに言ってるの？　うちが先でしょ」と言われたみたいです。結局、B社と契約したんですけど、A社から横槍が入ってしまったようです。でもB社ががんばってくれているので、彼もB社に任せているみたいです。「作品が良かったってことじゃん。両方に認められたんだよ」って、私も一緒に喜びました。でも、なんとなく悔しいんです。ライバル関係——というか、文学を仕事にしようと思ったのは、私のほうが先なんです。文学部・国文学科を卒業しましたし。彼はもともとコンピュータが専門なんです。私と、それに彼のお兄さんで画家として活躍している岳敏君の影響を受けて、中央戯劇学院に入り直したんです。私から見たら「働いてから大学に通って、スタートが遅いのに、こんな大口契約を取ってくるなんて」という気持ちもありますね。彼の方が勇気があるんです。貧乏も怖くないみたいです。

私も翻訳本が一段落ついたので、今は小説を書いているんです。恋愛小説です。翻訳本も気軽なエッセイで、恋愛小説と全く違う分野だったので引き受けましたけど、恋愛ものだったら受けなかったと思います。

「翻訳を続けているうちに自分の文体が崩れてしまうのでは」という不安が常に頭にありました。予想どおり、日本語の混乱は生じましたよ。翻訳を専門に勉強したわけではないので、ペースをつかむのに時間がかかりました。一文ずつ訳してしまったのですが、今から振り返ってみると、まずだいたいの流れをつかんでから訳したほうが良かったですね。そうでないと、日本語と中国語は表現が違うので、内容全体を日本語調に訳すのが難しくなってしまうんです。最初に私がやっていた作業って、もしかしたらいわゆる「下訳さん」の仕事だったかもしれないです。分からないながらも、前に進まなくてはならなかったので、苦しかったです。時間がかかりましたね、ほんと。でもいい勉強になりました。再度、本を翻訳するお話が来たらまたやりたいな、と思います。今度は恋愛小説でもいいですね。感情的な小説も訳してみたいです。明るい恋愛小説とかだったら、最高です。明るく今の中国を表現してみたらおもしろいと思うんですけど。

私が書いている小説は読者層は三〇代かな。やっぱり小説の舞台は中国です。中国にいる日本人が主人公になるのかな。人間というのは、基本的には同じだから、それでいいんですよね。

最近ショックを受けたのは、今の日本の映画が理解できなかったことです。偶然かもしれませんが、ここ数カ月間に見た映画が立て続けに分からなかったんです。日本映画って起承転結がはっきりしていないじゃないですか。日常における精神面の描写が多いですよね。いつの間にかエンドロールが流れて、「え、もう終わり?」っていうのがすごく多くて。若い頃は共感できていたのでしょうけど。分からないというのが、ちょっとショックです。日本人的感覚と離れてきちゃったのかな、と思います。小説を書くうえで、というのではなくて、自分自身が変わってしまったのかな、と。

そのうち日本に長期滞在したいです。三カ月とか。変わってしまった自分を再確認するのも楽しそうで。アルバイトでもして、「中国帰り」とは明かさないで。「あの人、変な人だね」と嫌われたりしても、じっくり人間観察したり。「あ、私、いじめられてるよ」みたいな。

そういうのを想像するとわくわくするんです。心の底からやろうと決めたら、なんでもできますよ。ここにたどり着くまでには、工場に勤務していたときも雑誌編集長のときも、常にブレーキがありましたけれど。結局は自分に勇気がなかった。ナイフを突きつけられたら、誰でも逃げるじゃないですか。それが今の私には「小説」なんです。自分の中で「書きたい」という欲求が満ちて、限界に達したんでしょうね。実際に書き始めた今は、生活の中でストーリーがふくらんでいく感じです。「作品の中の人物が勝手に動き出す」という感覚を味わっているところです。

雑誌主宰

12 中本徹

NAKAMOTO Toru

何かやってやるぞ！という気持ちが感じられる場所

【一九七一年八月二四日生まれ　大阪府富田林市出身
【職業】北京水美文化発展有限責任公司　董事・総経理（取締役社長）／バー「Hiding Place」の店主
【住居】現在は会社近くに一人暮らし
【家族】日本に妻と子供
【収入】現在のところ少し。収入はほとんど経費に消える

以前勤めていた会社を辞めて、北京で会社を興すという話をしたら、日本にいる友人・知人に「大丈夫？」「せっかく駐在に出してもらって、高いお給料をもらっていたのに」と言われました。勤務先の中国人スタッフは「おめでとう」と言ってくれました。北京に駐在している日本人も「すごいね」「がんばってね」と励ましてくれました。北京で生活することで、同じ日本人でも気持ちの持ち方が変わるのかな、と思いますね。「給料が

なくなっちゃうじゃないか」なんて心配する人はいなくて、「なんぼか投資しようか」と申し出てくれる人まで現れました。日本と北京では考え方の土台というか、空気感が全く違うというのが、はっきり分かりました。

もちろん日本にいた方が清潔できれいだし、みんなちゃんと列に並んで、横入りする人もいないし、レストランでイヤな思いをすることもない——。でも同じ額の資金で、日本で事業を立ち上げるのは怖いですね。成功がイメージできないですよ。マスコミが不景気を煽《あお》っているせいかもしれませんけど、町を歩いていても、電車に乗っていても、人の気持ちが落ちてしまっているのを感じるんです。こっちの人は、そこらへんを歩いているおっちゃんでも「何かやってやるぞ」という気持ちが見える。そういう気持ちが感じられる場所でなら、ビジネスも成功しそうだし、ノウハウも人脈もあるし。それで北京で起業しようと思ったんです。

私は一九九四年に大学を卒業して、株式会社フェリシモに入社しました。二〇〇〇年二月に北京駐在員事務所の代表として赴任してきました。二〇〇三年の新型肺炎（SARS）の時に異動命令が出て、それがきっかけで独立をさせていただいたという経緯なんです。上海に行きなさい、という話だったんです。北京が落ち着いたので、次は上海にブランチを作って、上海と北京を両方見なさい、と——。私は元々、独立する気が満々で、会社も独立思考が強いというか、独立をサポートするような雰囲気があったんです。せっかく二年間も駐在したので、ネットワーク、人脈ですね——毎日いろんな方と飲み歩いていたので——そのネットワークが活かせる北京で、雑誌、特に生活情報誌がやりたかった。それまではモノを売っていたので、今度は情報を売ろうと。

二〇〇三年六月に退社しまして、七月に北京で日本人向けバー「Hiding Place」を開店しました。中国語がペラペラで、中国歴二五〜二六年の先輩が共同オーナーです。それまで北京にはまともなバーが少なかったんですよね。私は大学時代にバーテンダーのアルバイトをしていたのでカクテルの知識は多少あるんですけど、北京では一流ホテルのラウンジでも、まともなカクテルが出てこない。それにうるさいじゃないですか。バーをオープンするに当たっては五つの「没有《メイヨウ》」（なし）を決めました。カラオケ小姐《シャオジエ》（ホステス）没有、バンド没有、ぬるいビール没有、間違ったレシピ没有。うるさいBGMは没有。静かに話ができて、くつろげる、日本人の隠れ家的存在として使っていただけるバーにして、情報の送受信ができる場所にしたくて。

その頃から雑誌を出そうという構想はあったんです。バーを経営することによって、いろいろな方と出会えるかな、と。結果、半年で一五〇〇枚もの名刺をいただきました。今までそういうバーがなかったことに加えて、仕事の話もできて価格もリーズナブルということでご愛顧いただいています。バーのお客様の広告代理店の人などに「雑誌を立ち上げたいと思ってるんです」と予告しておきました。

二〇〇四年三月に北京水美文化発展有限責任公司を設立し、七月末に月刊の生活情報誌『Curu Magazine（楽在車中）』を創刊しました。フェリシモという会社は、生活提案型のカタログを出しているんです。ただのモノ売りではなくて、お客様に「憧れの世界」や「なりたい自分」を提案してというコンセプトです。そういうカタログに携わってきた経験がベースにありました。それに日本人責任者として赴任した際、日本語が分かる中国人の友人に食事に連れて行ってもらったんですが、行ったお店は

▲これまでなかったタイプの雑誌を編集するのは大変だが、やりがいも大きい。

「高い」とか「有名」というだけで、全然おいしくなかったんです。情報がないんだな、と思いました。私自身、食べ歩くのが大好きなんです。それで、「みんなでおいしいものを食べに行く」という楽しみを紹介したいというのがありました。ないものを自分で作っていくという発想です。

『Curu Magazine（楽在車中）』は中国語のドライブマガジンです。北京では日本語のフリーペーパーは割と充実していますよね。北京在住の日本人はおよそ一万人と言われていますが、ある意味で日本語情報誌は飽和状態です。逆に中国人向けの、こういった情報誌は少ない。まず、中国にいるからにはローカル市場を開発したいというのがありました。私は中国語が話せない、読めないんですけど、要は日本人の役割として、彼らの知らないことを提案することが求められているんじゃないか、と。

中国の人は決してセンスが悪いわけではないんですが、雑誌については発展途上です。確かにデザイン面はまだまだです。パクってきたものをバーンと貼り付けたり、フォントの統一もできていない。デザインも全てを目立つようにしてしまっているから、一つ一つが全然目立たなくなってしまっている。

我が社には私を入れて五人の日本人がいるんですけど、「こういう形にしたほうが見やすいよね」と話しながら、まずデザインや編集をやってみる。それをパッと見せたら、中国人スタッフには分かってもらえます。もちろん中国人を対象とした雑誌なので、中国人スタッフの好みに合わせなくてはいけないところはありますので、そこは中国人に考えてもらったりしています。日本のやり方だけを取り入れるのではなく、中国の考え方にも合わせていって、お互いのいいところを取り入れて作っていきたいです。

中国人って文章を重視する傾向が強いんです。文章が多いほど情報が豊富という考え方が一般的です。中国人スタッフからもその点を指摘されましたが、写真などビジュアルな部分も情報だということを知ってほしかった。一口に情報と言ってもいろんな種類があって、それは見せ方であったり、編集の方法であったり——。そういうことを分かってもらえればなあ、と思います。

最近は、中国の雑誌も海外のいろいろな雑誌の刺激を受けています。『ＲＡＹ（中国名：瑞麗）』（主婦の友社）など日本の雑誌が出版されるようになって、地元のファッション誌のレベルが上がりました。日本では「『日経トレンディ』みたいに」「『ＨＡＮＡＫＯ』みたいに」と言えば誌面がパッとイメージできますよね。でも、こちらにはまだそういうものがない。誤字脱字があっても気にしないし。この間なんか、うちもやっちゃいましたよ。「まつげパーマ一〇〇元」というところを「まゆげパーマ」と書いてしまったんです。それに写真がピンボケだったことも――。でも号を重ねるごとに雑誌らしくなって、読みやすくなってきています。一年間続けて発行できたら、かなりいい雑誌になると思います。

雑誌の上海版や広州版も考えています。また今年は女性をターゲットとした企業とのコラボレーションを企画しています。雑誌で提案した記事が実は全て広告というコンセプトですね。そのような雑誌を五万～一〇万部発行します。雑誌を発行する目的の一つに、様々なデータベースを構築するということがあります。車がメインのドライブマガジンのような生活情報誌にした理由は、読者層を考えてのことなんです。車を持っている人々、いわば経済的にゆとりのある人たちに読んでもらう。そういう人たちは購買欲も強く、情報に飢えているので、ニーズもあるだろうと見込みました。まずターゲットを明確化したわけです。そうすれば広告も取りやすいですから。二八～三〇歳の人の年収はどれぐらい――というデータも集まってきています。レストラン、ホテル、遊園地などの情報も蓄積されます。

この事業は、いろんな人たちと出会って、いろんなことができる。結婚式プロデュースなどの店舗のオープニングイベントをしようとか、メーカーさんと一緒にショールームを展開しようとか、いろいろ広がります。中国でメディアを持つということがいかに大切か、ということを実感しています。イデオロギーとかそういう硬いものではなくて、いろいろなことを表現できる場所、出会える場所――。メディアというのはそういう存在だと思うんです。メディアとして大きくなって、それを利用して他のメディアとは違う展開をしていきたい。バーをやって、雑誌を出して、「バラバラやね」と言われることもありますが、自分の中ではちゃんと筋が通っているんです。手の中にあるものを、次はどう活用していくか。人と人とをつなげて何かおもしろいものができないかな、ということを追求していきたいです。

とは言うものの、常に順調というわけではありません。中国で雑誌を出すというのは、いろいろな規制があって大変なのですが、うちの副総経理（副社長）の人脈で書籍コードを取ることができました。副総経理は、元新聞記者で日本語も話せるし、自分でも雑誌を出したいと思っていた人なんです。出会いというのは、本当に重要です。その辺りの出版ノウハウが日本の出版社や雑誌社に重宝がられて、調査や訪中団のコーディネートなど、いろいろ依頼をいただいています。今、私に何があるかというと、そういうつながりだけですね。最初は人集めももちろん大変でした。留学生を編集者に雇って、二人で始めました。本の出し方が分からなくて、やみくもに「雑誌出したいんです」と声をかけて、情報を集めて——。流通もすごく難しい世界ですし、苦労していない部分がないぐらいです。こんなに流通事情が悪いとは思わなかった。

一番売っていただいているのは、セブンイレブンです。北京市内にある一二〇〇カ所のブックスタンドが主力の販売拠点で、そのうち八〇〇〜九〇〇カ所に置いてもらっているんですけど、全然売れていない。売っている人自身が雑誌を読まないので、新刊が出ても目立つところに置いてくれないんです。「ありますか」と聞いても「ない」。自分で見つけて「ここにあるでしょ」と訴えても「これか。なんじゃこりゃ」。それで終わりですよ。置いてくれるという関門を越えても、売ってもらうというのは、また別問題なんです。そういうところで販売するのは大変です。セブンイレブンは一冊ずつ並べてくれています。客層とうちの読者層が合っているので、かなり売れています。でもセブンイレブンとブックスタンドでは一万部以下です。業者やサークル単位の定期購読が約二万部ですね。合計では二〇〇四年一一月は五万部、一二月は四万部、二〇〇五年一月は五万部出ました。一冊八元で売っているのに、地元のコンビニに置いてもらうのに一カ月三〇〇〇元もかかるんです。

日本とビジネス構造が全然違うんです。難しいですね。販売だけでは印刷費と取材費がまかなえない。売っても売っても赤字。一〇万部ぐらい超えないと雑誌単体としては難しい。広告があるからやっていけますけど。それだったら無料にして、タダで置いてくれるレストランに入れたほうがいいですよ。無料化で知名度を上げて、ロゴを認知してもらってから、書店に「置いてあげるよ」というふうにしないといけないかな。今は「置いてください」という立場ですから。せめてお互いが平等になるように持っていかないといけませんね。

文化の違いによるトラブルもありますよ。広告代を払ってくれない中国企業が多い。裁判してもムダなので、次回からはそこの広告は掲載しないということぐらいしか打つ手がないですね。この前は六万元やられました。きついですよ。「みんなの給料を払わんとこかな」と思いましたよ。そういう意味でももっと知名度をあげないといけませんね。広告代理店は通さず、営業が一軒一軒足で回って広告を取っています。

中国人スタッフは一〇人です。営業三人、編集五人、あとデザイナーです。すぐ辞めますね。あと残業をしない。週に一回ぐらいしますけど。日本人は夜一二時とか平気じゃないですか。日本人スタッフが最終的に帳尻を合わせてくれているから、なんとかなっていますけど。中国風が本来の健全な姿なのかもしれないですが……。どっちがいいのかはよく分からないですけど、経営側としては困ります。定時になると終わっていなくても「帰りまーす」と言われて。八時過ぎて残っていると、自分独りで夜中に働いているような気がするほどです。

三月に立ち上げてまだ一年半ですから、今が一番大事なんです。潰さずに継続的にやっていくために、社員が一丸とならなければならない。「分かってる」と口では言ってくれるんですけど、「分かってないやん」と思うところはあります。会社への帰属意識が低いんでしょうね。良い、悪いではなくて、辞めても次はどこかあるという気持ちなんでしょう。面接でも雑誌を持ってきて、「これ全部作ってました」とアピールする人が多い。でも蓋を開けてみると何にもできない——ということも一度ではありません。

採用のときはまず人柄を見ます。キャリアも重要なのですが、うちの会社に合うか、性格がいいか。それが一番ですね。仕事を一緒にやっていこうというやる気が大切です。(そばで電話の応対をしているスタッフを指差して)彼はうちで営業をやる前は、一〇年間タクシーを運転していました。駐在員時代に毎朝、マンションから職場まで送ってもらっていたんです。「中本さんがやる会社だ」と言って来てくれました。そういう意味では営業経験もないですし、サラリーマンしたこともない。でも人柄がいいし、がんばり屋なので、採用しました。取材の時の運転もやってくれます。どうやって営業をしていいか分からないというところがあるんでしょうけれど、変に慣れてしまった人よりいいですよ。

前の会社は、会長や社長と一般社員の距離が近かった。私が辞めた後でも、社長が出張の際に、気軽に会いに来てくれます。勤めていたときに、会長や社長からうかがった話が、今になってビシビシ実感できるんです。父や祖父が自営業だったので、経営については以前から頭では理解していました。でも同じ「経営者は」という単語でも、今は重みが違いますね。まさに現在進行形で経験していることですよ。創立記念式典三〇周年の時に、社長が「社員を船に乗せて荒波を乗り切ろうとしている夢を見る」と言ったんです。その時は「へぇー」と聞いていましたが、今は私も同じ夢を見ますよ。

毎日大変です。スタッフは辞めると言い出す、お金は払ってもらえない、支払わなくちゃいけないところがある――。寝ても覚めても二四時間経営のことを考えないとダメですし、信念を持たないと倒れてしまいます。一番大変なのは資金繰り――まさに「資金繰り」ですよ。昔は格好つけて「キャッシュフロー」と言っていましたが、そんなかっこよくないです。経営というのは、まさに地べたを這う仕事です。毎日が選択の連続。人、金、モノ――すべてのことに関して、選択をしなければならない。サラリーマンのときと重みが違います。

高い目標を掲げているだけではダメです。モチベーションを高めるための方法も、小手先のものではダメ。自分が会社という構造を作り上げて、その中で社員が働いて、ちゃんと回っていくような仕組みを作らなくてはいけません。

雑誌を発行するためだけに、前の会社を辞めたわけではないので、モノから情報、情報からモノ――というふうに、いろいろ展開していきたいですね。我々から生活スタイルをどんどん発信することによって、中国の人たちに幸せを感じてほしいと思います。五年後は中国にいないかもしれない。おもしろそうなところに行って、好きなことをやりたい。北京を中心にして、上海、広州、香港、アジア、そして世界へ、ビジネスを展開させていきたいです。

翻訳会社社長
⑬ 下山珠緒
SHIMOYAMA Tamao

成長には未知なる物へのチャレンジも必要

一九六五年四月二二日　東京都調布市出身
慶應義塾大学文学部人間関係学科社会学専攻卒業
【職業】アキュラシー・オートモーティブ　総経理（社長）
【住居】外国人向けマンション3LDK（一八〇平方メートル）
【家族】オーストラリア出身の夫、ポール・マッカーサー氏と二人暮らし
【収入】日本で働く同年代の会社員の収入より少し多い程度

当社は、自動車業界に的を絞った「ローカライゼーション」を業務の柱の一つとしています。マニュアルなどさまざまな文書を単に翻訳するだけではなくて、カタログの印刷やデザインなど海外でやっていたものを、中国国内で行なうようにするということです。業界の最新ニュースや統計、法律などを翻訳し、独自の分析を加えて、日、英の二カ国語でレポートを配信する「インフォメーション・サービス」も重要な業務の一つです。取

引先は日系、欧米系の自動車メーカーが中心ですが、大手から中堅の自動車部品メーカー、専門商社、広告代理店などとの仕事も増えています。

一九九六年一一月に営業ライセンスを取得し、自宅の一角にスペースを作って、翻訳からスタートしました。現在従業員二五人、オフィスの面積は三一〇平方メートルぐらいです。

自動車に特化したのは、偶然なんですが、九八年秋ごろ、何百ページもあるサービスマニュアルを英語から中国語に翻訳する仕事をいただいたんですね。それまで自動車を扱ったことはなかったのですが、知り合いにエンジニアがいて、相談したら「ぜひやってみたい」ということだったので、協力をお願いしました。これがきっかけで自動車に特化することになりました。自動車関連業界は、取り扱う文書量が多く、まとまった量のお仕事を一括していただけるという点で生産性が高いんです。そして全体的に扱う金額が多い傾向にありますね。

それまでいろいろな分野の翻訳の仕事をいただきましたが、それぞれ奥が深く、全分野を極めることは不可能だと思いました。品質を維持するためには何かに特化した方がいいと。それがたまたま自動車だったんです。最初は翻訳からスタートして、その後広告やカタログへと拡大しました。やはり「カタログの仕事できますか」という問い合わせがきっかけです。実はそのとき初めて信頼できる印刷会社を探し、提携しました。デザインもデザイナーを雇い、能力や技能のレベルアップに努めてきました。

順調に業務拡大しているように見えますか？　そんなことはないですよ。小さい問題は毎日起こっていて、日々それに対処している、という感じです。問題が発生して、何とか解決して、一息ついていると、また新たな問題が……といったところです。印刷という作業一つにも、思いがけない落とし穴がいっぱいあります。指定した色と全く違ったり、納期が来ているのに間に合わなかったり。あとは社内でのミスコミュニケーション。日本語や英語で確認したときに「分かった」という返事があっても、実際は「分かってなかった」ということも。そういう小さな誤解が、大きな問題になってしまう場合もあります。

具体的に問題が起こったときは、まず「納期」、その次に「話し合い」を優先事項にしています。話し合いは、同じような問題が二度と起こらないようにするために、特に重要です。こちらの意見をきちんと伝えて、それから相手の話をしっかりと聞くようにしています。ぱーっと怒っちゃうのは簡単ですけど、それだと後々の業務に響くことがありますし。「怒る」というよりは、上手に「しかる」という感じですね。人前では怒らず、きちんと話を聞く。

社内の人に対してはかーっとはならないけど、それ以外の人には熱くなってしまうことはあります。日頃のストレスが原因でしょうか。先日もクレジットカードを取得しようと、中国銀行が指定する少し遠い支店へ行ったんです。申し込み用紙に記入して、カードのランクや種類を決めて、向こうが言う通りにデポジットを払って……。できあがってきたカードを見たら、ランクも違うし、ビザ、マスターといった種類も希望のものと異なっていたんです。その上、名前のスペルも間違っていました。時間のやりくりをして、何度か足を運んだ結果がこれでしたから、力が抜けそうになりましたね。その旨を電話で説明し、早急な対応をお願いしたのですが、「また来ていただかないと、何もできません」と言われ、爆発してしまいました。できるかぎりの中国語の語彙を駆使して、「一般的にこういうことは絶対あり

▲拡大する中国マーケットとともに会社も成長。堅実な運営で可能性を探る

得ない」「中国銀行たるものが」というような話をしたんですが、頭の一部で「こんなこと言ったって、やっぱり行かなければならないんだ」という事実を、「悲しい」と冷静に分析してるんですよね。むなしく電話を切りました。

そういう部分では、夫でもあり仕事上のパートナーでもある彼（ポール・マッカーサー氏）が楽観的な考え方をする人なので助かっています。私は中国を厳しく見てしまうほうなのですが、彼は「文化が違うんだから」とフレキシブルに捉えています。まあ楽観的すぎて（笑）、彼の方向にばかり引きずられるのも良くないので、ちょうどいいバランスと言えるかもしれませんね。

私は父の仕事の関係で、七歳から三年間、ニューヨークで暮らしたことがあるんです。英語など何もわからない状態で、ポンとパブリックスクールに入れられて、すごく辛かったですね。授業中、ノートの上にポタポタと涙が落ちることもありました。でも慣れるのも早くて、一年も経ったら普通に過ごせるようになりましたね。

大学を卒業してソニーで一年半働いた後、二五歳のとき米国に留学しました。小さい頃の印象が強くて、日本で暮らしながらも、常に米国を意識していましたから。楽しい思い出も多かったですし、米国は私にとって豊かな国というイメージですね。人の強さ、個人主義、自己責任——という概念を、小学生だった子供でも感じられるほどでした。ビル・クリントン氏が州知事をやっていたころのアーカンソー州で、マスコミュニケーションの修士コースで学びながら、日本語を教えました。そのときは豊かさとは別の、人種差別などさまざまな問題を抱えた米国を見ることができました。

その後、二九歳のときにそのまま中国に留学。あまり深くは考えていなかったのですが、経済発展が大きく取り上げられるようになって、中国に興味がありましたね。もう一カ国語を現地で勉強してみよう、それならば中国語だろう、ということで。北京語言大学に留学しました。厳しい環境に身を置いて、しっかり勉強しました。これまで体験してこなかったことを、次から次に目の当たりにして……。見るもの、触るものが珍しくて「うわー」という感じでした。中国語も勉強した分だけ上達したので、やりがいがあって楽しかったです。

その頃、ポールと出会って、「ビジネスがしたいね」という話になったんです。毎日発展する町並みを見ていたので「こういうところでビジネスしたらおもしろい」と。当時の北京はないものだらけだったですから、「これは必要だよね」「これがあったらいいよね」というものが多かったんです。

彼の故郷のオーストラリアでは、一般に「海外」と言えば「欧米」より「アジア」というような環境だったみたいです。特に彼は中国と日本に大変興味を持っていました。どちらかの故郷、つまり日本あるいはオーストラリアに住んでいたとしたら、それぞれが占める重要性――特に言葉の問題では――が高まって、バランスが崩れる可能性はありますよね。北京では二人とも外国人なので、それで均衡が取れているというメリットがあるかもしれません。

社員を採用するときには、なるべく多くの人と会って、何度も面接やテストを行なうようにしています。能力の高い人材を採用するために、かなり厳しく選別しています。部門の責任者も同席して、納得のできる人を採用します。「一人っ子政策」という目でわが社の社員を見てみると、おっとりしている人が多いかな、と思うときはあります。社員に対しては、翻訳や入力したページ数、間違いの有無や量など、日々の作業を細かくチェックして、スコアシートを運用しています。ミスを数値化して管理する方法ですね。貢献度、プロジェクト終了時の評価なども数値化します。効率が上がるとインセンティヴが与えられますが、反対にミスするとインセンティヴが下がります。月ごとに給与が変わるんです。このような方法を導入したことで、社員のやる気が引き出され、効率がかなりアップしました。仕事内容が数字に表れるようになり、給与にも差が出ますからね。

どの会社もそうだと思うのですが、社員のモチベーションを高めるのは大変です。うちもいろいろな問題を抱えながらやってはいますけど、やはり頻繁に話すというのが基本ですね。問題があるときは抱え込ませないで、なるべく早く報告してもらい、速やかに対処する。功績があったときは、みんなの前で褒める。悪いことは、ドアを閉じて、やっぱりきちんと話します。それでも問題はあります。例えば、一生懸命に接してきて、信頼関係が築けたと思ったら、転職してしまった、とか。かつての日本と違って、転職は当たり前の社会ですし、特に経済成長がすごいので条件のいいところに移るのは当然だとは思うんですけど。やっぱり落ち込んでしまいますね。

会社の能力を超えたような、ビジネスの依頼や要望があっても、なんとか対処するように努力しています。それでもやはり、キャパシティの面と品質の面の両方から見て、ビジネスになるかどうかきちんと見極めます。逆に言えば、品質が維持できない仕事は引き受けないということです。やったことはなかったけれど「できます」と言ったことも過去にはあります。初めてだったから実は失敗したけれど、それを表に出さずに成功まで持っていって——。成長には未知なるものへのチャレンジも必要ですから。まあ、今までの経験もありますし、規模も小さい会社なので、できる、できないという見極めも自ずとできてきます。そのバランスを見ながら前に進んでいけたらいいな、と。

社長としてはプレッシャーも大きいけれど、やはりポールがいてくれるので心強いですね。水が半分だけ入ったグラスを見て、私が「半分しかない」と言っても、彼が「半分もある」と別の見方を示してくれますから。彼に学ぶことも多いです。大事なことの意思決定では対立することも、もちろんありますけど、いろいろな可能性を全て出し合って徹底的に話します。どちらにしろ判断は下さなくてはならないですから、いわゆる「ブレイン・ストーミング」という感じです。お互いの意見を披露して、スタッフの立場などいろいろな現状や要素を考慮しながら、可能性を探っていきます。

中国の企業と付き合っていて、一つ残念に思うのは、経済の急成長のせいだと思うんですけど、短期的なものの見方をする人が多いな、と感じることですね。来たばかりで、見るもの触るものすべてが「おもしろい、珍しい」という時期が終わった頃から、そういう印象を受けることが増えました。例えば仕事をお願いしたときに、一生懸命やってくれて質の高い結果を出してくれたら、今後の長いつながりのきっかけになるのに、一回の仕事でいかにお金をたくさん取れるかということを重視するような人もいますね。逆に、出会って間もなく、お互いのことをよく知りもしないのにいきなり「私たちは友達だ」と言われると「なにかあるのあるのかな」と警戒してしまうこともあります。

このほどウェブサイトを立ち上げたんです。「インフォメーション・サービス」をさらに発展させ、中国自動車業界のニュースや各種統計のデータベースを自由に検索できる、ユニークな機能を備えており、最新動向の把握にご利用いただけるものです。これをきっかけに顧客を拡げていきたいと思っています。中国だけではなく、世界の車メーカーや部品メーカーにアピールして、一回り成長できたらいいですね。中国は自動車社会に突入したばかり。より大きな発展が見込めますので、マーケットの成長に貢献できると思うと、楽しいですね。日系メーカーを見ていても、各社の業務拡大に伴う、駐在員や現地社員の増加、オフィス面積の拡張など、大きな変化を肌で感じています。他の国では自動車市場は飽和状態であるのに対し、中国はこれからのマーケットですから。マイカーの総体数の増加を受けて、立体駐車場などインフラ関連の産業も伸びていくでしょう。

個人的にはアーリー・リタイアメント（早期定年）にも憧れますし、別の国にも住んでみたいですね。ポールは博士課程に進んで、アジアや中国に関する本を書きたいという夢があるんです。そこを私が「ビジネスやろう」と引きとどめてしまったようなところがあるので、彼にも夢をかなえてほしいですね。

システム開発会社社長

14 須藤健

SUTO Takeshi

中国の会社はうまくいくと、三年ぐらいで大企業になります

一九六〇年生まれ　秋田県秋田市出身
秋田工業高校卒業
【職業】北京星流咨詢服務有限公司　董事・総経理（取締役社長）
【住居】中国人向け一般マンション、およそ九〇平方メートル
【家族】妻と二人暮らし
【収入】売上をベースに配当を受けているので年によって変動する。生活に困らない程度

パソコンは言わば、時代の先端を行っている商品ですよね。中国では経済成長に合わせて、市場は拡大の一途をたどっています。一〇年間やってきて、このくらいの規模で留まっている、うちのような会社もあれば、その一方で、聯想（レノボ、二〇〇四年一二月にＩＢＭのパソコン部門を買収した）のように急成長した会社もある。ある業界が伸びれば、別の業界からお金を持っている人が参入してきて、お金があるからやっぱり大きくなる

――という例はよく見るんです。聯想は元々入力ソフトを作っていた、技術屋が中心の数人規模の小さな会社でした。それが一〇年で誰もが知っている会社になったんです。技術屋として、本来の「技」をベースに会社を発展させた点は見習いたいなと思います。中国の会社はうまくいくと、三年ぐらいで大企業になりますよ。中国の経済成長とＩＴ（情報通信）の発展が結びついて大きくなった。そこに乗れた中国人はすごいなと感じます。同時に、この前まであったのに消えちゃったという企業は数知れませんけど。特にプロバイダーはそうですね。一気に儲けて、今は別のことをやっているような、中国にはそういう、両極端な二つの面がありますね。

妻とは日本の音響メーカー、株式会社パイオニアに勤務していたときに知り合ったんです。そこで働いた六年間に学んだことが今の仕事にも役立っていると思います。その後、ソフト開発会社に転職してシステムエンジニアとして働きました。

初めて北京に来たのは一九八六年です。旅行で来ました。その時、首からキヤノンの一眼レフをぶら下げていたんですが、目立ってしまって。まだカメラが高級品だったんですね。バスと自転車のイメージが強烈に残っています。日本にないものがたくさんありましたね。景色ではなく、北京で暮らす人や「胡同《フートン》」と呼ばれる路地裏にひかれました。雨が降っている五月の上海、夏のかんかん照りの西安、冬の北京――。中国が好きだったんでしょうね。今は日本とあまり変わらなくなってしまって、つまらないと感じることもあります。

一九九四年に休職して、妻と一緒に北京に語学留学したんです。パソコンのたくさんある大学をということで、清華大学を選びました。「IT」という言葉はまだなくて、インターネットではなく、パソコン通信でした。一九九三年にウェブブラウザが出現して、九四年に拡がったんですけど、僕が中国に来たのはちょうどその過渡期でした。エクスプローラーはまだなくて、ネットスケープはバージョン1という時代。プロバイダーもなく、年下の大学生たちと交流して、「パソコンを使った通信が仕事につながるだろうか」と、清華大学内でインターネットを探し回りました。教授や助手レベルの学生がブラウザを操作しているのを見て、「後れた国だけど、ここ（清華大学）だけはすごいな」と思いました。中関村（北京のハイテク企業集積地）で安いパソコンとモデムを見つけたとき、「これは（仕事に）できるな」と直感。『電脳』という新聞を購読していて、「internet」と横文字で初めて出てきたのが一九九四年末でした。それから数カ月したらインターネット（中国語で「因特網」）という言葉がたくさん出てくるようになり、このとき、プロバイダーでもやったらいけるかなという感触を得ました。

一九九五年夏に留学が終わって、こっちで仕事がしたいという思いが大きくなって、会社立ち上げの準備を始めたんです。妻ですか？「留学に行こうよ」と言ったときは良かったんですけど、卒業後も帰らないと言い出したから、「それは話が違うじゃない」となりますよね。最初はプロバイダーと接続に関連したサービスは商売になると思ったのですが、知名度がなかったのでなかなかうまくいかず、パソコンを売ったり、修理をしたりしていました。

簡単に就業ビザ（Zビザ）が取れるわけもなく、日本で会社を登記して、出張で中国に来るというかたちで二年ぐらい続けました。正式に広告も出せないし、日系企業を回っても、名刺を見て相手に「な

▲須藤さんが「似たような人ばかり集まっちゃった」という職場は穏やかな雰囲気

にこれ」って言われる。宣伝するにも資金も少なく、今のような日本語のフリーペーパーもありませんでしたので、PR活動は試行錯誤でした。

一九九五年「チャイナネット」という中国最初の商用プロバイダー（インターネット接続サービス）がスタートしました。インターネットのソフトが入っていない初期のウインドウズ３・１（ウインドウズ95の前のOS）にモデムとソフトを付加して、Eメールとブラウザを使えるようにする作業をして回りました。しかし、「インターネットとは何か」から説明しなければならない時代です。Eメールの話をしても「相手がいないから」と断られる始末でした。運良くアサヒコムが実験的にニュース配信を始めましたので、このサイトを見せながら営業しました。

この「発展大厦」（弊社が現在入居しているオフィスビル）にもよく来ました。机の下にもぐって配線していました。今はさすがにやらなくなりましたけどね。その頃は日本でも、インターネットを知らない人の方が多かったので、北京では新しい仕事だったと思います。中国科学院の実験室にムリヤリお願いして——そこが今で言うプロバイダー、つまりダイヤルアップされる側の設備を一般向けに公開していました——家から電話をかけてそこに接続できるようにする仕組みを作っちゃったんです。チャイナネット以前はプロバイダーがそこしかなかったんで、好きな会社が三〇社くらい使ってくれました。

科学院が「サービス提供」という考えをあまりにも心得ていなかったので、顧客対応とかクレームとかは全部僕が担当しました。その時に生《なま》でクレーム処理について勉強させていただきました。おかげで今、お客さんが怒りながら電話をかけてきても「あのころに比べたら全く大丈夫」という感じです。うまくやっていたら、うちも本当に大きくなったかも知れませんね。最近は日本人の駐在員や現地採用者が増えて、日本人から直接サービスを受けられる機会も多くなっています。北京、上海で働く日本人は今後もっと増加するでしょう。日本人ということが武器にならなくなりますね。

自社のオフィス移転はよくしました。引っ越し好きなんです。最初は自宅の一室でSOHO、その後、中国科学院、友誼賓館、中関村にもいました。それから東三環路沿いの「Fridays」というレストランの近くにいて、二〇〇四年五月の新型肺炎（SARS）の最中に、憧れの「発展大厦」に入ることができました。今後もお客様にとって便利になる場所が見つかれば、移転することがあると思います。

自宅も一二回ほど引っ越しました。もう毎年引っ越しをしているような感じです。昨年は五二階建てマンションの五一階の部屋に居ましたが、今は普通のマンションに住んでいます。

趣味でDJをやっています。ほら、ディスコとかクラブで、指でレコードを「キュキュ」と回すアレです。今週は学生街・五道口にある中国人経営のクラブで回します。北京には日本人が経営しているクラブはないでしょ。僕は踊りません。踊っていただくのが好きなんです。音楽好きな人は多いですが、ジャンルがいろいろある。僕はたまたまクラブ音楽が好きだったということです。

北京にクラブができたのは数年前のことで、僕が始めたのは一年半ぐらい前。日本では回したことはまったくないんです。ターンテーブルを買って、家で練習して習得しました。好きな人が集まるところ――職業でやっている人たちの練習の場があって、そこに入り込んで――。あんまりおもしろいんで機材を買ってしまった、という経緯なんです。昼間の僕を知っている方は意外だと言うけれど、夜しか知らない人は昼間の僕を想像できないでしょうね。あちらが本当の僕の姿かもしれません。

DJの人たちと知り合ったきっかけですか。いやあ、好きな人同士というのは自然に集まっちゃうものなんです。どんな世界でも。不思議ですね。中国人の友達はすべてDJつながり。携帯に入っている番号も中国人DJたちの方が多いぐらいです。レコードは日本から持ってきたり、送ってもらったり。郵便局の国際便の受け取り窓口でいつもけんかしています。一回で九〇〜一〇〇枚ぐらい送ってきますからね。「重過ぎる」って怒られたり。家には一〇〇〇枚ぐらいあります。DJで一〇〇〇枚だと少なくて、恥ずかしいぐらいですから、人に言わないでください。

妻は特になにも言いません。彼女はゴルフが好きでよく行くんですけど、僕は黙っていますから、お互い様です。DJをやって朝方帰ってくるじゃないですか。眠いんですけど、眠すぎて眠れないんです。それでそのまま僕もゴルフの打ちっぱなしについていって、体を動かして、それから眠るんです。DJ

は月に七〜八本スケジュールが入ってしまっています。やりすぎですね。

まわりは二二〜二三歳の中国人。当たり前ですけど、「今時の若者」という感じで、本当に若くて元気です。ＤＪって時代のリーダーじゃないですか。だから考え方も発想も自由ですね。腕にタトゥー（刺青）が入っているとかがフツーです。ただお金がないとできない趣味なんで、見た目は怖いけど、内面はお坊ちゃま系というのが多くて、実は真面目な人が多いです。

サラリーマンＤＪって大変なんです。まず両立が大変。ストレスを発散するためにやったんですけど、逆にストレスがたまっちゃって。というのも、お店側と選曲でもめたりするんですよ。趣味で呼ばれているうちは良かったんですけど、ちょっと経営の方に絡んだり、ギャラが発生したりすると、それなりにビジネスとしての話が出てくるんですよ。理不尽な要求はいっぱいあります。経営者というのが、だいたい三〇歳ぐらいで成功している人が多くて、店を二〜三軒持ってるんですよ。一軒目が成功して、次々展開するというパターンですね。

始めたばかりの頃はお客さんが三〇人でもびびっちゃって。最初に針を持って下ろすんですけど、ドキドキして下ろせないんですよ。今は一〇〇〇人でも平気です。爆音に合わせて、みんなが両手を上げてジャンプする瞬間とか気持ちいいですよ。その快感のためだけにやっているという感じです。

店に来る人たちは二つに分けられますね。まず音楽やファッションが好きな若い人たち。あとは三〇代後半の遊びを覚えちゃったおじさん――お姉さんを連れて来ています。そうやって、今の中国をガラス（ＤＪブース）の中から研究しているわけです。

ソフト開発というと以前は難しい仕事みたいに思われていましたけど、今はクリエーター系と言ってデザインをやる人が大勢出てきています。商品として見ると、ソフトの仕上がりは見た目の美しさも重要なファクターになっています。でもデザインの人はお絵描きばかりで、やっぱりソフトが苦手な方が多いんです。最近のソフト開発というのは、平たく言えば、後ろにデータベースというのがあって、それに表側のデザインをくっつけるような仕事なんですね。表面上はだんだんデザイン中心になってきている。でもその後ろでは、従来の開発の仕事が重要度を増しています。最近はその仕組みが大きくなり過ぎて、慎重に作り込まないと「データー漏洩」など大きな事故にも繋がることも身近な話になっています。うちはその難しい後ろ側の開発の専門がいますので、これから仕事は増えると思います。

会社の業務はパソコンの保守とソフト開発の二本柱です。パソコン販売もしています。保守をやっているうちに「パソコンも売ってるんですか」という自然の流れで、新たな商売につながっていく部分もあります。パソコン屋っていうと日本では安売り店で、チラシを配って、がんばって売るというイメージですよね。北京という特殊な環境ですし、お付き合いの中で「よさそうだから、ついでにここから買おうかな」と思っていただければ、お客様と良い関係で物が売れる。これでいいかなと思います。

お店じゃないので、商品としてのパソコンは置いてないのですが、いろんな会社から見積もり依頼をいただいて、セットでお売りしています。中関村でパーツを買ってきて、ここで組み立てて、日本語ソフトをインストールして——。組立は長い間、僕自身がやっていたんですけど、今は中国人スタッフに任せています。一台からでも買えますよ。五〇〇〇元（約七万円）ぐらいです。結構売れています。もとＬＡＮを構築して、インターネットにつなげて、故障したら修理する、それを何年もやっています。もともと自分がソフト開発側の人間なので、ソフト開発は、割と早くからスタートしています。お客さんから見ると、うちの会社はちょっと分かりづらいかもしれない。「なんかＩＴの感じがするけど、何の会社なんだろう」と思われているかもしれないですね。

初めは中国人スタッフを雇うのも慎重でした。経験がなかったですからね。最初に雇った従業員は、七年経った今でもまだここで働いてもらっています。以前清華大学の寮に住んでいたんですが、そのとき近所にいたおばさんの娘さんです。道端で会うとおばさんが「娘が日本に留学に行っている」といつも言っていたんですよ。「帰ってきたら、使ってよ」と。日本語ができて、しかも偶然、プログラマーだったんですよ。彼女が入ってから、ずっと三人でやっていましたが、今の従業員数は一四人です。二人雇用した後は速かったです。彼女たちに面接してもらって。もちろん僕も見ますけど。一回五〇人ぐらい面接して、だんだん増えていったという感じです。採用の基準は声がバカでかくないこと、タバコを吸わない、パソコン好き、接客が失礼でないこと。社員同士はとても仲がいいです。ほかの中国の会社とはちょっと雰囲気が違うかもしれませんね。社内が静かですしね。なんか似たような人が集まっちゃった。働きやすいですよ。

中国はある意味では、日本以上にソフトを気軽に試せる環境にあるんです。違法ですが海賊版が日本より安くたくさん手に入りますし、全部のソフトを比較できますよね。だから若い人は使いこなしています。ウイルス対策も浸透している。パソコンにそれほど詳しくない方でも、ワクチンソフトを頻繁に更新することの重要性とか、いろいろ知っています。だから違法なソフトやＣＤを買っても、感染は水際で防げますよ。ここ最近みなさん、ワクチンソフトのアップデートも普通にやっています。いくら言っても全然聞いてくれないという時代が何年も続きましたけどね。
最新のデジタル情報はほとんどウェブを通じて調べていますね。今の流行は、携帯プレーヤーとかデジカメとかですね。携帯電話も買い替えサイクルが早いです。飽きたり、壊したり、みんなすぐに買い替えますよ。パソコンに興味を示す時代というのは終わった感じですね。ほんの数年前は液晶ディスプレイに群がっていましたけど。その少し前は、マウスに触りたくてしょうがないという時期もありましたね。そんなに興味があって、何をするのかと思ったら、トランプゲームとかね。最近はそういう場面をまったく見なくなりました。今は何をやっているかというと、チャットです。どこの会社でも、上司がいくら禁止しても、社員は絶対チャット画面を開いています。チャットにしても携帯電話にしても、興味はどんどん通信の方に行って、珍しさよりも実用が重視されています。友人とのコミュニケーションツールという具体的な実用の時代に入ったなと思います。

技術者だったので、日本では、自分が開発した製品に自信があると、「どうしてこんなにいいものを売ってこないんだ」と営業担当と言い争いになることもありました。でも自分が直接お客さんと接するようになって、「ああ、こういうことだったのか」とようやく気づきました。結局、お客様あっての技術だということに気づいたんです。お客様からお金をいただくというのはこういうことだ、と。パソコン屋に来るのは素人さんも少なくないですから。そこを分かってあげないといけないし、問い合わせの電話一本から、すべてが始まりますから、小さな質問一つでも大切にしなければと思うようになりました。

駐在員事務所代行業社長

⑮ 柳田洋

YANAGITA Hiroshi

指示通りにしか働けないやつはばか それが中国の発想です

一九六六年五月二七日生まれ　東京都出身
早稲田大学商学部卒業（国際貿易専攻）
【職業】北京華信恒通投資顧問有限公司　総経理（社長）
【住居】朝陽区の日本人向けマンション　会社まで自転車で一〇分
【家族】妻と子供三人（一二歳、一〇歳、八歳、いずれも女の子）の五人家族
【収入】サラリーマン時代よりちょっと多いぐらい
邱永漢のサイト「ハイハイQさんデス」（www.9393.co.jp）でコラム「中国ビジネスのススメ」連載中。

「あんたが指示したのより、こっちの方が全然かっこいいじゃないか」

中国で内装工事を頼んでも、業者に勝手なアレンジを加えられて、こちらの要望と全く違う仕上がりにされてしまうことがよくあります。「事前の打ち合わせと違う」とクレームしても、謝罪の言葉は返ってきません。それどころか逆に、こちらのセンスを否定されたりします。中国には「不動脳筋（頭を使わない）」という言葉があり、「指示通りにしか働けないやつはばかだ」という発想があるんです。

中国で従業員を雇う場合、「なかなか指示通りに動いてくれない」と嘆く日本人が多い。でも「指示通り動くのが苦手」ということは、裏を返せば、「任せられればよく働く」ということです。従業員に最終目標だけを示して、達成までの過程を任せてしまえば、ほとんどの中国人がすばらしい能力を発揮します。日本人駐在員の補助的仕事を任せて、指示通りにこなした人を評価する——これでは優秀な人材は集まりません。

私が大手商社・丸紅に入社したのは一九八九年のこと。外国で働きたいと、希望に燃えていました。あの頃は、商社といえば、海外での発電所やプラント建設などの大型プロジェクトというイメージがありましたね。実際に配属されたのは石炭部です。石炭の買い付けのためにオーストラリアやインドネシアを飛び回っていたのですが、一九九一年、コークスの取引のために初めて中国を訪れました。それが中国との出会いです。現地の駐在員が中国語を操る様子を見て触発され、週に一度レッスンに通ったり、テレビ講座を利用したりして、中国語を学び始めました。「どこでもいいから駐在したい」と訴え続けて、中国赴任が実現したのは一九九六年。満三〇歳でした。

北京滞在が五年を越えたころから、会社を経営したいと考えるようになりました。独立したいと強く思っていたわけではないのですが、そろそろ日本に帰国しなければならない時期にさしかかっていたうえに、本社に帰っても将来が見えてしまう——そんな状態から脱却したかったんでしょうね。

会社を辞めて独立することは、自分ではステップアップのつもりだったのですが、日本人の友人の反応は「このまま丸紅にいれば、年収は一〇〇〇万円以上、一生安泰なのに。なんでまた、中国で」というものでした。ドロップアウトしてしまったみたいな言われ方をされました。逆に中国人からは「恭喜！恭喜！（おめでとう）」と。日本人と中国人の考え方の違いを感じました。

入社当初は大きなプロジェクトに関わりたいと思っていましたが、一三年間の経験から、独立する際にノウハウが活かせるのは、取引額が比較的小さな部署、例えば、食品や繊維などの商売だということが分かってきました。私が所属していた石炭部は、大型プロジェクトには及ばないものの、取引量は数万トン、取引額は数億円という規模。小さな会社で扱うのはとても無理だったんですね。丸紅と顧客を奪い合うようなこともしたくなかった。そこで考えたのは、事務代行業でした。具体的には「コンサルティング業務と中国側の実働部隊を兼ね備えた会社」にしようと思っていました。

商社は高コスト体質ですから、中小企業を相手にすることはできませんでした。東京本社では、社員一人のコスト――つまり給与、事務所スペースの家賃、管理部門の費用などを確保したうえで目標の利益を達成するために、営業部隊の社員一人が稼がなければならない売上総利益は年間八〇〇〇万円にも及びます。あくまで計算上の数字ですけどね。一人当たり八〇〇〇万円も稼がなければならない、となると、つい大物を狙いたくなるのが人の常ですよね。そんなわけで大企業にアプローチするのですが、大企業は人材も資金も潤沢ですので、かつてのように商社を利用するメリットはなくなっているんです。メーカーさんにも英語や中国語を話せる人は大勢いるし、今は海外に駐在員事務所を置いている企業も多い。大物狙いでは、大手からは相手にされず、中小は相手にできず――商社は今、その存在意義自体が問われていると思います。

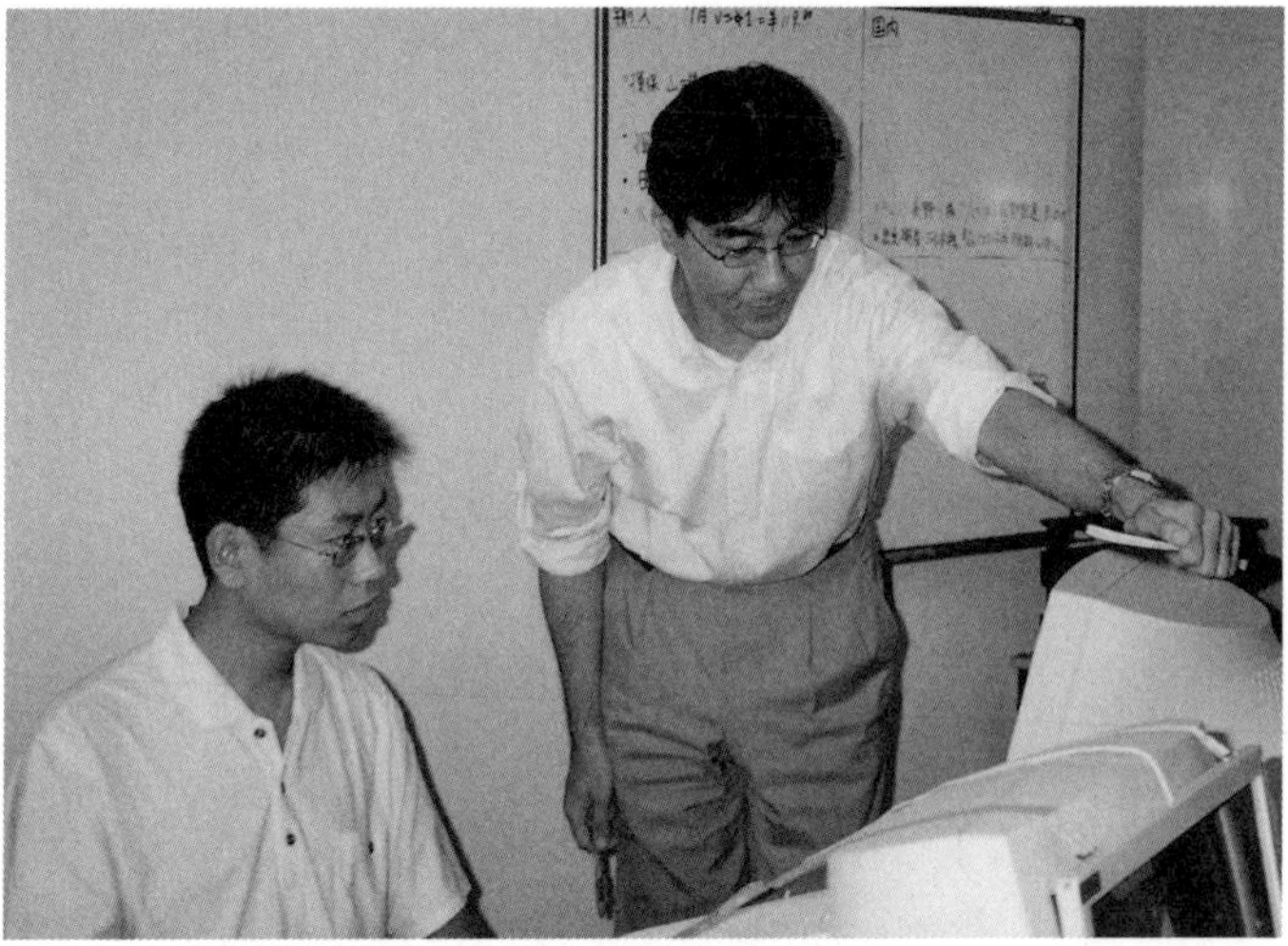
▲会社とともに自分も成長できると、天津・上海にも事務所を構え積極展開

こうした状況を目にして、「商社の駐在員事務所の機能をすっぽりと抜き取って、会社組織にして、低コストで運営する」というアイディアを思いつきました。つまり、駐在員事務所代行事業です。調査・連絡・アテンド・コンサルティング業務を一カ月二〇万円に設定しました。顧客は我が社を「自社の駐在員事務所」のように使えて、低コストで中国ビジネスを展開できるというわけです。

中国で起業する最大のメリットの一つはコストが安いことです。特に人件費が安く、日本語が話せる優秀な人材でも給与は月三〇〇〇～五〇〇〇元（四万～六万五〇〇〇円）ほどで働いてくれます。日本だったら、儲けが出るまで社長一人で何から何までやらなくてはなりませんが、最初から優秀な人を雇うことができて、本当に助かりました。オフィスは北京の一等地に構えたので、ちょっと高めで賃貸料は一カ月一五万円ほど。ビルのグレードや立地を考えると、これでも北京では安い物件なんですけどね。オフィス用家具、社長室の机、椅子、本棚、ロッカー、事務室の机と椅子をそれぞれ四セット、本棚、ロッカー、戸棚、会議室の机と椅子、全部そろえて、およそ一五万円でした。一番高かったのは社長室の机と椅子で、四万五〇〇〇円。日本の家具メーカーの方が、「日本だったら椅子だけでも一〇万円はするよ」とおっしゃっていました。

誤算だったのは、思いのほか高い生活費でした。外国人向けマンション（約一五〇平方メートル）の家賃は日本円に換算しておよそ一五万円。日本式の教育を受けさせたいと五歳の娘を日系幼稚園に通わせたのですが、その費用が月七万円もかかるんです。

独立に当たり、もし取引が一件も成立しない場合でも、一年半ぐらいは手元の資金で事務所を維持し、家族を養っていけるように、綿密な計画を立てました。いや。立てたつもりでしたと言ったほうがいいかな。でも、実際に費用は思った以上に嵩《かさ》み、手持ちの現金はどんどん目減りしていきました。今だから笑って話せますけど、その時は必死でしたよ。手元の資金が三〇〇万円を切ったら、日本に帰って一からサラリーマンとして出直そうと覚悟を決めていました。

あまりの苦しさに、成功報酬の商売を受けることにしました。最初はお断りしていたんですよ。うちの会社の価値を理解してくれて、サービスへの対価をきちんと払ってくれる会社を相手にしたかったから。でもそんなことを言っていたら、資金が底をついてしまうのを、ただ待っているだけになってしまう――。そこで中国の製品を日本へ輸出するという業務にしぼって、仕事を引き受けることにしました。

ところがこの成功報酬というのがくせものでした。出張旅費やサンプルの輸送コストの負担はかなりのものでした。大量のサンプルを数万円かけて送ったのに、返事もない。問い合わせると「あんなのじや、だめだ」の一言で終わり。そういうこともありました。顧客の方は、気に入ったサンプルが手に入るまで、何度断っても痛くもかゆくもないわけですから、要求がどんどんエスカレートする。少しでも気に入らないところがあれば、「だめだ」の一言で終わらせてしまうわけです。

失敗はもう一つあります。日本で営業を担当してくれる会社に、顧客の開拓を任せようとしたことです。営業を担当する会社は、顧客を探してくるだけです。契約を交わしたら、その後の業務はすべて当社でフォローしなければならないのに、高額な仲介料を請求してくる。最終的に、その仲介料は顧客に負担してもらうしかありません。そうなると「安価で良質なサービス」という、当初の目的を逸脱してしまうことになります。

「成功報酬の仕事はしない」、「顧客は自分の足で探す」など、業務を続けていくためのルールを少しずつ確立していきました。しかし仕事は取れない、手持ち資金はどんどん目減りしていく、という悪循環に陥ってしまいました。プレッシャーの余り、食べられない、眠れないという状態がおよそ半年も続いて、体重が七キロも減ってしまったんです。

そんなとき、元同僚から電話をもらったんです。ヤマト運輸の代理店だった日中合弁企業が合弁を清算することになったので、ヤマト運輸が新たな代理店を探している、という情報でした。この情報をきっかけに、二〇〇二年の五月から、引越し業務をスタートすることになりました。ヤマト運輸のネームバリューを生かし、業務は順調に進みました。現在は会社の収入の六割ほどを、引越し事業が占めるようになりました。残りの四割の部分は事務代行業の収入ですが、こちらも収入が安定するにつれて、仕事が増えました。お金を稼ごうとしてこちらから頭を下げて契約を取ると、無理な依頼が来ても断れなくなってしまう。結局、儲けが消えてしまうこともしばしばありました。でも資金的に余裕ができると、理不尽な依頼に対しては「それは別途費用がかかります」と強く出ることができ、その結果、業績も伸びてきたんです。

二〇〇五年三月には、中国最大の総合物流企業「シノトランス」グループである北京シノトランス包装運輸部門の権益の六割を取得しました。今後は上場企業で知名度も抜群の「シノトランス」ブランドを使って商売ができることになります。

さきほど挙げた内装工事の例もそうですが、この国では、まだ「サービス」という考えが根付いていない部分が大きい。マクドナルドに行っても店員は無愛想、スターバックスでコーヒーをオーダーすればお釣りを投げ返される――。でもこのような状況は、逆に、日本人にとっては大きなビジネスチャンスになるんです。高いレベルの接客、サービスのノウハウを生かすことができるんですから。豊かになる人が増えて、北京でも「多少料金が高くてもいいから、ちゃんとしたサービスを受けたい」という声が強くなっています。でもまだ、こういった需要を満足させることができる受け皿がないのが現状です。海外引越しの代理業務でも、日本式の肌理細《きめ》やかなサービスを重視しています。食器は割れないように一枚ずつ資材で包む。作業員が新居にうかがう際には新しい靴下に履き替えさせる。洋服を梱包するときには清潔な手袋をはめさせる――。北京にはたくさんの引越し業者がありますが、こんな細かいサービスを提供しているところはないと思います。

日本人向けだけではなく、北京の富裕層をターゲットに「値段は高いけれど、気持ちよく引越しができる」ことをセールスポイントにして、市内引越しサービスの提供することも検討しています。これまでなかったサービス、他社にはまねのできないサービスを提供して付加価値を上げ、顧客に「このサービスならちょっとぐらい高くてもいいや」と思わせることが大切なのです。中国にはすでに「付加価値ゼロで安いもの」が溢れているからです。

今、中国はものすごいスピードで成長していて、ビジネスチャンスも多いし、市場も活気に溢れています。中国人はもともと声が大きいので、傍目から見て勢いがあるように感じるのかもしれません。でも、それを差し引いても人々の表情が今の日本人に比べてずっと明るい。そう実感しています。成長のプロセスにある国で、その勢いを肌で感じながら、前向きな仕事をするのは楽しいものです。

北京在住もまる九年になりました。起業してからは五年目です。社員も一〇人になり、オフィスも広い所に引越しました。天津にも事務所を開設したんで、経費がかかって大変なんですけどね。それでも何とか家族を養っていけるだけの収入を得られるようになりました。

サラリーマン稼業から足を洗って起業をするということについては、「崖の上から初めて飛ぼうとしている一羽の鳥」をイメージしてもらうといいかもしれません。下には何があるかわからない。地面はどこだろう。障害物があるかもしれない。――でも飛び降りて、必死に羽ばたいてみるんです。

そうやって繰り返していくうちに、筋肉がついたり、上昇気流が起こりやすい位置が分かるようになったりします。崖から飛び降りることは、確かに勇気が要ります。背中に妻や子供を背負っている場合はなおさらです。でも、実際に飛んでみなければ、なにも変わりません。崖の上で逡巡しているような人生がおもしろいと思いますか。

エステサロン社長

16 手塚真知子

TEZUKA Machiko

トラブルから学んだプラス思考。「美」に目覚める女性たちをサポートしたい

一九七〇年八月二四日生まれ　栃木県宇都宮市出身
栃木県宇都宮市内の高校卒業
【職業】エステサロンNatural-be　総経理（社長）
【住居】朝陽区の外国人向けマンション（公寓）2LDKで一人暮らし
【収入】日本のOLくらいの収入プラスアルファ

ここにお店を開くことを決める前は、いろいろ物件を見て回りました。見すぎて、訳が分からなくなってしまったほどです。でもこの部屋に入ったとたん、「あ、ここだ」というインスピレーションが沸いてきて。間接照明も、家具の色も清潔な雰囲気で、とてもいい感じでした。ここなら私が抱いていたイメージに近いな、と。マンションの中庭もいいですよね。高級感があって、緑も多いでしょう？　この付近は日本人が多いエリアで

もありますし、多くの人に通っていただけると思いました。マンション内で店舗を開くのは難しいのですが、不動産会社の担当者が粘り強く交渉しくれました。お店をオープンするにあたっては、本当に多くの方々のサポートを受けました。感謝しています。

小さな部屋に分かれていて、使いやすいんですよ。お客様のプライバシーを守るために、仕切られたスペースがたくさん必要ですから。内装を変えてもらうことはできますけど、そうすると今度はオープンまでに時間がかかってしまうので。ええ。まったく工事はせずに、入居したときのままです。許可を取って、機械を入れて、すぐに営業しました。どうしても早くオープンしなければならない事情がありましたので。

一九歳のときに化粧品会社に就職しました。その化粧品が私の肌に合わなくて、働いているうちにどんどん肌が荒れてきて、お客様に化粧品を勧められなくなるほどひどくなってしまったんです。それで会社を一年足らずで辞めてしまいました。その頃は、今よりも一〇キロぐらい太っていたんですよ。それで少し痩せたかったのと、荒れてしまった肌のせいでコンプレックスのかたまりになってしまいました。

自分を変えたい、キレイになりたいという一心で「たかの友梨ビューティクリニックのシンデレラコンテスト」(年一回開催される三カ月のダイエットコンテスト)に応募したのが、美容業界に入ったきっかけです。第一次審査で落とされてしまいましたが、今度は「社員になれば痩せられるかも」とすぐに履歴書を送り、入社することになりました。エステは思い描いていた表の華やかさとは異なり、仕事は大変でした。「絶対キレイになってやる！」という思いが原動力でした。

二〇歳のとき、宇都宮を飛び出して、たかの友梨ビューティクリニックに入社しました。三一歳で辞めるまで、一一年間勤めたことになりますね。三カ月の新人研修があって、それから配属が決まるのですが、お店に入ってももちろんすぐに接客はさせてもらえない。最初は掃除からです。肌の扱いに慣れるまでは、友達を練習台に復習したりしました。母が美容関係の仕事をしていたので、接客については理解していたつもりでしたが、やはり最初のお客様のときは緊張しました。ボディのマッサージで初めてお客様の体に手を触れた瞬間は、本当にドキドキしました。「私が触れていいのかしら。ごめんなさい」という感じですよね。研修とは違って、実際に代金を、しかもかなりの金額をいただく訳ですよね。私の技術でお金をいただいていいのかしら、納得していただけるのかしら、といろいろな不安が混ざり合いました。そのあと脱毛や、顔のマッサージをさせてもらえるようになって。普通は体のケアをさせてもらえるようになってから、六カ月から一年でフェイシャルができるようになるんです。

二四歳で主任、そのあと、店長、マネージャーというふうに経験を積むにつれて、責任も重くなっていきました。店長になる前に富士山のふもとで二週間、経営者養成研修を受けました。一般企業の課長さんや部長さんなど、管理職の方々と一緒に受ける職業訓練セミナーです。経営担当として、なにが苦手なのかを見つけ、自分の欠点を克服するんですね。参加者は男性の、しかも私より年上の方が多かったです。そういう人たちの中で研修を受けて、管理職としてなにをすればいいのか理解できた気がしました。自分で言うのもなんですが、一皮剥けた感じですね。

結局、たかの友梨ビューティクリニックでは、八王子、多摩センター、名古屋、石川など各店で計八

▲さまざまなトラブルを乗り越えて、お客様からの信頼が一番大切だと実感した

年間、店長を務めました。溝の口店では立ち上げにも関わりました。店長という経験から学んだことは「信頼」の大切さです。「売上」以上に、お客様からの「信頼」が重要なんですね。やはりお肌を預かる職業だということですから。お客様とコミュニケーションをしっかりとって、どれだけ自分を知っていただけるか、どれだけ心を開いていただけるか——この仕事はそこがカギなんです。店長の経験やお店の立ち上げで得たものは、今でもとても役に立っています。

二〇〇三年に入って、以前から知り合いだった台湾の方が「北京でエステのお店を新規オープンする計画があるんだけど、そこの店長をやってくれないか」と誘ってくれました。三三歳のときです。そのころ私は名古屋で自分のお店を開いていたのですがお客様に「やってみたら」「チャンスじゃないの」と応援していただいて。

二〇歳のときに一度、ツアーで上海、香港、マカオを回ったことがあるんです。そのとき中国には特に何も感じなかったんです。エステの本場はヨーロッパですから、例えばフランスに行って最先端の技術を吸収したいと考えたことはありましたが、中国については、まったく視野に入っていませんでした。それで最初はお断りしたんです。SARS（新型肺炎）もあり、不安でしたからね。でもオーナーは「中国は美容に関してはこれからの国だから」「あなたの好きなエステができるから」と私を説得しました。「日本の高い技術や設備が求められている」「美容については日本より一〇年遅れている」とお話を聞くうちに、私の学んできたものが中国の人たちや、北京に住んでいる日本の人たちにも受け入れてもらえるかもしれない、と少しずつ考えが変わってきました。このチャンスに賭けてみようかな、と。かなり迷いましたけれど、「失敗しても帰ってくればいいじゃないですか」と言ってくださる方など、いろいろな人の応援があって、後ろから背中を押された部分が大きかったですね。

二〇〇三年九月に北京に到着しました。一生ここに腰を据えてがんばるんだな、という深い気持ち、決意のようなものがありました。着いた途端オーナーに「これでお店を作ってくれ」と資金だけを渡されて、オーナーは一週間ほどで日本に帰ってしまったのです。土地勘もない、言葉も話せない私にとって苦労の連続でした。建国門というエリアにあった店舗を買い取るという形で、器具やお客様もそのまま譲り受けて、「花香嘉子《ホァシャンジャーズ》」というお店を開きました。だから当初は中国人のお客様しかいらっしゃらず、一日お客様がゼロという日も多く、エステが浸透していないんだなあと実感しました。

日本語情報誌に広告を出してからは、少しずつ日本の方にも来ていただけるようになりました。北京にもエステはたくさんありますけど、使っている薬品や化粧品の成分が表示されていなかったり、一人一人の肌に合わせてコースを決定するといった基本的なケアができていなかったり、問題も多いですね。私が始めたお店ではカウンセリングを中心にして、日本製の無香料化粧品や天然成分のアロマオイルを使うなど、とにかく安心して来ていただけるサービスを目指しました。

その後二〇〇四年六月に、新しく建設されたばかりの「建外《ジエンワイ》SOHO」という、オフィス、店舗、住居が入った複合センターで、「ビューティーサロンHana」としてリニューアルオープンしました。

この店舗移転の前後に思いもしなかったトラブルが持ち上がりました。建国門のお店の大家さんが、家賃をもらってないと言い出したんです。「払わなければガス、水道、電気を全部止めて、営業ができなくしてやる」と脅されて。でも私の手元には一年分の家賃の領収書もあるし、「ありがちな嫌がらせだろう」と軽く考えていたんです。それに「建外SOHO」に引越しをすることが決まっていたので、まあいいかな、と。

ところがもう少しで新しいお店に移るというある日、本当に突然、お店の電気が止まってしまったんです。夕方の四時ごろだったんですけど、お店が急に暗くなって、ファクスも電話もメールも一切通じなくなり、焦りましたよ。私の携帯だけが頼りだったので、とりあえずその日予約が入っていたお客様に「急に引越しが決まったので」と言い訳をして、営業ができなくなったことを伝えました。それから「このまま帰ったら、明日はお店に入れないかもしれない」と考えて、お店のスタッフたちにエステに必要な道具や機械をそれぞれ持ち出して、引越す予定になっていた新しい部屋の方に移すよう指示しました。店長として、経営者とし、そう判断したんです。ラッキーなことに、本当に次の週あたりには移転する計画でしたから、部屋だけは借りていたんですね。私自身もパソコン、顧客カルテ、日本から持ってきた四〇万円のフェイシャル機材を運び出しました。でも新しいサロンの方はまだ電気が通っていないので、とりあえずそれらを自宅に持ち帰り、パソコンを自宅の電話線につないで、家から顧客全員に休業を知らせるメールを出しました。メールが分からない人には電話で連絡を取りました。「お客様にお知らせしないと」と必死でした。まさかそれが、さらなるトラブルの元になるとは考えてもいませんでした。

私が機材や顧客情報を持ち逃げしたと、会社から、そして一緒に働いていたスタッフから疑われたんです。北京行きを誘ってくださった台湾人のオーナーと中国人のパートナーが突然出てきて、私が原因ではないかと追求を始めました。建国門のお店でトラブルになった家賃は、結局、間に入った人が偽の領収書を私たちに渡して、お金を持ち逃げしてしまったらしいんですけど、それも私の責任だという話になって。店長なら、家賃が払われているかどうか把握しているはずだろうと言うんです。リニューアルオープン用の物件探しに時間がかかったことや、運営上の小さなトラブルもすべて私のせいにされてしまいました。特定のお客様への割引についても、割り引いた分を自分の懐に入れているんじゃないかと疑われて。会社のものを私物化している、背任行為だ、裁判ざたにしたくなければ退職しろと責められました。「もしこのままお店にいたいんだったら損害賠償として一〇〇〇万円を支払え。払えないんだったら辞めろ」「もう、お前の好きなようにはさせないからな」とも。

私は「何でもあなたの好きなようにしていいから。だからやってくれないか」という約束で北京に来たのに。追い出されるように辞めました。台湾人オーナーには事実を知ってもらいたくて、何度も助けを求めましたが全て無視され、「手塚君がいなくても、もうここは安泰だから辞めてもいいよ」と言われました。私を信頼して通ってくれていたお客様のことだけが心配でした。

今になって思い返してみても、なにがあの一連のトラブルの原因だったたか、分からないですね。結局、電気が止まった部屋にはあの日以来入っていません。私物も私服もそのままです。そんなことになったのを見て、手を差し伸べてくれた人たちもいたのですが、私のお客様があのお店でどういうケアを受けるのか、自分でお客様の肌が見られない。私がいるということで買ってくださったチケットはどうなるのか。そういうことを考えると居ても立っても居られませんでした。日本に帰ろうとは一切思いませんでしたね。なにがなんでも見返してやるという気持ちでした。強いですか？　だって悔しいじゃないですか。トラブルに巻き込まれたときも、やらなくてはいけないことを話し合うべきなのに、責任の押し付け合いや追及ばかりで。自分のサロンを開いて、成功させて、見返してやろうと思いました。

なにが一番大切か。後ろを振り向いていてもなにも始まらないし。過去のことは諦めて、前を向いてがんばるしかなかったです。「手伝ってあげるからがんばりなさい」と言ってくださる方もたくさんいて。それほど落ち込みもせず、ぱっと気持ちを切り替えました。やるしかない、お店を開くしかない、お客様を安心させるしかない、という気持ちでいっぱいでした。そのためにはブランクはないほうがいいと思って、二カ月でオープンに漕ぎ着けたんです。かなり速かったですね。いろいろな人たちに協力していただいたおかげです。

このお店は中国では縁起のいい「八」という数字にちなんで、八月八日にオープンしました。名前も

「エステサロンNatural-be」に変えて、メニューや値段表ももう一度作り直して、新しいキャンペーンも考えて――。満足していただきたい一心でした。当初は一日五人でしたが、今では一日二五〜三〇人、一カ月およそ四〇〇人以上が美しさに磨きをかけにいらっしゃいます。

今後は日本の方だけではなくて、中国や欧米の方にも来ていただきたいです。中国はこれから豊かな人が増えて、美に対して興味が出てくると思うんです。地下鉄に乗っていると、まだ腋毛を生やしている女性も多いじゃないですか。そういうのを見ると、「まだまだだな」と思います。「美」の面でこれから変わろうとしている国で、女性が美しくなるお手伝いをしていきたいです。中国の人にも早く目覚めてほしい。いくつになっても、年齢を重ねてもきれいでいたいと思うのは、女性の本質ですよね。高級サロンと言うよりはアットホームな雰囲気を大切にして、気軽に来ていただけるようなサロンであり続けたいです。

お店も二店舗、三店舗と拡げていくよりは、お客様の肌をいつでもチェックできるように一つのサロンを拡張し、お客様のニーズに合った部屋作りをしたいと思います。

こうやって振り返ってみると転んでばっかりでした。それがバネになっているのかなあ。絶体絶命だな、というような危機感はありましたけれども、落ち込むことはなかったですね。「何もやらない」というのは間違っている、こういうときだからこそ何かしなければならないと、プラスの方向に考えを持っていくことができるようになりました。落ち込んでいても、泣いてもなにも始まらないですから。座っていたって誰も助けてくれない。動くのは自分です。逃げたり、辞めてしまったりしたら、一生悔いが残りますから。性格が単純なのかもしれないです。あとは「がんばって」というお客様の声に励まされました。お客様に迷惑はかけられないですから。

二〇〇三年九月に企画書を持って北京にやってきたときは、市場調査というものをまったくやっていなかったんです。だから一回一〇〇〇元（一万五〇〇〇円）とか、中国の相場から考えるとすごい値段でやっていました。それでお客様から「この値段は違うんじゃない？」「中国でやるんだったらもう少し安くしないと」「値段の割には高級サロンというイメージじゃないわね」など、いろいろと厳しい言葉をいただいたりもしました。でも逆に手探りの勉強ができて、このお店を一から自分で立ち上げるのにとても役に立ちました。一番参考になったのはそのときの経験でした。

この場所に移ってきてから、いいことがたくさんあるんですよ。大勢の方に来ていただきたい。北京にいる女性の助っ人役になれるようにこれからもがんばっていきます。

17 弁護士 赤澤義文

Akazawa Yoshifumi

社会的正義の実現！というとかっこよすぎるかなあ

一九六八年三月三一日生まれ　新潟県燕市出身
慶應義塾大学法学部法律学科卒業
【職業】毅弘律師事務所　外国法顧問　日本国弁護士
【住居】外交公寓内の2LDK（約一四五平方メートル）
【家族】中国人の妻、六歳の息子と三人暮らし
【収入】生活費として月二万六〇〇〇元、その他年一回の成果報酬

時間軸に沿ってお話ししましょう。その方が分かり易いと思いますので。

慶應義塾大学法学部法律学科を卒業後、司法試験の勉強をしました。試験には卒業後二年目で合格して、その後は最高裁判所の組織である司法研修所に二年間通いました。二年間の研修後、そこの卒業試験を受けて、それから社会に出ました。当時としては早い方でした。今は若い人たちがどんどん合格していますが、私のときは少なかったですから。司法研修も今は一年半になっています。ここまでは中国とは全く関係ない。旅行に来たこともありませんでした。

その後、ＴＭＩ総合法律事務所という弁護士事務所に入りました。司法研修二年目に就職活動をするのですが、アジアに関する仕事をやってみたいと思っていました。ＴＭＩには上海に事務所を開設する計画があって、おもしろいなと思ったんです。ご縁があって採用していただいたので、そこに入りました。ですからアジアとのつながりは一九九四年からですね。東京で中国に関わるという仕事です。当時は対中投資ブームの一歩手前ぐらいでした。一年生弁護士として、企業合弁の契約、定款、技術ライセンス契約などを東京で作るような仕事が、私にとって最初の中国関係の仕事でした。二年目の六月ぐらいに、同じ事務所に仇先生という中国人弁護士がいたんですが、その人から「上海で新しい事務所を設立したいのですが」と持ちかけられたんです。「日系企業を顧客として、中国のことをきちんと処理できる事務所が作りたいので、立ち上げを手伝ってくれませんか」と頼まれたんです。ちょうど海外に行きたかったので「行きます、ぜひ一緒にやりましょう」という話になりました。当時の私の上司――経営パートナーですね――は反対したんですが。仇先生が上海で事務所を立ち上げ、私は一九九五年一〇月に赴任して、仕事を開始しました。中国での関わりで言うと、きっかけはだいたいこんな感じです。

弁護士は、日本でもそうですけど、その国の資格が必要です。ですから上海では弁護士としてではなく、アドバイザーとして、「仇先生の事務所に雇われている外国人」というかたちで働いていました。中国に進出した日本企業が主な顧客です。上海は今でこそ、浦東地区に高いビルがたくさん建っていますが、あの頃は一本も建ってなかったですね。東方明珠（テレビ塔）が一本ニョキという感じで建っていた。あと高架が建設中で、地下鉄はありませんでした。町中が工事をしているような感じでしたね。赴任の前に旅行で一度来ていてだいたいの様子は分かっていたので、赴任に当たっては、あまり感激はなかったですね。当初、仇先生の自宅に間借りをして、中国人の一般住宅に住んでいた時期があったんですが、バスタブや水回りが不便でした。それから、言葉が全然だめだったので、買い物もご飯を食べるのも不自由でした。

仕事の面では、新しく開拓していくという感じで、ほとんどないに等しかった。もちろん事務所を維持していくぐらいの仕事はありましたが、仇先生は上海と大阪の事務所を行ったり来たりしていて、上海には実質半分ぐらいしかいませんでした。大阪で稼いだものの一部を上海に回す。そういう感じでした。だから「忙しいか」と聞かれると「そうでもない」という程度です。私自身、中国のことを全く知らず、現地の法律知識が乏しかったので、最初の一、二年は駐在している人たちの話を聞いて、勉強させてもらっていたという感じです。

その頃、ＴＭＩ法律事務所が上海に事務所設立の準備をしていて、一九九八年に中国の司法当局から認可が下りた。それで今度はそこに立ち上げ人材として移りました。元々そういう予定だったのですが、外国の弁護士事務所設立の認可が一年に一回のタイミングでしか下りなくて、九七年に出る予定だったのが、一年遅れました。首席代表として他の弁護士の先生がいたのですが、常駐はしていませんでした。常駐していたのは、日本人である私と、二人の中国人弁護士、秘書が二、三人——そういう体制で業務を始めました。Ｊ・ポートマン氏設計の上海商城の中におよそ八〇平方メートルの事務所を借りて。そ

▲理想に燃える中国の若い人たちから学ぶことも多く、毎日が楽しい

のときはそれほど仕事が忙しかったわけではないんですが、上海での知り合いも増えていたし、日本の事務所としての体裁が整ったこともあって、仕事がやり易くなってきたという感じでした。顧客は現地に進出している日系企業。労働問題とか合併交渉、取引のトラブル・紛争、各種団体――例えば日本貿易振興機構（ジェトロ）など――のアドバイザリー業務、そういったものをやっていました。二年近く上海に滞在して、言葉や知識が増えて、ちょうどいいときに事務所設立の認可が下りて、タイミングは良かったと思います。仕事がたくさん入ってきて大変だった、という状況ではなかったのですが、日本の弁護士がいるということが認知されて、何かあればご相談いただいたりしました。

中国語は最初に家庭教師をつけて、二時間の授業を一〇回、合計二〇時間教わりました。本当はもっと勉強したかったのですが、忙しくて続けることができなくなりました。後はオン・ザ・ジョブで覚えました。法律の分野だったら「話す」「読む」「聞く」は大丈夫です。法律というのは文章がしっかりしているので、上海に来て半年ぐらいしたら分かるようになりました。二年も経てば、中国語を日本語にする作業はだいたいできますね。逆に業務範囲の中国語しか分からなくて、友人としゃべるときのほうが大変です。世界の軍事政策とかね。仕事上で使う中国語は、今は問題ないと思います。

ＴＭＩ上海事務所に移ってからは、自分で法廷に行くことはできないんですけど、中国の弁護士と一緒に裁判の準備をしたりしました。浙江省舟山の中級法院で裁判があって、それが「中国の裁判所というのは、こんなふうにして裁判を進めていくのか」ということを直接自分の目で見た最初でした。相手の弁護士から「私にお金を払ってくれたら、この訴訟は取り下げます」とか、そういうことですよ。日本だったら考えられないでしょ。

シェパードを四匹嗾《けしか》けられたこともありました。ある会社が中国人に乗っ取られたので、それを取り返そうと、その会社の社長と中国人弁護士と私の三人で出かけて行きました。そうしたら、門の所でシェパードですよ。話し合いの最中も、ずっとビデオやスナップ写真三〇〜五〇枚を撮られて。後で「中国で違法活動をする日本の弁護士」として、あちこちにばら撒かれたり。私の写真だけじゃなくて、中国人弁護士の写真もですよ――それを公安局に届け出たり……。何も悪いことをしていませんから、別にこれと言ったことはなかったですけど。犬は怖くなかったですよ。こちらも元解放軍のボディーガードを連れて行きましたから。

蘇州のある会社で、一二〇〇人の従業員のうち、四〇〇人ぐらいをリストラしようとしたときがありました。従業員に説明しなくてはならないんですが、それを取りまとめるのが大変でした。説明はしたんですけど、要するに「クビにしますよ」という整理解雇です。従業員から見たら、「突然そんなこと言われたって、どうするんだ」という話になります。それで工場に缶詰状態で説得にあたりました。怖いというよりも、まあ想像した範囲なので、「じゃあどう説得していくんだ」というところを現場でやらなくてはいけない。それが大変でしたね。大変さは日本でも同じだとは思いますが、言葉も文化も違うし、工場労働者ですから、普段付き合っている中国の人たちともちょっと異なる。当然と言えば当然なんですが、ストライキも起こりました。そういったことを調整しながら、会社の人と一緒にリストラを進めていきました。

後は、蘇州の製薬会社なんですけど、事務所も何もない時から一緒にやっていって、今からだとちょっと考えにくいのですが、例えば従業員の採用をお手伝いしたり、政府に提出するための書類を作ったり。その会社は今非常に立派になりました。採用では「どういう人を中国側の社員として顧用すればいいと思いますか」と聞かれて、どうこう言える立場ではないですが、私なりの率直な意見を申し上げました。「この国の場合、経験がある人よりも、若い人たちを雇って一緒に作っていった方がいいでしょう」と。一〇年経験があっても、日本の一〇年とは違います。品質管理にしても、要求そのものが高くないから。若くて一年二年の経験しかない人と、一五年やった人を比べたら、むしろ若い人にきちんとした教育を施して、気持ちよく働いてもらった方がいいんじゃないのか、という話です。

ＴＭＩ上海事務所で二年ほど働いて、二〇〇三年三月にＴＭＩを辞職しまして、帰国。糸賀法律事務所というところに入りました。日本に帰ることを決めて、帰国と同時に事務所を変えました。糸賀了先生というのは一九八〇年代から中国業務を行なっている、いわば中国の第一人者です。縁があって一緒に仕事を、ということで東京を拠点にして、中国業務を中心に働き始めました。

糸賀法律事務所は御茶ノ水にあり、当時は中国業務担当の弁護士が二人、日本の国内の業務担当が二人。私を入れて五人の事務所でした。後に「糸賀・曾我法律事務所」に名称が変わるんですけど。

その糸賀事務所の北京事務所が立ち上がって、私が首席代表として北京に赴任しました。二〇〇四年一二月まで、その事務所で働いていました。

その後、糸賀・曾我法律事務所が、キャストという中国を中心に業務をやっている弁護士事務所と合併して、「弁護士法人キャスト糸賀」になりました。そのタイミングで、呂先生という弁護士に誘われたこともあって、二〇〇五年一月に今の事務所を開業しました。

中国業務をやっている日本人弁護士は意外と多く、北京で活動している日本の法律事務所は四カ所ぐらいあります。それぞれ弁護士が駐在していますが、業務内容は若干異なります。私の場合はまず、顧客は日本の本社であることが多い。本社の中国に関する業務というのは、いわゆる投資関係です。現地の労働紛争などはあまりやりません。上海の頃は現地法人が多かったので、労務とか売掛債権回収とか、後は知的財産権の侵害とか扱ってました。それが本社になってくると、資本関係――例えば会社を作る、会社から撤退する、増資する、合併する――いわゆる企業再編と言われるところが中心です。業務全体の六割以上がそういう仕事です。後はこちらのホールディングカンパニーを設立して、それを使って自分たちの中国企業グループをどうやって整備していくかとか、販売網をどのように構築していくかとか、です。

どちらかというときれいな仕事が増えて、現場に行っていろいろやることはなくなってきました。個別の紛争にしても、大企業の案件が増えてきました。大企業というのは、相談さえしてしまえば、後の手続きは自分たちで処理できるような所が多い。中国に出たばかりで、「右も左も分かりません。なんとかしてください」というのが上海時代だったんですね。今は会社の方がしっかりしてきていて、「こういう方針で間違いないか」とか「こういう問題はどう考えたらいいか」とか、そういう相談の後に、自社で事後処理を遂行していくノウハウをすでに貯めています。弁護士だけでなく、会計士、中国の弁護士事務所、中国系コンサルティング会社などを始め、自分たちの独自のパイプやツールができています。だから私の業務内容もだんだん変わってきています。

今は中国の若い弁護士と一緒にやっていくのが楽しい。お互いに勉強することが多い。仕事の楽しさっていうのは、お客さんに喜んでもらえること、「ありがとう」と言ってもらえることが最終的な目標だと思うんです。業務の過程で人と一緒にやっていくこと、それは顧客側の担当者だったり、事務所で一緒にやっている中国の人たちだったりするんですけど、ガチャガチャとやっている作業そのもの、それが楽しいんですよね。

日常的に一緒に仕事をしているのは、二〇代後半から三〇代前半の若い人たちが多い。彼らの仕事は調査や翻訳が中心です。「北京大学を出ました」というエリート層は、勉強家だし、向学心があって、理想に燃えている。お金がほしいとか、きちんとした仕事がしたいとか、外国人弁護士と対等に話せるぐらいにきちんとした思考を身に付けたい、とか。いろいろな欲求をもって仕事に取り組んでくれます。中国の若者は乗っている車や持ち物などで他人と自分を比べる傾向がありますが、うちの事務所で働いている若い人たちは、そういった余計なことで自分のアイデンティティを維持する必要がないからだと思います。まだ吸収する段階にあるので、きちんと説明をして、ちゃんとしたものを与えてあげると、素直に聞いてもらえる。そしてあっという間に吸収していく。すごいなと思うと同時に、そういう若い人たちから教わることも多い。だから楽しいんですよね。システムっていうのは、人の思考の集まりなので、そこがうまく機能しないといけない。言葉のツール、思考のツールを一方的に教えるのではなくて、共有化していて、お互いに発展させていきましょう、という過程がおもしろい。

年を取れば取るほど、もちろん私自身の問題でもあるわけですが、自分のアイデンティティ、自分の言ったことを、誰かに「違う」と指摘されると、嫌な気持ちになる場合がある。でもそんなことは、少なくとも弁護士の業務に関していえば、いらいらする必要はないと思います。ありがたいことですから。もしかしたら「自分が間違っているんじゃないか」と、考えるきっかけを与えてくれているわけだから。これは財産です。とはいえ、年を取れば、そういうことがおもしろくない場合がある。そういう部分をきちんと自己管理できれば、意見が違う、考え方が違うっていうことはけんかの種にはならないと思うのですが……。

日本人っていうのはスマートになってきている。理論や知識で自分の存在価値をアピールする人が多くなってきているように思います。でも人間として、それだけで勝負をしようとすると底が浅くなってしまい、ちょっと間違えると苦しい思いをする。成長のない社会の中でフラストレーションを、それぞれが貯めている。何かを否定されると、過剰反応してしまう。同様のことは中国にもあります。でも若い人はそういうことが少ない。だからこそ中国人の若い人に勉強させてもらえるんです。

現在の事務所は年末年始にかけて、事務所の内装をしたんですが大変でした。工事、家具の搬入、LANなどのネット関係――。ここに寝泊まりしていた中国人弁護士もいますし。二〇人ぐらいでスタートして、今は全部で約三〇人です。制度も作らなければいけない。

私が今、住んでいるのは建国門外にある外交公寓です。事務所から歩いて、ドア・トゥ・ドアで一五分ぐらい。午前九時から夜中の二時まで仕事をしていますから、近いことが絶対条件です。休みの日は、遅く起きてブランチを食べて、あとは家族で散歩したり、子どもを連れて動物園に行ったり。子どもは六歳ですが、物事を素直に見ることができる、強い人間に育ってほしいですね。

弁護士事務所というのはキャリアシステムなんです。非弁護士対弁護士という図式です。待遇も同様です。そういうのを取っ払いたいですね。キャリアもノンキャリアもない組織で、おもしろい人たちとガチャガチャやっていきたい。私は今、三七歳なんですが、四〇歳になって、六〇歳まで自分で思うように社会に関わっていくとすると、あと二〇年プラスアルファしか残っていない。社会的正義の実現と言うと、かっこよすぎるかなあ。日本の社会にも積極的に関わって、納得できる人生を送りたいですね。

18 料理長 小林金二

Kobayashi Kinji

野菜も自家製。なんでも自分の手で一からできるのがうれしい

一九五六年八月二四日生まれ　福島県田村郡出身
調理師学校卒業
【職業】北京飯店・日本料理店「五人百姓」　料理長
【住居】ウイークデーはホテル内居住
【家族】週末は自宅マンションで中国人の妻と小学一年生の息子と三人暮らし
【収入】手取りで約六〇〇万円

北京で働いていておもしろいと思うのは、なんでも自分で一からできることです。日本のレストランだったら、半製品を買ってくるのが当たり前になっているものでも、こちらでは、最初から自分で作ります。魚で言えば、日本では干物や開きは、焼くだけです。北京では秋刀魚を買ってきて、開いて、味付けをして、干して、焼く——。簡単なことですけど、そうやって自分の手でできるのがうれしいですね。

野菜なども北京の郊外に畑を借りて、種を日本から持ってきて、農家に作ってもらうんですよ。私は福島県の郡山といわきの間にある山村、田村郡の出身なんです。山菜が豊富なところで、葉タバコで生計を立てている農家が多い。実家から持ってきた日本のカボチャの種やサツマイモを、北京で植えてみました。ホクホクしたサツマイモをお客さんに食べてほしくて。ゴボウも作っています。中国には山東産のゴボウがあるんですけど、私が使う時期になると乾燥して、新鮮さや風味が失われてしまうんです。そうやっていろいろこだわることができる環境がいいですね。来年も縦八〇メートル、横一〇〇メートルの温室を借りたので、何を栽培しようかなと今、迷っているところです。楽しいですね。

東京の調理師学校を卒業していろいろな店で修行したあと、京樽に入社して、当時六本木にあった「五人百姓」という店で働きました。その店に中国からの研修生がよく来ていて、中国人とはその頃から交流がありました。一九八九年四月二八日に会社から、北京飯店の中にある「五人百姓」に行くように命じられました。その時は「六月には行ってもらうから」と言われていたんですが、天安門事件（一九八九年六月四日）が起こったので、実際の赴任は一〇月になってしまいました。日本から出たのも初めて、中国に来たのも初めてだったので、正直言って怖かったです。交差点という交差点に解放軍が立っていて、自動小銃を構えていましたから。昼間は上を向いている銃口が、日が落ちると地面と水平になるんです。戒厳令が解除されたのは、私が来てから三カ月後、一九九〇年一月になってからです。

会社には「一年半から二年で帰国できる」と言われていました。それがこんなに長くなってしまいました。当初は毎日帰りたかったですよ。習慣が違うし、なじめなかったです。材料も手に入らないし、仕事をしていてもおもしろくなかった。スタッフは当時、日本人七人、中国人四〇〜五〇人と大所帯でした。私は調理だけを見ていればよかったんですけど、中国人に日本料理を教えるのは大変でした。だって、日本料理を見たことも、食べたこともない人たちですよ。二、三回教えただけで、作り方を覚えるのは不可能です。夢にも見たことがないような料理を、仕事として作らなければならないんですから。

それにローカルのスタッフは、一生懸命に仕事をしようとする人が少なかった。出勤さえすれば給料はもらえるという感覚の人が多かったですね。その分、私たちの仕事が忙しくて大変でした。料理長は私が四代目で、業務の流れや手順などは決まっていたので、新規開店の料理長を任されるよりは良かったでしょうけど。

「これをやりなさい」と指示してもやらない。さすがに殴ったりはしませんけど、私は短気なので、腕を引っ張ってなんとかやらせようとしますね。そうすると向こうも足を踏ん張ったり、手で払いのけたり、物を投げたりするんです。上の人が止めに入ると、従業員が「小林が引っ張った」と。それで「やらなかったことは悪いけど、暴力はもっと悪い。絶対ダメだ」と私が怒られて、始末書を書かされたりもしました。仕事のやり方や考え方が違うんです。日本人はまじめすぎる。「こうでなければいけない」という思い込みが強い。逆に中国人はよく「差不多」(たいして違わない、ほとんど同じ)と主張します。「差不多」と「一様」(同じ)は違うんです。「これでいいか」と聞かれて、「ダメだよ、これじゃ」と言うと、すぐに「差不多じゃないか」と。そういう時は「じゃあ、おまえの給料をニセ札で払ってもいいのか。見た目は『差不多』だぞ」と反論するんです。「差不多」じゃダメなんですよ。

▲「ホンモノの食材と味にこだわって、おいしいものを提供していきたい」

食材も手に入らなかったので、砂糖、塩以外の調味料はすべて日本から輸入していました。醤油、酒、みりん、鰹節、味噌などいろいろなものをコンテナに積んで、年二回船便で運んでいました。真冬になると青い野菜はキュウリぐらいしかなかったですし。そのころから農家に依頼して、日本から種を持ってきて、大葉や春菊を栽培してはいましたが。フリーズドライの三つ葉をお吸い物に浮かべたり、フリーズドライの大根おろしや大和芋も使ったりしました。あとは、乾物類です。日持ちするものを在庫しておいて、材料が足りないときに利用したり、魚はマイナス四五度のプレハブの大きい冷凍庫二基に保存していました。片方は刺身専用です。てんぷらのエビも秋に一年分仕入れてストックしていました。天安門事件の後はお客さんが減ったので、ストックしていた食材片手に「賞味期限との戦い」を繰り広げる羽目になって、大変でした。

今は日本から持ってくるものというのは、器や日本料理に使うちょっとした飾り物ぐらいです。醤油や本みりんもこっちに進出した日系の合弁会社が、いいものを作っています。

魚の仕入れも楽になりました。沿岸部の都市にはほとんど足を運んで、魚を見に行きました。以前は、頼んだのと違うのが来たり、到着していたのを見たら腐っていたり、そういうこともありましたよ。物流面がつい最近までは大変だったんです。刺身用には、春から秋にかけて、北戴河から列車で運んでもらっていました。一四キロクラスのスズキ一匹下げて、漁師が来るんです。夕方獲れたやつを、夜行列車に乗って、朝届けてくれる。それでお金をもらって帰る。文字通り「担ぎ屋さん」（食料などを生産地から担いできて売る人）です。そういう人は往復の列車代ぐらいしか持ってきていない。「スリにお金をすられた」「ほかのところで集金できなかった」ということで、金を貸してほしいと頼まれ、五〇元貸したりしたこともありました。

魚を運んでくれる中国人の仕入れ業者はお店の従業員以上に大切にしていましたね。一時帰国のときは、ウォークマンや電気髭剃りを始め、いろいろなものを買って持ってきてあげました。

後は車一台出して、自分で運んでいました。その頃は北京の日本料理店は一〇軒ぐらいしかなかったので、それで十分に間に合ったんです。でも今はそれでは全然足りません。日本料理店は三〇〇軒以上ありますからね。一軒一キロの魚を使うとして、三〇〇キロ必要になるわけです。だからいい業者がいたら、うちだけで独占するということは絶対に考えない。独占したらつぶれてしまうので、仲間に教えて、他にも売ってもらって、業者に利益を上げてもらって、初めて安心できる状態になる。そういう方法を取らないと、すべての材料を独自に集めるのは大変ですからね。調理師会というのがあって、情報交換と称する飲み会がありますから。「こういうのがある」「いくらぐらいで入ってくる」とか、いろいろ教え合います。

以前はフグもたくさん使いました。一年に二〇〇キロぐらい買っていました。安かったので、ぼんぼん使いましたね。中国では毎年、死者が出るので、政府の規制が厳しくて、フグの国内流通は原則禁止されているんです。中国衛生局に見つかって、罰金二万元（三〇万円）を払ったことがありました。一年ぐらい経って、衛生局から「例のフグを焼却処分するから持ってこい」と命じられて、処分に行きました。人民解放軍の基地の中で、穴を掘って発泡スチロールに入れたままのフグを放り込んで、タールをドラム缶で三本ぐらいかけて、火炎放射器で燃やしました。二〇メートル離れたところからも熱が伝わってきたぐらいです。それからフグはもう一切やっていません。やりたいんですけどね。中国産のフグは日本に輸出しているほどですから、味は確かです。

今は台湾、日本、中国の合弁水産会社があるので、そこから買っています。そこはマグロ漁船を持っていて、バリ、フィジー、東南アジアで獲れたマグロを超低温保存で丸ごと一本、送ってくれるんですよ。店にカウンターがあったころは、マグロをボンとおいて解体ショーをしたこともあります。力は要らないんです。魚を見れば、包丁を入れる位置が一目見ただけで、地図を見るみたいに、パッと浮かぶんです。だからよそ見しながらでもスーッとね。いいマグロが入ったときは二時間ぐらいかけてゆっくり解体して、お客さんにたっぷり、目でも味わってもらいました。

料理で一番気を遣うのは、鮮度です。一人で一カ月も中国を回ったというバックパッカーが来店して、煮魚を見たとたんに涙をポロポロこぼしたり、二日前の新聞を読んで感動したり――。そういうお客さんもいる。うれしいですよ。年配の人や疲れた人に鮮度の落ちたものを出すと、すぐに体調を崩してしまいますから。それだけは注意していますね。

副市長クラス以上のえらい人が出席する宴会は、厳しいチェックが入りますから、また別の意味で気を遣います。観光局の局長や大手企業の社長、銀行の頭取クラスなどですね。衛生局の担当者がやってきて、「日本そばというのはどれだ」「生産地はどこだ」「賞味期限は」「刺身はどこだ」「包丁はこれか」というふうに、全部チェックされます。そういう人でも、お忍びで来る場合はSPが付くぐらいで、チェックはないんです。

あとは中国の迎賓館に当たる「釣魚台」にお刺身を運んだりもします。私が直接行くことはめったにないですね。日本人が行くと手続きが面倒なので、中国人スタッフに任せます。最近はスタッフも慣れていますから。私が下手に手を出してごちゃごちゃ言われるよりはローカルスタッフに任せたほうがスムーズです。中国に長くいるからこその知恵ですね。

今は中国に骨をうずめる覚悟です。帰りたいとは思いません。帰りたくてたまらなかったのが、「帰らなくてもいいかな」「北京でがんばろう」と思い始めたのは、三～四年目からですね。中国人の妻と結婚してからこちらで仕事をするのも悪くないなと考えるようになりました。妻は北京飯店のショッピングセンターで働いていたんです。私が日本に帰るときにお土産を買うのでいろいろ世話になったから、そのお礼にと日本からお土産を持って帰ってきたのがきっかけでした。

子どもは今、北京師範大学付属小学校に通っています。男の子です。全寮制なので、金曜日の夕方迎えに行って、週末はマンションで過ごして、日曜日の夕方六時ごろ学校に送って行きます。私は、ウイークデーはホテルの部屋で暮らしているので、自炊もできませんし。漢字の書き取りの勉強を見てやるんですけどね。私の中国語は全部耳で覚えたものなので、中国人にも中国人と間違われるほどだけど、どうも発音が標準じゃないみたいでね。書き取りの問題を出しているときに、息子に「山」（シャン）と「向」（シアン）の発音が違うと怒られたりします。勉強を見てあげるのは大変です。紙に漢字を書いてあちこちの壁に貼ったりして、子どもなりに工夫して必死で暗記しているようですよ。

今、新しいお店に投資する計画を立てているんです。数人で共同出資するんです。東側の大使館街の近くで、立地はいいですよ。外国人マンションが多い地域で、ショッピングセンターも近いです。借りた面積は一五〇〇平方メートルなんですが、それでは広すぎるんで三分の一は又貸しする予定です。新鮮な材料と自分たちで育てた有機野菜を使って、素材の味を生かした本当においしい料理を出すつもりです。

これからは中国人にも、もっと日本料理を楽しんでもらいたいです。今はステータスで食べている人が多いんです。メニューが分からなくても「高い料理を持ってこい」というような人もいます。予約表を見て、いつものお客様だと思ってサービスのつもりで中とろを付けると、箸もつけずに「赤身に換えてくれ」と言われたこともあります。これからは本当の味を知ってもらって、「おいしいから日本料理を食べたい」と思ってもらえたら最高ですね。

翻訳者

19 小林さゆり

KOBAYASHI Sayuri

情報発信を通じて相互理解の「きっかけ」を作りたい

一九六五年二月二日生まれ　長野県坂城町出身
跡見学園女子大学文学部国文学科卒業
【職業】『人民中国』雑誌社　日本人文教専家
【住居】外交学院の中の外国人用マンションで一人暮らし
【収入】規定の給与ほか、家賃補助あり

中国語で茶壷《チャフウ》という言葉があります。「急須」という意味なのですが、北京に来て翻訳を始めたばかりの頃、それを「茶葉を入れる壷」と訳してしまったんです。辞書を調べれば簡単なことなんですけど、同じ漢字文化ということで、字面だけで判断して失敗してしまったんです。このことがあってから翻訳の仕事についての意識が変わりました。

ある国の言葉を翻訳するときには、その裏にある文化、歴史、社会など背景を知らなければいけないと実感しました。よく翻訳は「横のものを縦にする作業」などと言われるけど、そんな簡単な問題ではないんですね。「茶壷」の失敗があったとき、「これは大変だぞ」と思いました。翻訳という作業に携わって四年経った今でも、このときのことを頭に置きながら、一つ一つ丁寧に翻訳するように心がけています。

普通の辞書に載っていない言葉もあります。たとえば、「二進院《アルジンユエン》」や「三進院《サンジンユエン》」。中国の伝統的な大邸宅を表す言葉で、中庭が二つあるものを「二進院」、三つのものを「三進院」と呼ぶんです。そういう単語が文章中に、まるで当たり前のように紛れ込んでいることがあります。そういうときは中国人のスタッフに質問をしながら訳したりしますね。文化的背景を知らないと訳せないですから。

私は翻訳のための勉強というものを、日本できちんとやっていないんです。大学時代に第二外国語で中国語を選択したのをきっかけに、中国語の勉強を続けてはいたんですが。

大学のときに先生に恵まれて、中国語に興味を持ち、三年生の春休みに北京大学に一カ月間留学しました。これが私にとって、大きな転機となりました。いい意味でのカルチャーショックでしたね。そのころの中国は、改革開放はされたけれど、経済分野でも、人的な面でも、日本との交流が今ほど盛んではなく、未知の国でした。社会主義国ですし、日本人にとっては「隣に体制が違う国があって、一三億人が住んでいる」というようなイメージしかなかったですね。そんな時代でしたから、緊張しながら留学を決めました。

いざ来てみると、初めての国なのに、「ああ、私はここに来たことがある」という不思議なイメージと、空気が肌に馴染むような居心地のよさを感じました。知り合いのツテで、北京で暮らす中国人の家を訪問したんです。初対面なのに「よく来た、よく来た」と歓迎してくれて、一緒に餃子を包んで、「たくさん食べろ」と勧めてくれて。「日本人は初対面の人にこんなに親しく接するだろうか」と考えさせられると同時に、北京の人たちの心の温かさをうれしく感じました。人間としての優しさや寛容さが実感できたんです。このとき「人間的に分かり合える部分があるのでは」と感じたのが発端でしたね。「中国を知りたい」と魅了されました。

このときの留学体験が頭に残っていて、中国と関わる仕事がしたいと思いました。そうこうするうちに四年生の夏休みを迎え、長野県日中友好協会が主催するサマーキャンプに参加しました。中国人の留学生たちと一緒にカレーライスを作ったり、キャンプファイヤーをしたり。協会の人たちが皆さん、使命感に燃えて生き生きと仕事をしていたのが印象的でした。私はお金儲けには向いていないかもしれないけれど、こういう仕事だったらやってみたいな、と感じました。協会の方に相談したら、「東京で職員を募集しているよ」と教えてくれて、試験を受けました。大学を卒業して、現在は社団法人になっている、日中友好協会全国本部（東京都、平山郁夫会長）に就職しました。一九八八年のことです。月三回の機関紙『日本と中国』発行に約七年間携わったあと、交流部の副部長として約五年間働きました。ご縁があったんだな、と思います。導かれてきたと言ってもいいでしょう。副編集長として自分たちで新聞を作り上げていくという仕事も楽しかったですし、取材にもたくさん行かせていただきました。平山先生ですか？　旅行のお供をしたこともありますよ。先生も楽しい方ですが、奥様もとてもチャキチャキした明るい方なんです。今でも北京にいらっしゃるときは声をかけてくださることもあります。

▲大陸的な大らかな雰囲気に包まれた職場。同僚も日中友好に対する思いは強い

友好協会にいる間に三〇回近く、中国を訪問しました。機関紙の取材もありましたし、交流部にいるときには訪中団の世話係を務めることもありました。逆に中国からの訪日団を案内したことも。楽しかったから一二年間も続いたんでしょうね。

そんなある日、知り合いの大学の先生が、「北京の『人民中国』で日本語の専門家を募集しているけど、興味ある？」と声をかけてくださったんです。二つ返事で「行きたい」と回答しました。何度も中国に来てはいましたが、やはり表面的な中国しか知らなかった。長期的に滞在して、もっと現地の人たちと触れ合いたいと思いました。機会があれば留学もしたかったのですが、仕事が忙しくてそれは実現しませんでした。それでぜひ行きたい、と。もう一歩先を目指したかったんです。協会の皆さんも最終的にはすごく理解してくれました。日中友好の基本は変わらないから、がんばって行ってきてね、と温かく応援してもらいました。ありがたいですよね。今も連絡を取り合っています。

翻訳という新しい仕事を始めるに当たって、さっそく壁に突き当たりました。出社初日に「これ訳して」と、中国語の原稿をどさっと渡されて。最初は辞書を引く回数も、今よりもずっと多かったし、苦労が絶えませんでした。

たとえば「好《ハオ》」という単語一つを取っても、いろいろな意味がありますよね。京劇を見ながらだと「いいぞ」という喝采だったり、そのほかにも「おいしい」「すばらしい」「すごい」という誉め言葉だったり、承諾や返事の「はい」「よろしい」とか「OK」、挨拶の意味もあります。一つの単語がさまざまな意味を含んでいる。前後の文脈を見ながらぴったりする言葉に置き換えるのは、難しいですね。中国人スタッフと相談しながら慎重に言葉を選んでいます。翻訳という仕事はいろいろな面で、訳者の力量が試される仕事です。クリエイティブな仕事であるとも言えます。訳者の個性も出ますし。そこが悩みでもあるし、おもしろさでもあると感じています。

大学のときの短期留学で受けたカルチャーショック――それが出発点でした。そのまま友好協会に入って仕事をしていく中で、「自分が何をすべきか」ということをずっと模索しているんです。中国は好きで、惹かれるんだけど、じゃあ自分はいったい何をすればいいのか、って。友好協会に入ってから知ったんですけど、私の出身の長野はかつて、日本で最も多く旧満州に開拓団を送り出した県なんです。そういう目で見ると、「昔、中国にいたんだよ」というお年寄りが身近にたくさんいるんです。父の叔母は開拓団として大陸に渡り、中国で亡くなりました。埼玉県に住む叔父は県の日中友好協会の副会長をしていて、戸田市と河南省開封市が友好都市を締結する際に尽力した人らしいんですよ。こういうことも、私が中国関係の仕事に就いてから知ったことなんです。身のまわりの人たちが中国に深く関わっている。何をやるべきなのかな、とより深く考えるようになりました。

雑誌『人民中国』は一九五三年に創刊されて、二〇〇三年に五〇周年を迎えました。中日両国の相互理解と友情を深めるという目的で創刊されて、中国の情報が乏しかった当時から、中国現地で編集するという、ほかの媒体にない特徴を生かしてきました。

『人民中国』では翻訳のほかに、取材も担当しているんですけど、女優の栗原小巻さん、『山の郵便配達』や『暖』の霍建起監督、札幌総領事の李鉄民さん、中日国交正常化（一九七二年）の際に「橋渡し役」を務めた、中日覚書貿易東京連絡事務所首席代表（当時）の蕭向前氏——。普段はお会いできない方々にお話をうかがうことができて、貴重な機会ですし、とても勉強になります。教えられることがすごく多い。励まされる思いです。

雑誌の編集という仕事を通じて、中国のことを知らなければならない、知ったことをいろいろな人に伝えなければならない、と思います。相互理解を深めるために、微力ながらも何かのお役に立てればいいな、と考えるようになりました。「日本と中国が友好協力を深めることによって、両国だけではなく、アジアや世界に安定や平和をもたらす」と言われていますが、本当にそう思います。理解を深め合うことはとても大切ですよね。仕事を通じて「理解」へのお手伝いができればいいな、と考えています。翻訳でも、取材をして文章に書くときでも、「日本にいると分からないこと」「中国に来て初めて分かったこと」、そういうことを伝えていくことが、私の仕事だと思っています。

『人民中国』には日本人スタッフが三人いるんですが、昔と違って、今は日本人も編集会議に参加して意見を言ったりすることができるようになりました。おもしろい企画を提案すれば、自分で取材に行くこともできます。中国側が翻訳した文章をチェックしていただけの頃とは、ずいぶん変わってきました。中国人と日本人が協力して編集できる時代になりました。


最近では、大相撲交流（二〇〇四年六月）で、北京出身の力士、仲の国さん（二〇歳）のお話をうかがったときのことが心に残っています。今は来日三年目で、幕下五二枚目（二〇〇四年七月現在）です。移動バスの中でのあわただしい取材だったんですけど、北京訛りが印象的でした。インタビューの中で「なるほどな」と感じたことがあります。「相撲をやっていて、何がよかったですか」と聞いたら、「町を浴衣で歩いているとき、日本の人たちに『がんばってね』と声をかけてもらえる。そんなとき『尊敬されている』と実感できる」とおっしゃったんです。この言葉には非常に深い意味があると思います。二〇歳の中国人の若者が、相撲の道に飛び込んだ。日本の伝統文化、厳しい礼儀作法、上下関係、つらい稽古――そういう中で、一生懸命がんばっている。それだけでもすごいことですけど、日本でそういうことを学びながら、日本人に尊敬されていると思うときに「相撲取りになってよかった」と感じる、と言うんですね。これは日中関係にも当てはまるんじゃないか、と思ったんです。

相手の存在を尊重する、お互いに理解しようとする。そこから交流が始まるのではないか、と。私たちもそうですよね。異国にいて、「日本からいらしたんですか」と、尊敬とまではいかなくても、丁寧に接してもらえるとうれしく思うじゃないですか。まず相手を尊重する。それが理解を深める手掛かりになれればいいですよね。仲の国さんにもがんばってほしいし、私も、微力ですけど、両国友好の一助になればいいなと思います。

文章を書くときも、「中国のことをよく思ってほしい」と念じながら文章を組み立てている自分に気づきます。自分の思い込みではなく、中国人の心の中に入って書いていこうと努めています。中国の人がどう思っているのかを踏まえたうえで、バランス感覚を持ちつつ、読む人が「ほんわか」とした気分になるような文章が作りたいです。

いま日本では「韓流」と呼ばれる韓国ブームの真っ最中ですよね。中国についても、日本で徐々に地盤ができてきて、きっかけはスターでも映画でも、「友人を作る」でも、何でもいいんですけど、中国ブームが起こって、中国を知りたいと思う人が増えてくれればいいですね。そうすれば、そういった日本の動きが逆に中国にも伝わって、中国人も日本をもっと身近に感じてくれるんじゃないかな。お互いにギクシャクしたときに溝を深めるんじゃなくて、溝を埋めなくちゃならないと思うんです。なにか相手の国を理解するきっかけを常に心の中に持っていたい。北京にいる私たちがそういうものを提供していきたいな、と思うんです。

尊敬している中国の先生に「『任重道遠《レンチヨンダオユエン》(任務は重く道は遠い)』という言葉を紹介していただいて、「道は険しいけれど、お互いにがんばりましょう」と声をかけていただいたことがあるんです。難しいかもしれないけれど、そういう目標をもってやっていけたらと思っています。

あとがき

日本人留学生が集まる飲み会に参加した。

「観光客向けにサービスを提供する仕事をしてみたいんです。人材を探しているホテルや旅行会社をご存じですか」

宴も終盤に差し掛かったころ、私の隣に座った二〇代半ばの男性が酔いに任せて、将来の夢について熱く語り出した。興味深く拝聴させていただいた後、聞いてみた。

「どうして北京で働きたいんですか?」

「だって北京って便利じゃないですか」

——便利? 北京が便利?

「北京」と「便利」という単語が「=」(イコール)で結ばれるとは思ってもみなかった。

でも冷静に考えてみると、確かに現在の北京は暮らしやすい。外資系、日系のスーパーマーケットやコンビニエンスストアが店舗数を増やし、手に入らないものはほとんどない(日本と同じ品質を求めるのは少し無理があるけれど)。野菜や果物は日本より安いし、外食も気軽にできる。首都ということもあり、各国料理のレストランが楽しめるし、インフラも整っている。地下鉄やバスの路線も発達し、タクシーは初乗り約一六〇円。ゴルフ場の数は郊外も含めると二〇を超える。さらに欧米と違って日本に近いので、「緊急時にはすぐに日本に帰国できる」という安心感もある。

私が北京に移住したばかりの一九九七年当時は、きちんとした日本料理が食べられるレストランは数えるほどしかなく、青空市場に買い物に行くときはだまされないように最大限の注意を払い、便利な物が手に入ると聞けばみんなで誘い合って出かけていった。外国人は携帯電話が買えなくて、中国人の名義を借りなければならなかった。携帯電話自体、一台一〇万円以上と異常に高価だった。有名な国営デパートでグラスをワンセット買えば必ず一つはひび割れていたし、家電を買うときは店のコンセントにプラグを差し込んでみて壊れていないかどうか確かめなければならなかった。

そんな「不便自慢」の当時の北京では、日本の本社から派遣された駐在員ではなく、「自分の意志で就職した日本人」にはちょっと近寄り難いイメージがあった。そういう方々にお会いするたびに、「日本社会に馴染めなかったのかしら」「かなりの『中国おたく』なのかも」「それともなにか深い事情があるのでは――」と勝手に想像を膨らませていたものだ。

そうしたことを思うと、確かに北京は変わった。しかし、変わっていないものもある。道を歩く北京の人たちの顔は明日の成功を信じて明るく輝いているし、声もやたらと大きい。明治と大正と昭和と平成が混在しているような、エネルギッシュな街は常に新鮮だ。毎年四月に入れば、辛夷《こぶし》も梅も木蓮も桜も、順序も秩序も考えず、一斉に咲き乱れ、それはそれで春の訪れを思い切り歓迎しているように見える。

北京五輪に向けて建設ラッシュの北京が、これからますます便利になることは間違いない。願わくば、この街が北京で夢をかなえようとする人たちを、今までと変わらずフレンドリーな表情で迎えてほしい。よそよそしい都会ぶった顔をせずに――。

『北京で働く』の執筆企画が持ち上がったのは二〇〇三年春のこと。北京は新型肺炎（ＳＡＲＳ）騒ぎの真っ只中だった。多くの日本人が一時帰国する中、北京で少しずつ取材をスタートさせた。後から執筆が開始された同じシリーズの『上海で働く』が先に出てしまったけれど、多くの人たちのサポートをいただいて、ようやく形にすることができた。途中で迷子になり、くじけそうになった私を叱咤激励しながら、ゴールを示してくださった、編集担当の戸塚貴子さんには特に感謝申し上げたい。

この本を書き続けた三年間は、北京だけでなく、私自身が進化するための過程でもあったと信じたい。

なお、インタビュー記事のデータは基本的には二〇〇五年六月末時点の情報に基づいている。

二〇〇六年四月、黄砂降る北京にて

浅井裕理

北京で働く

INFORMATION

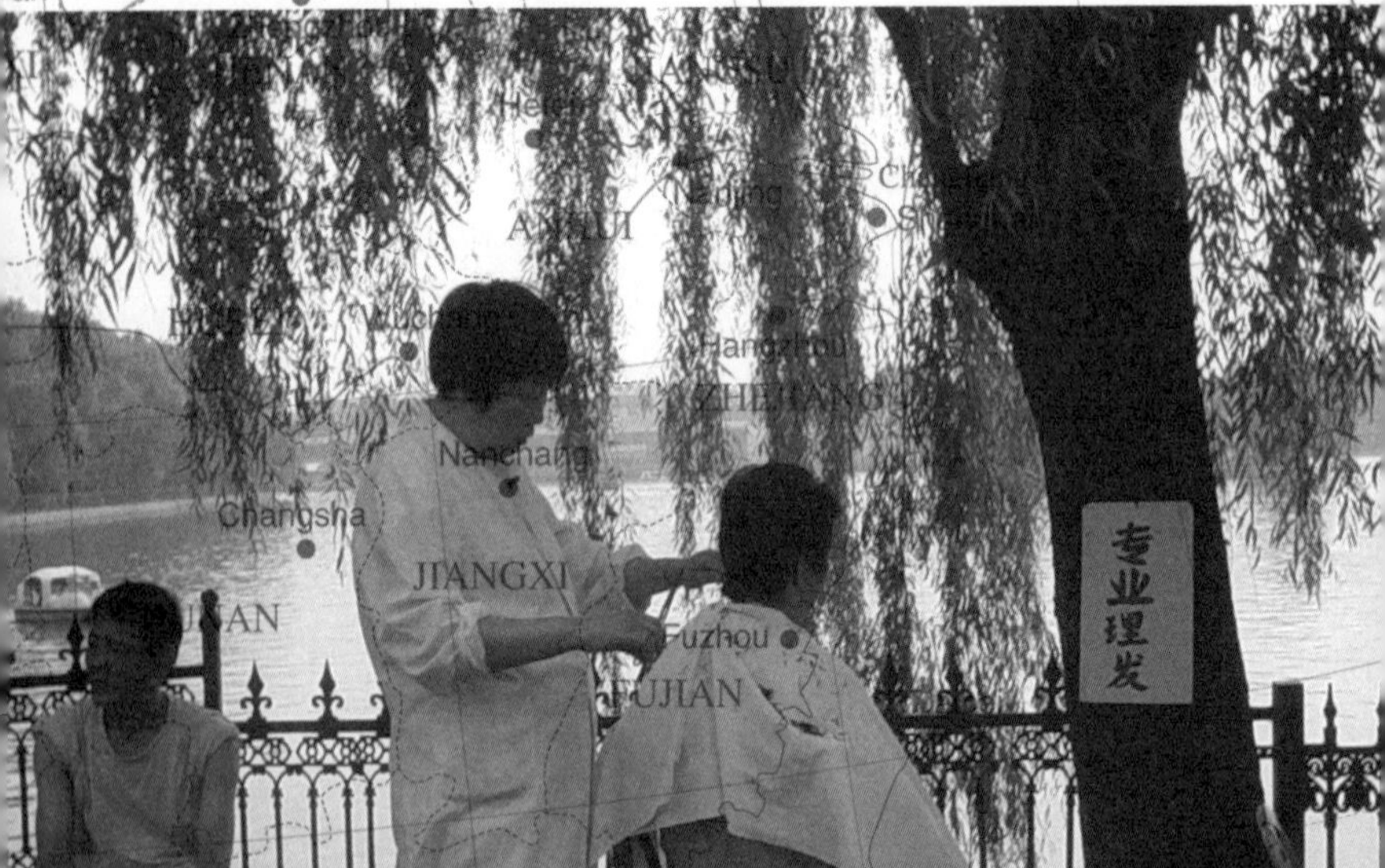

めこん

Information ■目次

あなたは北京で働ける？

❶適性検査――まえがきに代えて

「北京が好き」「中国語を生かしたい」というのはきっかけの一部にすぎない。北京で快適に働くためには、求められる適性がいくつかある。次の10問に答え、北京との相性について考えてみよう。配点は「はい」が10点、「いいえ」が０点、「どちらともいえない」が５点。

問１．食べ物の好き嫌いが少ない
　はい／いいえ／どちらともいえない

この問いが最初に登場したことを意外に思う人もいるかもしれない。しかし食べ物は生活の源、「食べる」という行為はあらゆる行動の基本中の基本（だと筆者は勝手に思っている）。日本では日常的に手に入る食材でも北京ではあまり見かけないものもあるし、あったとしても経済的理由で口にすることができない場合もある。「○○がなければ生きられない！」というこだわり派であれば、北京での生活はかなり苦しいだろう。

「嫌いなものは避ければいい」という人もいるが、社会人として「嫌い」と言い出せない状況に身を置かなければならないケースもある。また嫌いなものの匂いが充満するレストランで商談をしなければならないこともある。「コリコリしていておいしいですね」と微笑みながらウサギの耳の軟骨を口に入れなければならない場面にも遭遇する。

答えが「いいえ」であっても、「人の目なんか気にしない」「私は好きなものしか食べない」というタイプの人は、逆にたくましく生活できるかもしれないが。

問2．異文化への適応能力は高いほうだと思う

はい／いいえ／どちらともいえない

中国は外国、日本と違うのは当たり前——と頭では分かっていても、実際に生活してみると「こんなはずじゃなかった」と思うこともある。旅行者の目で見る北京と生活者として実感する北京は、決して同一ではない。レストランで、外出先で、タクシーで嫌な目にあい、「タクシーに乗るのが怖い」「外出ができなくなった」という人も少なくない。日本と違う習慣や文化に興味を持ち、地元の人の行動を日々の生活に上手に取り入れることができれば、北京生活はきっと快適なものになるだろう。

問3．体は割と丈夫なほうだ

はい／いいえ／どちらともいえない

北京の夏は35度を越える日が続き、紫外線が強い。冬は寒さと乾燥が厳しい。環境の変化にうまく適応できず、体調を崩す人もいる。また水質の違いから髪質や肌質が変わってしまったという人も多い。のどやお腹の不調が数カ月続くケースもある。体調不良が長引けば、仕事にも支障が出るし、最悪の場合は欠勤、退職もやむを得ないこともある。

一般の病院では「掛号《グアハオ》」（受付）を済ませた後の待ち時間が長い。外資系病院は予約制だが診察料が高い。保険に加入していても、勤務先や保険会社によって適応される範囲や病院が異なっており、全額カバーされるとは限らない。いずれにしても、具合が悪いときに外国語で治療を受けるのはとてもつらいものだ。

▲2008年にオリンピックを迎える北京は建築ラッシュ

歯の治療も含め、気になる症状や持病がある人は、治療をしてからの北京入りを強くお勧めする。海外での生活は、結局は体力勝負である。

問4．5年後、10年後の自分を思い描ける

はい／いいえ／どちらともいえない

「北京に行きたい」と漠然と考えている人よりも、「北京でこんなことをしたい」「将来はこうなりたい」という具体的なビジョンを持っている人のほうが成功に近い、と思う。仕事がうまくいかない、待遇に不満がある、同僚と意見が衝突した――具体的なトラブルが発生したとき、目の前の問題解決を急ぐあまり、何も見えなくなることがある。異国では自分と同じ立場の人は簡単には見つからないし、日本にいる友人に現地の状況を分かってもらうのは難しい。相談相手さえうまく見つからずに、「八方ふさがり」という言葉の意

味を、身をもって体験することになる。そういうときこそ、5年後、10年後の自分を頭に思い浮かべることが重要だ。

北京に骨をうずめる。キャリアを積んで日本で活躍する。アジア、世界へと飛び出す。

なりたい自分になるために、今取るべき行動は何か。はっきりとした目標があれば、北京で何をすればいいかは自ずと明らかになるはずだ。

問5. 言いたいことははっきり口にできる

はい／いいえ／どちらともいえない

北京の人ははっきりと自己主張する。自分の気持ちを胸に溜めておくタイプの人は損をする。自分の思想を広くアピールする、という壮大なケースだけではなく、目的地までの移動方法、レストランでのメニュー、休日の過ごし方など日常的かつ些細なことで日々選択を迫られ、自分の考えを口にすることが求められる。北京に到着したら、小さいことからコツコツと自己主張してみよう。

遠慮なく言い合っても、別れるときには笑顔で「再見」とさわやかに手を振ることができる。そういう体験を積めば、自己主張の楽しさが理解できるようになるだろう。

単なる知人に「你胖了《ニーパンラ》（あなた、太ったわね)」とはっきりと指摘する人や、「胖夫人《パンフーレン》（太った女性用)」という看板を掲げているLLサイズ専門の洋品店を目にしたとき、日本人として驚かずにはいられないが、北京の人はまるで気にも留めず、当たり前のこととして平然と対処している。この類の「主張」は、してもしなくても特に困らないが、もしずけずけと欠点を指摘されたとしても、相手にはそれほど（というか全く）悪気がないということを心の隅に留めておこう。

ただ周囲への配慮を欠くことだけは避けなければならない。特に中国の政治や体制については口をつぐんでおいたほうがよい場合が

多い。問題というものは、自己主張で解決できるものと、複雑化してしまうものの2つに大別できるということを頭に入れておこう。また日本に帰国した際、「北京式自己主張」の居心地の悪さを実感する人は多い。

問6．自分を「たくましい」と思う瞬間がある

はい／いいえ／どちらともいえない

北京で生活するには肉体的にも、精神的にも「たくましさ」が必要だ。女性でも「友人に安く譲ってもらった20インチのカラーテレビをアパートの5階まで階段で運べる」ぐらいの強さは備えたい。そこまでいかなくても、次々と切れる電球を自分で交換し、ゴキブリを見かけたらスリッパで退治できるようでなければ、北京で生きていくことは難しいだろう。

この問いに「いいえ」で答えた人でも、北京で1年も暮らせば、自信を持って大きな声で「はい」と答えられるようになるので、それほど心配は要らない。あまり強くなりすぎると、喧嘩っ早くなる、(女性の場合) 男性から誘われなくなる、幹事役ばかりを任される、などの弊害があることも付け加えておく。

問7．失敗してもくよくよしないほうだ

はい／いいえ／どちらともいえない

右も左も分からない北京で、失敗しない人の方が珍しい。バスに乗り間違えて遅刻したという程度の笑って済ませられる失敗から、選んだ会社が1週間後に倒産したという人生に大きな影を落とすような失敗まで、北京には無数の失敗が存在する。それでも「済んでしまったことはしかたがない」と明るく笑い飛ばせるようにしたい。狭い北京の日本人社会は、知られたくないことほど知れ渡ってしまうという特徴がある。失敗をネタにして親しみやすさを強調するな

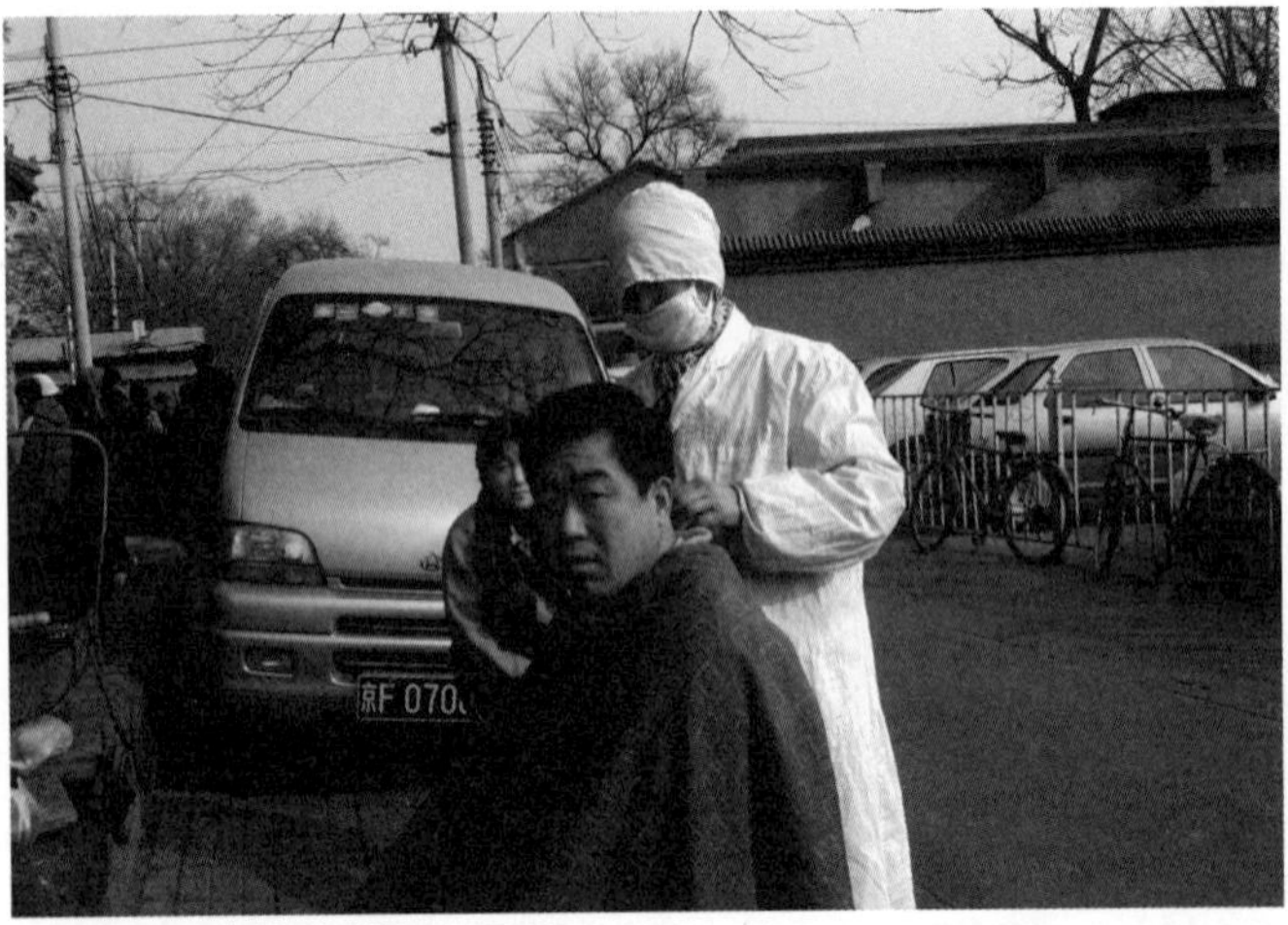

▲青空の下での散髪。値段は5元から

ど、人生のバージョンアップの足がかりにしてしまおう。

とは言え、反省を忘れてはならない。同じような失敗をする人は、社会人としての能力に問題がある人という烙印を押されかねない。入社した会社が3社続けて倒産した場合、「見る目に問題がある人」あるいは「縁起が悪い人」と敬遠される可能性もある。

また、人から注意されたら、素直に聞いて、納得できる部分は取り入れよう。日本での常識が、北京での生活に100％当てはまることはあり得ないからだ。

失敗してその日は落ち込んでも、おいしいものを食べてゆっくり休み、3日もすれば回復する——。これぐらいがちょうどいいかもしれない。きちんと教訓を汲み取ることができれば理想的だ。

問8．中国語が好き、得意

はい／いいえ／どちらともいえない

就職活動の際に似たようなキャリアのライバルがいる場合、中国語がしゃべれるほうが圧倒的に有利であることは言うまでもない。「中国語が話せない人材は採用しません」とはっきり言い切る採用担当者もいる。

地元の人や現地スタッフとのコミュニケーションに中国語は欠かせない。若手として働く場合はさまざまな雑用も多く、中国語が使えなければ、ちょっとした日常業務にも差し障りが出てくる。中堅社員であれば、中国人スタッフの仕事ぶりを管理したり、訪問先の企業でスタッフ同士の会話を盗み聞き（？）したり、中国語が使えることで仕事がスムーズに進んだという例は枚挙に暇がない。責任ある立場にあってもそうでなくても、中国語が話せるに越したことはない。通訳を雇えばいいという人もいるが、通訳は24時間そばにいてくれるわけでもないし、能力的にも人格的にも100％信頼できる人材というのはなかなか見つからない。

中国語を話せずに北京入りしたとしても、勉強する努力は必要だ。北京で暮らせば、生きた中国語にイヤというほど浸ることができる。がんばり次第では日本で学習する数倍の速さで習得することも夢ではない。

問９．孤独には強いほうだ

はい／いいえ／どちらともいえない

北京で働いていて、孤独を感じることは多い。海外で暮らすということは、ある意味、孤独とどうやって付き合っていくかということである。家族と離れ、友人と離れ、いろいろな責任や義務を独りで抱えなければならないのだ。

逆に言えば、バレンタインデーの義理チョコ的人間関係のわずらわしさに悩まされることが少ないというメリットもある。

問10．3日ぐらいお風呂に入らなくても問題ない

はい／いいえ／どちらともいえない

北京で働く日本人で、給与や手当ての関係で「シャワーはあるがバスタブはない」という部屋に住んでいる人は意外に多い。お湯の供給に時間制限があるアパートも存在する。銭湯もあるが衛生状態には疑問が残る。

とは言え、この問題で、「お風呂」という単語は、単なる象徴である。要するに「少しぐらい不潔な状態でもストレスなく生活できますか」ということである。質問は「2日続けて同じワイシャツや靴下を身につけることができる」「食堂で出された食器が少しぐらい汚れていてもティッシュでさっと拭いて使用できる」などと言い換えることも可能。

結果はいかがでしたか。60点に届かなかった人は、中国へ行く前にもう一度、「なぜ北京で働きたいのか」を問いかけてみよう。自分の中に明確な答えがあれば、なんとかなるはず。本書を熟読すれば、働いているうちに、心も身体も北京に適合していくだろう。

・60点以上だった人。あなたは北京で働くために生まれてきたような人です。自信を持って北京に行こう。そのときは本書を忘れずに。

❷仕事を獲得するために

(1)プランニングの重要性

北京で働きたい——希望を実現させるために最も重要なのはプランニングだ。どうして海外で、中国で、北京で働きたいと思ったのだろうか。

「これまで身につけてきたスキルをさらに磨いてキャリアアップしたい」

「以前から興味を持っていた仕事にトライしてキャリアチェンジしたい」

「中国語を生かしたい」

「中国で暮らしてみたい」

北京で働きたい理由を明確にし、具体的にどんな仕事がしたいのか、実現のためには何が必要で、今の自分には何が不足しているか、もう一度考えてみよう。就職活動や面接に役立つだけでなく、今後の人生全体のプランニングにも活かすことができるはずだ。

北京にある日系商社がインターネットで人材を募集したところ、応募理由として、「経済が急成長する中国で自分も発展したい」「熱い中国で働きたい」と書いてくる人が多かったという。「日本で就職ができないので」と正直に書いてくる人もいた。同社の採用担当者は「日本にない『何か』を求めてとりあえず中国で、という甘い考えでは、北京での就職は難しいでしょう」と苦笑いする。

そんなこと言われても、本当に何がしたいかなんてまだ分からない。そう思う人も多いだろう。そういう人は北京での日々をぼんやりとやり過ごさずに、興味あることにどんどん首を突っ込んで、他の人がやっていることに目を向けてみよう。そしてもし「何か」を見つけたら、その目標に向かって邁進しよう。

⑵望まれるスキルとは

北京で働く日本人に求められるのは、ずばり即戦力だ。通常、新入社員研修などはなく、出社1日目から能力や実力を観察される。企業がほしいのはとにかくすぐ使える人。中国人と比べ、給与や手当てなどコストが高い傾向にある日本人を雇うからには、それなりの「理由」が必要だ。また企業や業種によっては「就業ビザ取得のための2年以上の実務経験」を条件に掲げているところもある。

ある日系医療機器メーカーの広報担当者は即戦力について「語学力がある、北京の事情が分かる、業界での経験がある人」と解説する。また「中国人とも日本人とも、適切にコミュニケーションが取れる人。それに問題が起こった際にうまく解決できる能力と、事態が大きくなる前に上司に相談できる柔軟性も」と人材に対する希望は尽きない。

製造業ではより具体的に、工場・事務所を運営する、営業拠点・工場を立ち上げるといった実務能力や、法務、会計、営業、貿易、品質・在庫管理などの専門能力などが求められる。

中国資本の会社では、先進国の進んだノウハウや技術を導入するために日本人を雇用する、というケースも見られるようになった。その場合は資格があったほうが有利だろう。

⑶就職に当たっての心構え

北京に限らず、海外での就職活動は日本と比べて、お金も時間もかかり、かなりのエネルギーと手間を覚悟する必要がある。Eメールや電話を使ったやりとりがメインになるが、先方の事情がつかめず、不安になることも多いだろう。応募者が集中する職種では、実際に会って自分をアピールする熱意が欠かせない。その際の航空券や宿泊費用は当然、自己負担となる。

また「就職さえ決まれば、住居やビザ取得などの手続きは、すべて会社がサポートしてくれる」という幻想は捨てよう。「手当ては出すが住居探しは本人に任せている」(外資系クリニック)、「支給

する給与で生活できるのであればどこに住んでもOK」(日系食品メーカー)、「ビザに必要な書類は用意するが公安への申請などは本人が行なう」(日系翻訳会社)という企業が増えている。

日本人の給与は高いという時代はすでに終わった。日系企業はローカライズを進めており、採用形態も駐在勤務から現地契約勤務にシフトする傾向にある。企業側から見た現地契約の魅力の1つに、コストパフォーマンス面での競争力が挙げられる。動機は中途半端、中国語も英語も初心者レベル、北京の地理にも疎く、実務経験にも乏しいのに、1万元以上の月給を希望していたのでは、就職自体が難しいだろう。

逆に待遇面にこだわらず、やりたい仕事があれば飛び込んでいく勇気も必要だ。現地採用者に「手軽さ」を求める日系企業は多い。必要な人材をピンポイントで採用でき、研修は不要。そういった現地採用の手軽さを逆手にとって、キャリアを積んでいくのも1つの手段だ。

(4)必要とされる語学力

ビジネスレベルの中国語力、英語力があれば大きなアピールポイントとなる。一般的に考えても、海外で働くのであれば、現地の言語ができなければ生活に困るであろうことは想像に難くない。言葉が通じないフラストレーションや不安から、仕事どころではなくなってしまうような人材を採用してくれるような企業は存在しない。中国での就職には「漢語水平考試(HSK)」(P.141参照) 6級のレベルが必要だと言われている。しかしながら語学はあくまでビジネスツールの1つに過ぎない。やはり専門性やスキルの方が重要だ。日本語がぺらぺらな中国人が月給2500〜3000元で雇えるので、専門能力や経験といった付加価値は不可欠となる。

日系企業では、現地と日本をつなぐ橋渡し的役割が期待される仕事が多い。またユーザーや取引先が中国人という業界では、当然中国語が必要となる。特にコスト削減のためにローカルスタッフを多

く雇用する中小企業ではその傾向が強い。中国企業に就職する場合は社内公用語が中国語のため、日常の雑談から会議に至るまで、中国語ができなければ仕事にならない、というケースがほとんど。

そうは言っても、弁護士、会計士のほか、ITや加工技術などの分野で専門性の高いスキルがあれば、語学力が低くても、就職できる可能性は大きい。また日本企業を対象にした営業サポートなど中国語力がそれほど必要でない場合もある。

広島風お好み焼き「武之助」店長・地主武文さん(36歳)の例

北京での語学留学中、よく食べていた小麦粉を水で溶いて平らに焼いただけのシンプルな食べ物・煎餅(ジエンビン)が、広島風お好み焼きに似ていると感じた地主さん。「お好み焼きを焼くための技術を習得して、北京に戻ってくる」と友人や同級生に宣言して帰国し、2年間、故郷の広島の店で修業した。同時にマツダの工場で働き、開業資金を貯めた。北京再訪後は自分の店をオープンするためにさまざまな努力を続け、2001年5月、念願の1号店を開業。「安くて、おいしい」と大勢が集う、人気の店になっている。

北京でお好み焼き店を開こうと思ってから約6年。最近、日本でも飲食関係の会社を立ち上げた。地主さんは「今後は日中双方の味の交流を目指したいですね」と目を輝かせる。

広島風お好み焼き「武之助」
住所:北京市朝陽区亮馬橋27号
電話:010-6431-8238

北京の日系印刷工場・総経理(社長)が語る「ほしい人材」

日本人を雇うからには理由がないとね。きちんと結果を出して、ローカルスタッフと差別化ができないと。社員には中国で業界トップをねらうぞと言っています。上海にも工場を立ち上げたんですが、今後は蘇州、大連、天津、青島、無錫と展開するつもりです。各工場の総経理になるような人を育てたいと思っているし、即戦力になる人を積極雇用したい。「中国語を勉強したから、少し中国で働いてみよう」なんて、そういうスタンスは困るんです。こっちにも将来の計画があるので、そういうところに貼り付けられる人材が必要です。幹部候補ですから人格も重要ですし、営業、もの作り、品質管理、購買、資金回収、財務、労務管理、中国人との付き合い——どれも欠かせませんよ。

日本から就職を決めた横山由美子さん（28歳、仮名）の例

以前から北京で日本語を教えたいと考えていた横山由美子さんは、中国を拠点とする人材紹介会社に登録した。1カ月後に複数の学校・塾を紹介されると、有給を利用して北京に飛んだ。日本での面接に応じてくれる会社もあったが、一緒に働くことになるかもしれないスタッフの話も聞きたかったという。その後も北京を2回訪れ、最終的に外国人向けの中国語学校で受付の仕事をゲット。月給は5000元、住居手当はない。

横山さんは「面接のために現地を訪問したフットワークの軽さだけでなく、待遇面にこだわらなかったのが良かったのかもしれません」と笑う。就業ビザ取得をサポートしてくれる企業

に絞り、給与などにはこだわらなかった。「北京で暮らして事情も分かれば、転職することも可能ですし、少しずつ夢に近づきたいですね」

北京での就職に失敗した山田明さん(24歳、仮名)の話

語学力について言えば、2年も留学して日常会話は不自由しなかったし、自信もあったのですが、振り返って見ると仕事に使えるレベルではなかったかも知れませんね。就職活動のときは日系企業を中心に約10社回りましたが、結局どこにも決まりませんでした。その頃、アパレル会社で通訳のアルバイトをしたんですが、繊維関係の専門用語が分からず、立ち往生したことがきっかけで目が醒めました。まわりを見渡しても、就職が決まった同級生は、学校の他に家庭教師について中国語に磨きをかけていた人や、目標を強く持っている人たちでしたね。

今は東京にある知的財産権専門の法律事務所で派遣社員として働いています。中国に進出する日本企業からの依頼案件も増えています。法律で使う中国語は難しいので、仕事に慣れたら、もう一度中国語教室に通うことも考えています。2～3年後には北京に戻って、就職したいですね。

仕事を探す

❶日本からの職探し

海外就職ではいろいろなツールを駆使して、最新の現地求人情報を探したい。インターネットの普及に伴い、情報量が増加し、各種手続きもスピーディかつスムーズに行なえるようになった。

しかし日本で得られる情報は、2次情報に過ぎない。体験談を熟読するあまり、他人の問題や考えを自分のものと勘違いしたりすることのないよう注意したい。渡航してから、想像していた北京と現実とのギャップに苦しむことになる。

(1)インターネット

遠隔地からでも現地情報を簡単に入手できる便利なツール。検索可能な点など高い操作性が特長。求人情報サイトや人材紹介会社のウェブサイトはもちろん、企業のホームページにもアクセスして人材募集情報を入手しよう。問い合わせや履歴書送付もＥメールでやりとりでき、効率よく活動できるというメリットがある。働きたい企業が決まっている場合は、希望する職種に空きがあるかどうか確認のメールを出すのもいいだろう。メーリングリストなどを活用すれば、より多くの人から情報を収集できる。ただし、いい加減な内容が多いのも確か。入手した情報の判断や利用については自己責任が原則となる。

インターネットを通じたやりとりでは、相手が見えにくいという欠点がある。パソコンの向こう側にいる担当者の存在を常に意識し

たい。掲示板やメールを使ったやりとりも、就職活動の一環であることを忘れずに、失礼のないよう心がけることが、社会人としての常識だ。メールを送るときは、HTMLメールは送らない、単なる問い合わせでもまず名前を明記する、引用は最小限に留めるなどマナーは守るようにしたい。

また、記入した内容を忘れないように、送信メールをきちんと保存し、ハードディスクのクラッシュなどのトラブルに備えて、重要な情報のバックアップを心がけよう。さらに最新のセキュリティソフトを使用するなど、ウイルス感染対策もきちんとしておきたい。

■「使える！」求人関係のサイト

エクスプロア・サーチ　求人

http://www.nicchu.com/info/search/search1.php3

上海エクスプローラーが運営する、求人登録サイト。中国で人材を探している企業が検索できる。また希望の条件の求人が登録されたときに、メールで連絡を受けることも可能。

e-gongzuo（イーゴンズオー）

http://www.e-gongzuo.com/

リンクスタッフが運営するWEB求人広告サイト。募集対象は、高級人材（IT技術職、営業職、工場管理職、経営管理職など）や専門職が多い。

ALA 中国

http://china.alaworld.com/modules.php?name=Jobs

中国総合情報＆情報交換のサイト内の求人情報掲示板。企業による求人の書き込みもあり、詳しい募集内容が分かる。

SPACE ALC 国際派就職

http://www.alc.co.jp/crr/kaigai/kkyujin/index.html

中国の情報だけではないが、国、業種、職種に絞って検索できる。また海外の就職事情や流れなど役立つ情報が掲載されている。

(2)人材紹介会社

登録条件がクリアできるのであれば、ぜひ利用したい。雇用条件がしっかりしている企業を紹介してもらえるからだ。人材紹介会社は人材を募集する企業から紹介料をもらっているため、求職者の登録は無料というのが大原則。登録に費用がかかると言われたら、詐欺かもしれないと疑ってみよう。

仕事の紹介や問い合わせは、Eメールや電話などで行なう。あらかじめ履歴書を用意する場合と、登録シートを提出する場合とがある。いずれにしても、提出したものが企業に送られ、希望や条件が合えば、面接をアレンジしてもらえる。企業の面接担当者が日本に出張した際に面接することもあれば、電話によるインタビューが行なわれることもある。

応募する会社が決まっていない段階では、履歴書での表現も抽象的なものになりがちだ。状況を見ながら、紹介してもらった会社に合わせて、履歴書に手を加えることも検討してみよう。また「働きたい」と思う会社が見つかったら、すぐにでも北京に渡り面接を受けるぐらいの意気込みでがんばろう。最終決定の前に、待遇、仕事の内容、勤務開始日などをしっかりと確認すること。

人材紹介会社は就職先のアレンジだけでなく、現地情報、業界・企業の動向、ビザの取得方法、就職活動の進め方についての相談に乗ってくれるなど、就職のプロとしても利用価値が高い。情報量が豊富で、就職後も幅広くケアしてくれるところが多い。登録後はマメに連絡を取り、最新情報を常に入手するよう心がけたい。

北京に拠点を置く人材紹介会社は少なく、規模も小さい。ここで紹介する会社はいずれも、上海など北京以外の都市を拠点としている。しかし北京でも現地採用の動きが拡大していることを受けて、これらの人材紹介会社も不定期ではあるが、北京で「現地出張登録会」を開催している。

人材派遣会社を利用した就職決定までの流れ

1. ご連絡

まずは履歴書をご送付ください。
Tel：(8621)6415-5368　Fax：(8621)6415-5367
E－MAIL:desk@tempstaff－sh.com
オンライン仮登録も便利です。(www.tempstaff－sh.com)

2. アポイントメント

弊社担当者が来社希望日をお伺いいたします。

3. ご来社・正式登録

ご来社時には各種証明書、職務経歴書、写真をご持参ください。

4. お仕事の紹介

お仕事を紹介いたします。ご本人の同意を得た後、企業へ資料を送付いたします。

5. 書類選考・面接

企業による書類選考のあと、面接を行います。

6. 採用

待遇面の確認、就労ビザなど各種手続きの後、いよいよ勤務開始。

（上海テンプスタッフ・ウェブサイトより）

☺「登録しよう！」人材紹介会社のリスト

Good Job Creations（Shanghai）Inc.

亜潤投資管理諮詢（上海）有限公司
住所：上海市北京西路1266号　東展商業大厦16桜Ｅ座
☎（021）6267-8111
FAX（021）6287-0500
http://www.goodjobcreations.com/
Email：jpdesksh@goodjobcreations.com

上海創価人材販務有限公司

上海市呉江路31号東方衆大厦27階
☎（021）5211-0505
FAX（021）5228-3228
http://www.soka.com.cn/
Email：webmaster@soka.com.cn

Focus Human Resource Consulting

上海環盛人力資源管理有限公司
上海市淮海中路98号　金鐘広場22階
☎（021）5385-8818
FAX（021）5385-8838
http://www.focushr.com.cn/
〈北京オフィス〉
☎ 010-6588-0701
FAX 010-6588-0710
Email：Beijing@focushr.com.cn

パソナ上海
保聖那人才服務（上海）有限公司
上海市淮海中路222号　力宝広場910室
☎（021）5382–8210／8215
FAX（021）5382–8219
http://www.pasona.com.cn/
Email：pasona@pasona.com.cn

上海テンプスタッフコンサルティング有限公司
上海天博諮詢有限公司
上海市淮海中路918号　久事復興大厦21楼Ｅ１室
☎（021）6415–5368
FAX（021）6415–5367
http://www.tempstaff-sh.com/
Email：desk@tempstaff-sh.com

大連テレコム電子商務有限公司
大連泰莱克姆電子商務有限公司
遼寧省大連経済技術開発区本渓街10号　僑光大厦1713、1714室
☎（0411）8761–0507／0607
日本語専用：☎（0411）8753–7228
FAX（0411）8753–7208
http://www.jinzaistation.co.jp/
Email：info@dailian-telecom.com

(3)日本の情報誌、新聞

情報誌などは求人情報の一覧が見やすく、比較検討ができる。また一般に、インターネットよりも信頼性が高いと言える。

「海外就職」「国際派のしごと」といったタイトルのムックを最近、

よく見かけるようになった。海外就職のノウハウや各国の生活・就職事情が分かりやすくまとめられている。また女性誌などでも「海外就職＝かっこいい」というイメージを打ち出し、「アジアの言葉が熱い」「外資系の仕事」といったタイトルで、海外勤務の情報を掲載するケースもある。さらに経済誌も中国特集号なども求人情報を扱っている。ネイル、ヘアメーク、日本語教育、旅行といった業界専門誌に海外での求人広告が載る場合もある。新聞の書籍広告欄や書店をマメにチェックして、そういった特集には必ず目を通すようにしよう。

(4)北京の日本語情報誌

北京で発行されている日本語情報誌はいずれも月刊誌で、ホテルや外国人用マンション、日本料理店などで配布されており、無料で手に入れることができる。これらの雑誌に目を通すと、レストラン、マッサージ店、美容院といったローカルな企業の求人情報など、日本では得られないような小さな情報も入手できる。

これらの雑誌は日本の一般書店では売られていないが、半年以上の定期購読などを条件に、日本から購読を申し込めるものもある。この場合、郵送料や購読料は負担しなければならない。現地に知り合いがいるのであれば送ってもらってもいいだろう。各誌のウェブサイトからは、最新号の目次や記事一部が閲覧できるようになっている。また、ほとんどが掲示板を設けているので、幅広く情報を求めることが可能である。

求人情報だけでなく、話題の店や新しいレストランの紹介、日常生活に欠かせない情報、イベントスケジュール、中国の経済ニュース、「売ります」「買います」といったクラシファイドコーナー、イベントスケジュールなど、内容は盛りだくさん。生の情報を得ることができ、北京生活の予習用資料としても利用価値は高い。

☺「読んで楽しい！」北京の日本語情報誌リスト

Whenever 北京『旧（北京 Walker)』

上海版、北京版のほかビジネス専門の全国版などがある。エンターテイメントやアートといった分野に強い。レストラン、ホテルのプロモーション情報も豊富。毎月１日発行。

whenever on Line　http://www.shwalker.com/

whenever 北京　http://www.shwalker.com/beijing/index.html

日本からの購読：可

購読料：１年１万円（消費税、送料込み）

問い合わせ先：㈲ハローチャイナ

☎ 06-4800-3129

FAX 06-4800-3123

http://86ch.net/

コンシェルジュ北京

大連からスタートし、現在、北京、上海、香港へと情報発信の場を拡大している。開発区情報や法律相談などの連載のほか、日本人学校のイベントの紹介コーナーなどがあり、駐在員とその家族をターゲットにした編集が特徴。毎月１日発行。

中国情報サイト「ちゃいなび」　http://www.chainavi.jp/

日本からの購読：デジタルブックによる立ち読みが可能

http://www.chainavi.jp/mag/

Super City 北京

上海版、北京版のほか、全国版がある。不動産会社が母体であるため、不動産情報を始めとしたビジネス関係に強い。求人欄は４誌のうち一番充実している。毎月10日発行。広告専門誌「super City Plus 北京」もあり、こちらは毎月30日発行。

China Supercity online　http://www.chinasupercity.com/
日本からの購読：可
購読料：１万1000円（消費税、送料込）
問い合わせ先：㈲ハローチャイナ
☎ 06-4800-3129
FAX 06-4800-3123
http://86ch.net/
店頭販売：内山書店
東京都千代田区神田神保町1-15
http://www11.ocn.ne.jp/~ubook/
Email:ubook@titan.ocn.ne.jp

北京トコトコ
創刊当時は留学生を対象にしていただけあって、お金をかけなくても楽しめる穴場的情報も多い。毎月15日発行。
http://www.tokotoko.com/
日本からの購読：可（バックナンバーの取り寄せ）送付用切手１冊240円分、２冊310円分を送る
問い合わせ先：港華株式会社
横浜市神奈川区片倉町２-67-１-303
☎045-491-7364
FAX045-491-7365
http://home4.highway.ne.jp/KOKA/
Email：VYI03312@nifty.ne.jp

(5)口コミ、知人の紹介

「北京で働きたい」「旅行関係の仕事がしたい」など、自分がやりたいことを常に周囲にアピールしておこう。しかし、いきなり「紹介してください」とお願いしたり、自分の希望ばかりを一方的に強調したりしていては、よい印象を与えることはできない。今まで積み重ねてきた努力や経験を、ゆっくりと自分の言葉で話してみよう。

意外と強いのが学校関係のコネ。先生という職業は就職したい学生からだけでなく、中国で働いたり、起業したりしているかつての教え子から「いい人材はいませんか」という相談を受けることが多いようだ。ボランティアで日本語教師のアシスタントをしたことがある、語学教室に通ったことがある、英語を使ったツアーガイドをしたことがあるなど、中国語に限らず、語学関係のコネクションがある人は、その時の先生や学校関係者に声をかけておくといいかもしれない。

また現地とのコネクションを作る努力は欠かせない。上海と比べ、紹介者を介した就職が多い傾向にある北京。留学や旅行など現地に滞在した際には出会った人たちと頻繁に連絡を取るようにしよう。また、北京で暮らす人たちが開設しているウェブサイトや掲示板などにアクセスして、きっかけ作りに役立てるという手もある。就職情報に直接つながらなくても、現地の事情についていろいろ知ることができる。

❷中国で働くということ

■北京で働く日本人現地採用者51人に聞きました

北京で働く男女51人を対象にアンケートを行なった。現地採用者の「現実」を数字で見てみよう。きっと新しい発見があるはずだ。

問1　現在の職場は何年目？

現在勤務している職場での在籍年数は何年目ですか？

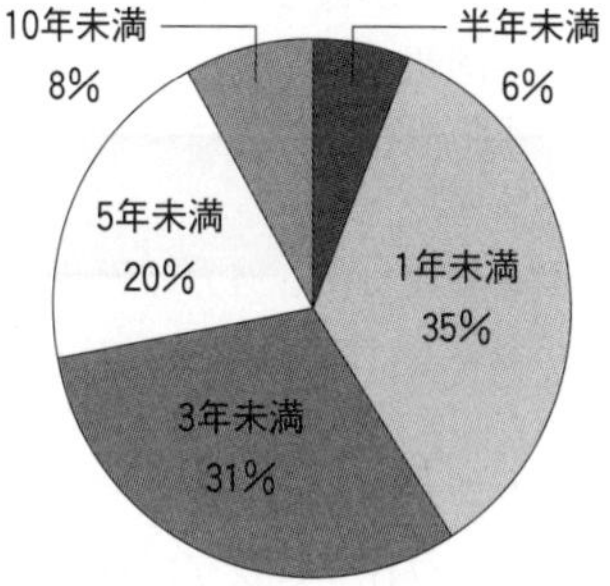

問2　目的・動機は？

北京で働く目的、動機は何ですか？（複数回答）

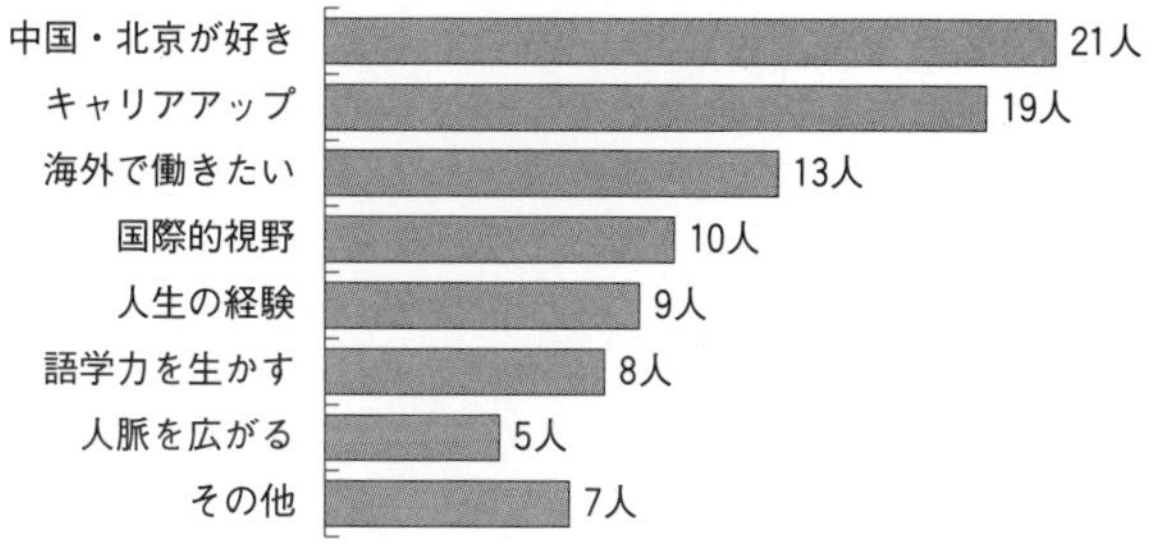

北京で働く動機はさまざまだが、約４割が「中国・北京が好き」と答えた。以下、「キャリアアップ」「海外で働きたい」「国際的視野を養いたい」と続く。

「その他」は「語学向上と中国理解などの勉強」「スポーツを通した交流と情報発信」「生活費を得る」「日本にないチャンスがある」「お金持ちになる」など。

問３　不安は？

北京で働く前に不安だったことは何ですか？（複数回答）

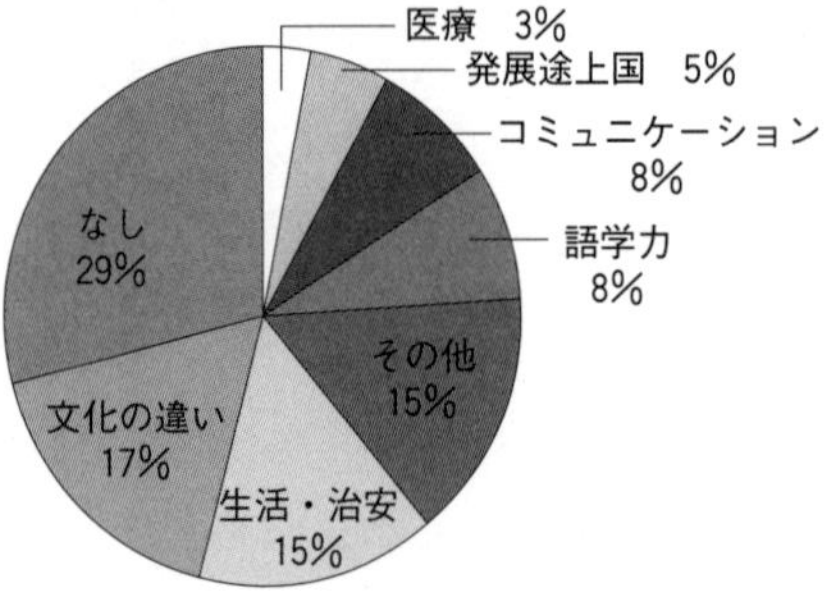

「文化の違い」「生活・治安」という回答が多かった。また渡航前は「語学力」「コミュニケーション」など中国人とうまく付き合えるかどうかに不安を感じる人もいたようだ。一方、３割が「不安はなし」と言い切っていることにも注目したい。

「その他」では、「日本に帰国してからの再就職」「自分の能力」「給与・待遇」「老後」「会社の将来」「家族のこと」などという回答があった。

問4　勤務先は？

どんな会社・機関で働いていますか？（複数回答）

商社／貿易	法律・会計
流通／卸業	金融
小売	政府団体・NGO
飲食店	サービス
メーカー	リゾート
マスコミ	翻訳会社
IT	スポーツ
アパレル	美容
旅行	不動産
学校・塾	コンサルティング
医療	その他
建築	

マスコミ、IT、旅行（ホテル、旅行代理店）、翻訳会社に勤める人が比較的多かった。

問５　中国語の学習期間は？

中国語を学んだ期間はどれぐらいですか？

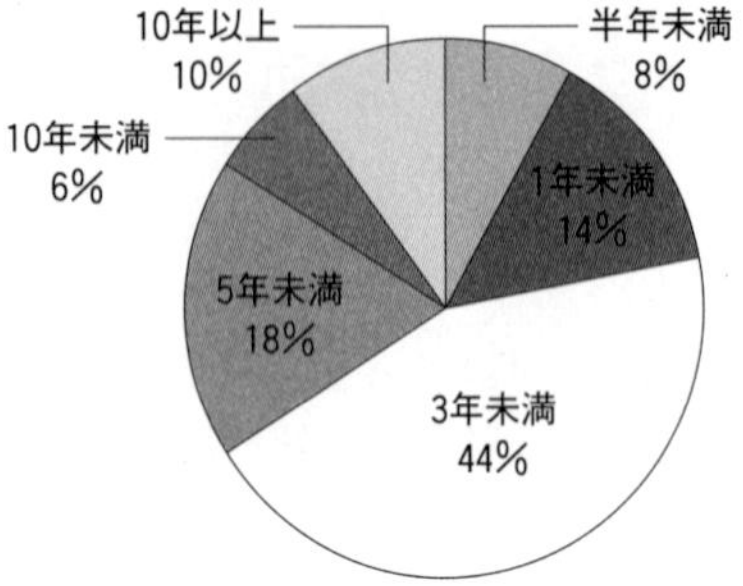

問６　中国語力は？

現在の中国語の能力はどれぐらいですか？
（HSK の受験経験がない場合、だいたいのレベルを教えてください）

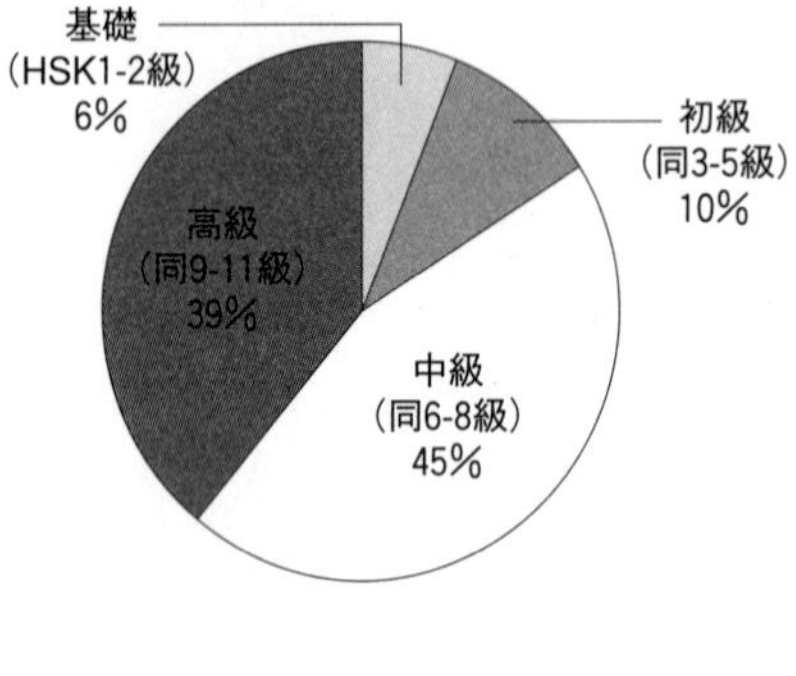

北京で働くには「中級」以上の語学力が必要と言われているが、84%がその条件をクリアしている。また４割近くが「高級」レベルの実力を備えている。就職に欠かせない「中国語力＋α」の土台となる中国語はしっかりと身につけて、職探しに挑みたい。

問7　就職のきっかけは？

現在の職場に就職したきっかけは何ですか？（複数回答）

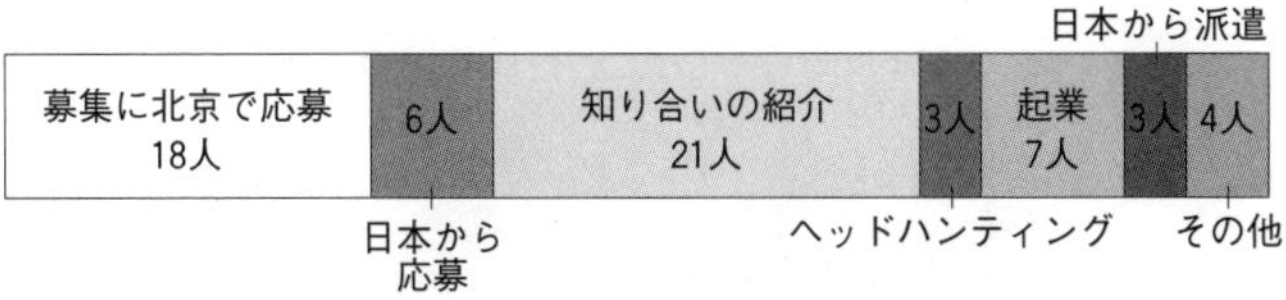

日系人材紹介会社が数多く進出する上海と異なり、北京ではまだ「人と人とのつながり」による就職活動が、かなりの部分を占めていることが分かる。一般的には、「知り合いの紹介」で得た情報をベースにして、「募集に北京で応募」し、職を得るパターンが多い。ヘッドハンティングされた人もいるなど、北京のせまい日本人社会でしっかりと働けば、きちんと評価される土壌が整っていることもうかがえる。また最近は隙間産業を狙って、北京で起業する人も増えている。「その他」には「上海・香港などで採用後、北京に派遣」「前の会社の中国支社」などの回答が含まれる。

問8　給与水準は？

現在の月給はどれぐらいですか？
（諸手当ての額を加算してお答えください）

5000元未満	9人
1万元未満	20人
1万5000元未満	13人
2万元未満	5人
2万元以上	2人
無回答	2人

およそ8割が給与と諸手当を合わせて、月1万5000元未満の収入で生活している。また全体の半分以上が数千元、さらに9人が5000元未満の月給でがんばっている。その額でも生活していけるが、厳しい数字であることは間違いない。

問9　トラブルは？

北京で働いていて、困ったこと、トラブルはありましたか？

トラブル

◎日本人に対する中国人特有の感情から身の危険を感じたことがある
◎契約、社内規則など手続き関係で揉めた
◎ちょうど保険が切れていた時に病気になった
◎社内でモノを盗られてしまい、不信感でいっぱい
◎電話での会話を盗聴された
◎資金回収がうまくいかず、苦境に立たされた
◎ホテルに勤めていたとき、新型肺炎（SARS）でクビになった
◎大家とトラブルになったが、会社は一切フォローしてくれなかった

日常で

◎中国人の辞書には「相手を信じる」という言葉がない
◎仕事に対する認識の違い
◎会議が何よりも優先される。とにかく会議が多い
◎語学力の問題で中国語文書は必ず中国人にチェックしてもらわないといけない
◎待遇が悪い
◎就業ビザがない
◎まともな部屋に住むためにアルバイトをしている

心配ごと

◎中国の給与水準で日本の老後に備えるはめになる
◎会社が負担してくれるのはローカルな病院で、外資系には行けない
◎私が専門とする職業では国の規則により３年以上契約できない

日本でも見られるような問題から、中国ならではのアクシデントまで、トラブルは限りない。事前の備え、細心の注意、そしていざとなった時に頼れる人、組織を見つけておくことが肝要。

問10　良かったことは？

北京で働いていて、良かったと思ったことは何ですか？

◎日本では考えられないほど、いろいろな人に会えた
◎中国ビジネスが理解できた
◎好きな中国語を存分に使うことができる
◎海外でいろいろな視点を養うことができる
◎日本の良さを再確認できる
◎残業が少ない
◎英語を使える仕事に就けて語学力が生かせる
◎ビジネスレベルで中国語力が大きく伸びた
◎男女差別がなく、女でもいろいろなチャンスに挑戦できる
◎日本では考えられないほど重要な仕事を任せてもらえた
◎本を読むだけでは分からなかった中国人の思考回路に触れられた
◎隙間産業が多いため、自分が取り組みたい分野に参入できた
◎付き合いなどのわずらわしさがなく、自由に仕事ができる
◎自分の意見を直接上の人に言えること
◎部署単位ではなく個人で働ける

北京で職を得たことで、日本で働くよりも多くの人と出会い、チャンスを拡げることができたと評価する人が多い。またより深く中国を理解し、大きな視野を得ると同時に、日本と比べ自由に自分を生かすことができると感じている人が多いことがうかがえる。

問11　北京のどこが好き？

北京のどこに魅力を感じ、どこが好きですか？

経済成長……

◎ダイナミックな経済発展の反面、落ち着いた文化的たたずまいが残っている
◎中国の発展の速さを肌で感じることができる
◎チャンスが多い

町並み……

◎高層ビルは建っても、いつまでも垢抜けなくて素朴なところ
◎名所旧跡、世界遺産が多い
◎上海ほど西洋化していないのが逆に魅力

生活……

◎生活費が日本に比べ安い
◎部屋が東京より広い
◎暖房システムのおかげで冬の室内が暖かい
◎夏の開放的な雰囲気がいい
◎モノが多くて、生活が便利

人々……

◎北京人の人情味と優しさ、大らかさ
◎密接な人間関係が築ける

その他……

◎中国各地へのアクセスが良い
◎日本への直行便がある
◎特になし。日本の生活のほうが好き

問12　男女比

男	22人
女	29人
計	51人

問13　年齢

20-25歳	4人
26-30歳	22人
31-35歳	11人
36-40歳	8人
41-45歳	6人
計	51人

アンケート協力：「北京現地採用の会」

㊙アンケートの結果および現地で働く日本人の話などを総合して、北京で働くということは、今までの価値観にとらわれることなく、最大限に成長できるチャンスを手に入れるための手段の１つであると強く感じた。中国で培った柔軟な思考や多様な価値観は、「北京で働いた経験を自分の一生のうちで、どのように位置付けるか」という重要なテーマについて考えるとき、大きく役立つだろう。

「北京で働く」という希望は、実現してしまえば、「特別なことではない、単なる日常」になる。その「日常」を自分の将来、キャリアに生かすためには、強い意志とはっきりとした目標が不可欠だ。北京での経験を、語学力、適応力、スキル、交渉力、指導力などさまざまな武器を１つずつ身につけるための過程ととらえ、チャンスを生かしてキャリアアップを目指そう。

❸現地採用の労働条件

北京で働く日本人を業務形態別に見ると、駐在員と現地採用に大きく分けることができる。日本国内で就職し、その会社に籍を置いたまま、海外支社や現地法人に派遣された人を「駐在員」と呼ぶ。駐在先や期間は会社が決定し、一定期間が過ぎれば、日本に戻ることが前提となる。一方、「現地採用」は、現地の日本企業や中国企業などに直接雇用されるケースを指す。自分の意志に基づき、自己の責任において北京で働く。また雇用条件についても自分で交渉する。

⑴待遇の目安

■給与の目安

中国で現地採用が本格化したのは、ここ数年のことだ。そのため給与水準や福利厚生など雇用条件については、まだ一定の基準が存在せず、企業によって大きく異なる。「初めて日本人を雇用した」という中国企業や「これまで日本人は駐在員だけだった」という日系企業は意外と多い。自分が決めた条件が、後続の現地採用者にも適用されるケースもあり、その場合は責任重大だ。

北京の現地採用の手取りは月8000～1万5000元が一般的。もちろん会社、職務内容、肩書きによってかなりの幅がある。香港ではスタッフレベルの年収が平均300万円というから、それと比べたら若干安い傾向にある。ただ北京の物価はかなり低いため、トータルで考えれば、それほど差はないと言えるだろう。

■住居の目安

基本的に、会社が用意してくれる場合は少なく、自分で探して手

続きするケースがほとんど。毎月決まった住居手当てを支払う会社と、家賃を全額負担してくれる会社がある。もちろん手当てがまったくない企業も。郊外の工場などに勤務するケースでは、会社が住居を用意してくれる場合もある。

住居手当は数百元〜数千元と幅広い。全額負担の会社では家賃の上限が決められていることが多く、だいたいは1万元以下である。企業側から見れば、月30万円以上の部屋に住む駐在員と比べたら、かなりのコストが削減できるというメリットがある。

現地採用の日本人が借りる部屋の平均家賃は、1DKまたは2DKで2000〜3000元。このクラスの部屋にはバスタブが付いていないところが多いため、他の出費を削って、5000元程度のバスタブ付きの部屋に住む人もいる。北京の部屋は基本的に全て家具付き。周囲の雰囲気、治安、エレベーターの有無、衛星放送が受信できるかどうかなども重要なポイントだ（**いよいよ北京へ❸北京での部屋探し** P.61参照）。

■生活費の目安

ぜいたくをしなければ、北京の生活費は日本よりもずっと安くて済む。家賃3000元、生活費3000元も見れば、十分に暮らしていける。その一方で、日本と同じレベルの生活を維持しようとすると、かなり出費がかさむ。自炊するにしても日本の食材や調味料ばかりを使っていたのでは生活が破綻しかねない。（**北京で暮らす❺生活費の目安** P.109参照）

■その他

日本での年金、社会保険、海外旅行障害保険などについては、ケースバイケース。また契約時には、日本からの引越し費用や年1回の帰国費用についても率直に相談してみよう。

駐在員と現地採用社員の違い

	駐在員	現地採用社員
待遇	駐在員用住宅、車、税金、子どもの教育費、語学研修費用、海外赴任手当て、留守中の日本での年金、社会保険、税金、留守宅手当て、引越し費用はいずれも会社負担	住居、日本での年金、社会保険、海外旅行障害保険、税金、家族の扶養手当など、すべて交渉次第
給与水準	日本	現地が基本
契約	すべて本社との契約	雇用契約は1～3年毎に更新。試用期間があるところも
日本への帰国	会社命令	自由意志
その他	年功序列制度が原則	実力主義

(2)日系企業と現地企業

北京で就職活動のターゲットとなる企業は、大きく分けて、現地企業と日系企業に分かれる。日系企業には（A）日本に本社を置く会社が設立した企業と（B）日本人が創業した企業——の２種類がある。待遇は、国有企業よりも民間企業、中国系よりも日系の方がよい傾向にある。従業員も顧客も99%は中国人という、バリバリの中国企業の場合、雇用条件は中国人プラスアルファとなるケースも。

このほかホテルや医療といったサービス分野では、欧米系などの外資系企業で活躍する日本人も存在する。

日系企業(A)	オフィス内は日本本社から派遣された駐在員、現地採用の日本人、中国人スタッフという構成。日本人従業員の配置を、従来型の駐在員派遣から現地採用中心にシフトする会社も見られる。社内の公用語は日本語で、年功序列などの日本の習慣がそのまま適用される。現地採用の日本人の給与や待遇は駐在員と中国人スタッフの中間。
日系企業(B)	技術力やサービスを武器に北京の日本人マーケットや観光客をターゲットにする企業が多い。業務のほとんどを日本語堪能な中国人スタッフに任せるなど、現地化が進んでいる。小規模だが、実力次第でやりがいのある仕事が担当できる。逆に日本人という理由だけで、責任あるポストに付けるということはなく、即戦力が求められる。経営者と直接話し、いろいろ提案できるなどのメリットも。
中国系企業	(1)世界のマーケットをターゲットにし国際的なビジネスの習慣に詳しい人材を求める大手、(2)北京に住む日本人を対象にする小規模サービス企業、(3)日本の技術を導入したいメーカー ——の３つに大別される。公用語は当然中国語。中国的習慣に適応する必要も。待遇面や仕事のやり方など、日本人にとっては大変なことも多いが、一方で中国的ノウハウや人脈を獲得するチャンスにもつながる。

■ケーススタディ

〔ケース１〕
日系スポーツウエアメーカーＡ社に勤める安東和雄さん（28歳、仮名）
職種：財務、人事総務
給与：月額7500元、賞与年２回（各１カ月分）、昇給（年１回）
住居手当て：なし
福利厚生：日本での年金、社会保険
その他：日本から赴任した時の渡航費は会社負担

給与のレベルにも仕事の内容にも満足しています。今住んでいる所は２DKで月2800元。自転車で通っているので交通費もかかりません。年金と社会保険を負担してもらっているのは大きいですね。7500元の中から払っていたのでは、生活が苦しくなってしまいますし。とは言っても、将来については不安があります。もう30歳になるので、もし結婚することになったら共働きだな、とかいろいろ考えます。将来に備えて、月に２万円でもいいから貯金できるようにしたいですね。

〔ケース２〕
日系食品販売会社に勤める田中美由紀さん（34歳、仮名）
職種：営業
給与：月額１万5000元、賞与年１回（業績により異なる）
住居手当て：外国人用マンションの家賃の一部を会社が負担、光熱費と電話代は自己負担
福利厚生：日本での年金、社会保険
その他：年１回のビザ更新代は会社負担

中国資本の食品メーカーで３年間働いた後、今の会社の社長に声をかけてもらって転職しました。待遇には満足しています。私の希望で、月給は、１月は人民元、２月は日本円――というふうに交互に支給してもらって、日本円でもらう部分は貯金に回しています。でも人民元が高くなっていますから、全額人民元でもらったほうが得かもしれませんね。家賃は7000元で、そのうち5000元は会社負担です。北京でマンション購入も考えているんですけど、そうすると住居手当で資産を形成するみたいなかたちになってしまうので、会社側としてそれでOKかどうか、確認しようとは思っているのですが。

〔ケース３〕
中国資本のITベンチャーに勤める山野英子さん（30歳、仮名）
職種：ソフト開発
給与：月額8000元、賞与なし
住居手当て：1000元
福利厚生：一切なし
その他：アルバイト自由、有給10日間、ビザ代半額支給

会社で日本人は私１人なので、最初は苦労しました。希望給与額が多すぎると、取締役レベルでかなり揉めたみたいです。北京の「ソフト屋さん」は高級と言われていますが、うちの会社は月給5000元が平均みたいです。でも日本語ソフトの開発に日本人は不可欠なので、直属の上司ががんばって交渉してくれて、なんとか今のレベルを確保しました。うちの会社はアルバイト自由なんです。「お給料が足りない部分は自分で稼いでね」ということで、業務に支障が出なければ勤務時間中も何をしていても怒られないので、ホームページ作成のアルバイトをしています。隣の席の中国人の同僚もゲームソフト開発のバイトをしていて、そっちの収入がかなり多いみたいですよ。

〔ケース4〕
中国資本の出版会社に勤める西田ゆりさん（22歳、仮名）
職種：編集、翻訳
給与：月額4000元プラス出来高制、賞与なし
住居（一般の中国人向けマンション）支給、電話代は自己負担
福利厚生：一切なし
その他：日本からの渡航費は自己負担

😊日本円にして約5万円という給与レベルには驚きましたが、新卒だし、しょうがないと思います。新卒採用の中国人は初任給2000元、支給される住居も4人部屋だそうです。政府にコネのある会社ということで、職歴がなくても就業ビザを取ってもらうことができました。唯一の悩みは、年に1度帰国するための航空券代を貯めなくてはならないこと。それがなければ食事代は月1000元に抑えられているし、月4000元あれば十分生活できるんですが。たまにはおいしいレストランで食事をしたいし、季節の変わり目には新しい洋服もほしくなってしまうので、がまんすることも多いですね。

いよいよ北京へ

❶旅立つ前の準備

(1)ビザ(簽証)

2003年9月1日から、日本人の中国へのビザなし渡航が認められ、15日間以内の短期渡航に限ってビザが必要なくなった。2003年春に流行した新型肺炎SARSの影響を受けて、日本からの観光客の減少や高級ホテルの稼働率低下などが著しかった北京だが、ビザなし渡航が認められたことで、日本人観光客が増加している。中国は2020年をめどに観光客受け入れ世界一を目指している。またビジネスにおいても、提携先や取引先のトラブルなどで、急な渡航が必要となったときも、これまでとは違い、日本から現場へ直行することができるようになった。ビザ取得のための費用、手間、時間が不要となり、日本人にとって中国はこれまで以上に身近な国になることは間違いない。

滞在期間が15日以内であっても、留学、就業、定住、取材を目的として入国する場合および外交､公務パスポート保持者については、これまで通り中国大使館・総領事館でビザを申請しなければならない。チベットを訪れる旅行者もビザが必要となる。また15日を越えて滞在する場合についても、もちろんビザを取得しなければならない。15日以内の滞在のつもりで入国したが滞在期間が15日を越えるような場合は、現地の公安局入境管理部門でビザの申請をする。

中国でも他国同様、就業ビザの取得条件は厳しく、雇用主が発行する就業証明書の提出が義務付けられている。また基本的には同じ職種で2年以上の職歴が必要で、以前の勤務先の在籍証明書などを

▲住所の登録は最寄りの派出所で行なう

提出しなければならない。

その他のビザについても、中国滞在中のビザ延長や他の種類へのビザへの切り替えなどについて（主にインターネット上で）さまざまな情報や噂が飛び交っているが、「試してみたらOKだった。ラッキーでした」という内容のものも多く、成功例があるからといって、自分も大丈夫とは限らない。疑問点などがある場合は、公安局などに直接問い合わせよう。

〈ビザ延長申請先〉

公安局外国人管理処

東城区安定門内東大街２号

☎ 010-8401-5292

申請・受領　8：30〜16：30（月〜土曜）

観光・親族訪問査証（L ビザ）

観光、親戚訪問などのためのビザ。１次渡航と２次渡航の２種類がある。１次渡航のビザは１回限り、２次渡航のビザは３カ月以内に２回までの渡航が許可されている。観光の場合は中国側が認可した旅行社を通して申請する。

Lビザは通常、１回の延長が可能。延長期間は原則として１カ月。申請は公安局の外国人管理処で行なう。特別な事情がある場合、２回目の延長が可能な場合もある。認められるかどうかは担当者次第。必要書類は次の通り。

●パスポート
●証明写真１枚（３×４㎝）
●戸籍謄本
●記入済の《査証申請表》

訪問・出張査証（F ビザ）

査察、商務、会議、講義、見学、スポーツ、友好交流、短期留学などを目的とした６カ月以内の滞在に必要。現在、日本人の大使館における個人申請は受け付けていないため、旅行社を経由した代理申請となる。

●パスポート
●証明写真１枚（３×４㎝）
●下記の資料のうち１点
・被授権単位査証通知証オリジナル（６カ月マルチ、12カ月マルチ）
・郷鎮以上の政府機関および各企業が発行したインビテーション、ファックスでも可（６カ月以内２回または１回180日以内）
・《JW202》（「招聘状」の俗称）表と入学許可書原本およびコピー各１枚（180日以内の短期留学）
・招待状のオリジナル（会議、展示会等）
●記入済の《査証申請表》

留学・研修・学習査証（X ビザ）

６カ月以上の留学のためのビザ。留学期間が半年以内(半年も含む)の場合は訪問ビザを申請する。

●パスポート
●証明写真１枚（３×４㎝）
●留学先の入学通知書の原本およびコピー各１枚
●《JW201》表、あるいは《JW202》表（「招聘状」の俗称）の原本およびコピー
●健康診断証（国公立病院にて受けたものに限る）の原本およびコピー
●記入済の《査証申請表》

就業査証（Z ビザ）

中国で就業する者とその家族のためのビザ。

●パスポート
●証明写真１枚（３×４㎝）
●被授権単位査証通知表原本
●健康診断証（国公立病院にて受けたものに限る）の原本およびコピー
●記入済の《査証通知表》
●下記の資料のうちいずれか１点
・「中華人民共和国外国人就業許可書」の原本とコピー各１部
　＊外国の在中国航空会社の常駐職員は《就業許可書》は不要
・「外国人専家証」の原本とコピー各１部
・「工商行政管理部門登記証明」原本とコピー。
　＊外国企業駐在代表変更時、登記証明書原本に申請者氏名の記述がない場合、市レベルの対外貿易委員会が発行した代表交代同意書原本とコピー各１部が必要
・海上石油作業に従事しているという招聘状原本とコピー各１部(海上石油作業は上陸人員にはならない)

・省、自治区、直轄市の人民政府外弁通知書と文化部の批准文の原本とコピー各1部（臨時営業演出許可書証人員の場合、健康診断書は不要）
・合作交流項目書の原本とコピー各1部
・有効の居留証原本とコピー各1部（被授権単位査証通知表、健康診断書は不要）
・領事部あるいは関係地方外弁通知（駐華大使館、国際組織および民間駐華機構人員の第三国使用人は被授権単位査証通知表、健康診断書は不要）
・口上書の原本とコピー各1部（外国の駐華大使館開校時の学校職員は健康診断書不要）
・駐華機構（個人を含む）の口電あるいは口上書、総部文件の原本とコピー各1部（私人雇員は健康診断書不要）

定住査証（D ビザ）

居住のためのビザ。

●パスポート
●証明写真1枚（3×4㎝）
●戸籍謄本
●定住地の公安局の発行した《定住確認表》の原本およびコピー
●記入済の《査証申請表》

取材査証（J ビザ）

常駐記者向けのJ－1ビザと臨時取材記者向けのJ－2ビザがある。また取材報道活動以外の記者については、目的別にビザを発給する。

J－1

●パスポート
●証明写真1枚（3×4㎝）
●外交部新聞司の発行した招聘状
●健康診断証（指定の国公立病院にて受けたものに限る）の原本お

よびコピー
●記入済の《査証申請表》

J-2
●パスポート
●証明写真1枚（3×4㎝）
●下記の資料のうちいずれか1点
・外交部新聞司の発行した招聘状
・外交部新聞司と関係部門(中連部、新華社、広電総局、全国記協、人民日報）連署により発行した招聘状
・上海外事弁公室の発行した招聘状（上海への取材者に限る）
・広東外事弁公室の発行した招聘状（広東への取材者に限る）
●記入済の《査証申請表》

トランジット査証（G ビザ）
通過のためのビザ。
●パスポート
●証明写真1枚（3×4㎝）
●下記の資料のうちいずれか1点
・口上書
・訪問国（第三国）への航空券、訪問国（第三国）の査証
●記入済の《査証申請表》

国際線乗務員査証（C ビザ）
国際船、国際航空、国際列車などの乗務員とその家族のためのビザ。
●パスポート
●証明写真1枚（3×4㎝）
●下記の資料のうちいずれか1点
・中国国内通知あるいは合意書(定期フライト人員、船員および家族)
・外国専用機、所属航空会社の申請状

・指定航空会社の紹介状
●記入済の《査証申請表》

〈在日中国大使館および領事館〉

中華人民共和国大使館
〒106-0046　東京都港区元麻布3-4-33
☎ 03-3403-3388（代表）
URL：http://www.china - embassy.or.jp/jpn/

大阪総領事館
〒550-0004　大阪府大阪市西区靭本町地区3-9-2
☎ 06-6445-9481（代表）
ダイヤルＱ２ビザ案内：0990-522-722

福岡総領事館
〒810-0065　福岡県福岡市中央区地行浜1-3-3
☎ 092-713-1121

札幌総領事館
〒064-0913　北海道札幌市中央区南13条西23-5-1
☎ 011-563-5563

長崎総領事館
〒852-8114　長崎県長崎市橘口10-35
☎ 0958-49-3311

▲ビールは安いので箱で買う人が多い

⑵持っていくもの

北京には「友誼商店」、「国貿商城」、「華堂（イトーヨーカー堂）」、「崇光（そごう）」、「賽特（元ヤオハン）」、「家楽福（カルフール）」、「燕沙（ルフトハンザ）」、「太平洋百貨（台湾系）」といった大手のデパートやスーパーマーケットがあり、セブンイレブンも進出している。日常生活に必要なものをそろえるのに、それほど苦労はない。

北京の平均気温（中国国家観光局調べ）

	1月	2月	3月	4月	5月	6月
平均気温℃	−4.6	−2.2	4.5	13.1	19.8	24.0
平均最高気温℃	1.4	3.9	10.7	19.6	26.4	30.2
平均最低気温℃	−9.9	−7.4	−1.0	6.6	12.7	17.9
	7月	8月	9月	10月	11月	12月
平均気温℃	25.8	24.4	19.4	12.4	4.1	−2.7
平均最高気温℃	30.8	29.4	25.7	18.9	9.9	2.9
平均最低気温℃	21.5	20.2	13.8	6.9	−0.6	−7.3

現地購入&持参するもの

衣類：おしゃれかどうかは別にして、北京で買ったほうが安いので、衣類についてはそれほど心配する必要はない。有名ブランドの正規店もある。

一番寒い1月の平均気温はマイナス4.6℃、最低平均気温はマイナス9.9℃(前頁北京の平均気温参照)。日本から持参するコートやジャケットでは寒さをしのげない場合もあるので、防寒衣は現地で調達するのがベスト。ほこりっぽい北京でブランドものの靴や洋服を身に付けると、あっという間に真っ黒に（黒いものは白っぽく）なってしまうので、あまり高価なものは持ってこないほうがいいかもしれない。礼服着用の機会はまったくない。

電気製品：中国の電圧は220ボルト、50サイクル。日本の家電を使用する場合は変圧器が必要となる。ほとんどの電気製品は北京でも購入可能。日系ブランドも比較的安価に入手できる。パソコン、電動歯ブラシ、ズボンプレッサーなど特殊なもの以外は現地で購入すべきだ。またアパートには、家具と電気製品（テレビ、洗濯機、冷蔵庫、エアコンなど）が備わっている。

DVDが主流の中国ではビデオデッキはあまり売っていない。DVDプレーヤーは約800元から、DVDは正規版でも中国製であれば約20元から入手できる。

医薬品：現地進出の日系・外資系企業の製品を含め、かなりの種類の医薬品が入手できる。いざというときのために、常備薬は携行するようにしたほうがいいかも。マスク、伸縮包帯、消毒薬は売ってはいるが、品質が悪い。

食料品：ここ数年でほとんどの食材が手に入るようになった。外資系スーパーマーケットでは、エリアにもよるが、日本の普通のスーパーでは取り扱っていないような欧米からの輸入食材が並んでいる。日系食品メーカーも多数進出しているので、それほど心配はない。日本から輸入された調味料、缶詰、レトルト食品、菓子類は当然割高。

お弁当に入れるような冷凍食品は種類も量も少ない。醤油は手に入りやすいが、米酢、みりん、味噌、めんつゆは外資系スーパーに行かないと買えない。山椒、七味唐辛子、自然塩もあまり見かけない。

食器・台所用品：よほど特殊なものでない限り、ほとんどのものは北京で購入可能。しかも安い。最近は和食器など日本のものも簡単に購入できる。

書籍：日本の書籍は北京でも購入できるが割高で、取り寄せの場合は時間がかかる。辞書や参考書、専門書などは日本から持ってきたほうがいいだろう。

トイレタリー：携帯用ティッシュ、トイレットペーパー、生理用品などは日本と同じ物が入手できる。化粧品やシャンプー類も日系・外資系合弁メーカーが進出しているので問題ない。こだわりのブランドがあれば持ってくるべき。

せっけん類は日本のものより香料が強い気がする。弱酸性など低刺激のシャンプーはとても少ない。ムースやワックスなどの整髪料もあまり見かけない。

▲北京の冬は寒い。湖でスケートを楽しむ人々

⑶持っていくお金

いくら持っていくべきかは、事情や好み、ライフスタイル、計画によってさまざまだが、入国後1カ月間、3つ星ホテルに滞在しながら就職活動をすると仮定して、目安となる数字を次頁に挙げておく。就職してからも初給与をもらうまでの約1カ月間のコストを忘れないように。

上記の資金のほか、次に帰るときの航空チケット代、旅行の計画がある人はその費用、中国語や技術を身に付けようと考えている人はそのための授業料、万が一の場合の医療費などを考慮する必要がある。

トラベラーズチェックで持っていくのが簡単かつ安全。必要に応じて、市内の銀行で人民元に替えることができる。現金を持っていく場合、現地で銀行口座を開設し、預ける。大手銀行の支店の場合、パスポートだけで本人名義の外貨、人民元預金口座を開設すること

就職前後２カ月間およその費用

		金額	備考
就職前（一カ月間）	ホテル代	9000元	１日300元
	食費	3000元	１日100元
	交通費	1200元	１日40元
	携帯電話購入	1000元	就職活動の必需品
	通信費	500元	〃
部屋を借りる際の初期費用		9000元 6000元	家賃３カ月分前払い 保証金２カ月分
ビザ取得（健康診断など各種手続きを含んだおおまかな費用）		1500元	
就職後（一カ月間）	食費	3000元	１日100元
	交通費	600元	およその目安
	通信費	100元	
	交際費	300元	
	被服費	300元	
	その他	1000元	
合計		**3万6500元**	

ができる（**北京で暮らす・❹銀行**　P.104参照）。

　クレジットカードは大きなデパートやホテルで使用することができる。マスター、ビザ、アメリカンエクスプレス、JTBなどがよく使われている。クレジットカードがあればATMまたは中国銀行の窓口で現金を引き出すこともできるので便利だ。

❷就業ビザの取得

外国人が中国で働くためには、就業ビザ（Zビザ）が必要になる。北京でZビザを取得するためには、同じ職種での職務経験が2年以上あることが目安になる。しかし、代行業者に依頼する場合や、学歴や資格があるケースでは、2年以上の経験が問われないこともある。

費用や手続きの煩雑さなどさまざまな理由により、Zビザではなく、訪問ビザ（Fビザ）のまま雇用契約を結ぼうとする会社もあるが、違法であることをしっかり認識したい。

現地採用に当たって、⑴Zビザ取得のサポートが受けられるか、⑵ビザ取得代および更新時の費用は負担してもらえるか、⑶代行業者に頼む場合その費用を負担してもらえるか——の3点を会社側に確認しよう。ビザの費用については「請求があった場合は支払う」と規定している「言った者勝ち」の会社も存在する。

⑴就業ビザ（Zビザ）取得までの道のり

①身体検査（外国人体格検査記録）

北京で受ける場合は、北京市衛生検疫所で、日本では国公立病院または赤十字病院で検査する。日本で受けた健康診断の結果は同検疫所でチェックを受け、証明書を発行してもらう。

北京市衛生検疫所（国際旅遊保健中心） 東城区和平里北街20号 電話：(010) 6427-4239

②外国人就業許可証の申請

外国人就業許可証は北京市労働・社会保障局で申請する。必要書

類は次の通り。本人が用意するものは「1」「5」「6」「8」の4点。「2」については会社側に記入してもらう。

1．パスポート
2．聘用外国人就業申請表（労働局発行の用紙）
3．採用意向書（委任状、採用証書、取締役会の決議など）
4．企業の営業許可証、定款、その他の批准証書（合弁企業の場合は合弁契約書とその批准文書）のコピー
5．本人の履歴、卒業証明書、職務履歴書、資格証明書など
6．外国人体格検査記録（健康診断書）のコピー
7．外国人雇用書面申請報告
8．証明写真（2寸=3.5cm×5cm）1枚

北京市労働・社会保障局 崇文区永定門内西街5号 電話：(010) 6301-8339 URL：http://www.bjld.gov.cn

③就業ビザ（Zビザ）の申請

原則として日本の中国大使館または領事館で申請する。しかし北京では訪問ビザ（Fビザ）で入国後、現地でZビザへの切り替えが可能。Fビザの有効期限3カ月を試用期間とし、北京でZビザに切り替えるケースが増えているようだ。下記の必要書類を持参して、北京市公安局出入境管理処で申請する。所要時間は約1週間。

1．パスポート
2．外国人就業許可証
3．ビザ申請書（用紙は北京公安局外国人管理処または日本の中国大使館、領事館で配布。社印を捺印）
4．外国人体格検査記録（健康診断書）のオリジナル
5．証明写真（2寸=3.5cm×5cm）2枚
6．インビテーション（被授権単位ビザ通知書）
7．居住地派出所発行の臨時住宿登記表

＊住んでいる部屋の大家などに発行してもらった住宿証明と部屋の賃貸契約書を、派出所に持参する

北京市公安局出入境管理処 東城区安定門東大街２号 電話：(010) 8401-5300／5294

番外編：外国人居留証が廃止に

中国に居住する外国人の査証及び居留に関する制度に変更があった。ビザと外国人居留証が一体化され、シール式となる。北京市では2004年11月22日から適用されており、手数料は１年未満が400元。中国公安部出入境管理局の公式発表は以下の通り。

1．「外国人居留許可」

(1)これまでの「外国人居留証」を廃止し、新たにシール式の「中華人民共和国外国人居留許可（以下「居留許可」)」を発行し、旅券に貼付する。

(2)「居留許可」を所持する外国人は、有効期間内であれば、何度でも中国での居住、中国からの出国、中国への再入国が可能となり、再入国査証の申請は不要となる。

2．「外国人居留証」の扱い

(1)すでに「外国人居留証」若しくは「外国人臨時居留証」の手続きを済ませている外国人については、有効期間内であれば引き続き中国に居住することができ、居留許可への切り替えは特に求めない。

(2)今後外国人が再入国査証を申請する等の手続きを行なう際、公安機関は規定に基づいて「居留許可」を発行する。

(2)日本での年金はどうするの？

参考：外務省サイト（海外在住者と日本の医療保険、年金保険の関係について）http://www.mofa.go.jp/mofaj/toko/kaigai/hoken/

〔現地採用者は任意加入〕

●国民年金

会社派遣ではなく、自分の意志で住民票を海外居住に移した場合、

日本の国民年金は任意加入となり、「入っても入らなくてもいい」ということになる。

1．加入する場合

国内の親族または日本国民年金協会に依頼して必要な手続きをする。保険料は定額制で月額1万3300円。希望により月額400円の付加保険料を納付することができる。また、一定期間の保険料を前払いすると割引される前納制度もある。

詳しくは→社団法人国民年金協会（http://www.nenkin.or.jp/）

2．加入しない場合

加入しない場合でも、「日本国籍を有する者が海外に居住していた20歳以上65歳未満であった期間」は、「合算対象期間」として老齢年金を受けるための資格期間に算入されるが、年金額には結びつかない。満額受け取りたい場合は60歳を過ぎてから、その分を追加で支払うことが可能。

〈日本の照会先〉
社会保険庁年金保険課
住所：〒100-8916　東京都千代田区霞ヶ関1-2-2
電話：(03) 5253-1111（内線3663）
FAX：(03) 3502-2368
URL：http://www.sia.go.jp/

〔日本本社からの派遣扱いとなる場合〕

●健康保険（組合）、厚生年金保険

この2つの制度は民間企業に勤務する者が加入するもので、概ねセットで加入する。

また、制度への加入の有無は民間企業との雇用関係によるもの、居住地は関係ない。したがって、日本の住民登録を抹消しても、雇用関係が続く限り被保険者の資格を失うことはない。

❸北京での部屋探し

(1)不動産事情

■北京の住環境

意外に質素な市民の住宅

地上最強の高度成長ぶりを見せつける、中国の首都・北京。市内中心部にはクレーンが立ち並び、建設中のビルが目立つ。日本から訪れる人たちは「まさにバブル」と目を丸くする。不動産市場も活況で、相場は上がりっぱなし。北京市統計局によると、分譲住宅の1平方メートル当たりの平均価格は2002年の4467元から、2004年前半には5838元に上昇。中心部の平均価格は7000～1万元とさらに高い。企業や富裕層だけでなく、普通のOLもマンション投資に走っている。最も多いのが人気エリアにある新築マンションを正規の価格で買い、1～2カ月後に転売する方法。また通勤に便利な高級マンションを購入し、賃貸に出す方法もある。月々のローン支払いを数千元に抑え、1万元以上の家賃収入を得ることも可能だ。

一方、一般の人々の住環境はかなり質素。中国では国有企業の社員は、会社（中国語で「単位」）から福利厚生の一環として、無料または格安で住居が割り当てられる制度があった。国有企業改革の推進や民間企業の増加などに伴い、政府は2000年以降、徐々に住居の個人購入制度を導入。部屋の供給制度がなくなった今も、ほとんどの市民は当時入手した部屋に住んでいる。

部屋の広さはだいたい2LDK（2室1庁）または3LDK（3室1庁）。ガラスで覆われたベランダが付いていて、外壁にはエアコンの室外機がぶら下がっている。ベランダは洗濯物を干したり、買いだめした野菜を保管したり、ペットを飼ったりするのに使われる。床はタイル張りが多いが、最近はフローリングが流行っている。ト

▲北京中心部では建築ラッシュが続いている

イレと洗面所は一緒になっており、シャワーはあるがバスタブがないところがほとんどだ。

こういった住宅ではエレベーターはあっても使用可能時間が午前6時〜午前0時などと決められていることもある。高層階に住むときは注意しよう。

■家賃相場

妥協点を探る努力を

北京の現地採用者が暮らす住居の家賃は月2000〜4000元。広さは1DKや2DKがほとんどだ。一般に男性は設備や内装がいまいちでも安い部屋を選び、インテリアやバスタブ付きにこだわる女性は高い部屋に住む傾向がある。どちらにしても、このレベルで日本人が100％満足できる部屋はかなり少ない。またNHKなどの衛星放送の受信についても、当局の規制があるため、一般住居での視聴は難しい。

お勧めは築年数が経過した外国人向けの物件。衛星放送や敷地内の売店、駐車場など、外国人が必要とする設備は一応整っており、住民の生活レベルも似通っている。警備がしっかりしている点も評価できる。新築マンションに比べて人気が低いため、がんばれば4000～6000元で納得できる部屋が見つかる。ただし「快適さ」を求めるあまり、高すぎる部屋を借りると、生活に行き詰まることも。部屋関連の支出は収入の3分の1までに収めたい。

北京では特に治安が悪いという地域はない。実際に自分で見に行って、気になるところがないか、細かくチェックしよう。

ディベロッパーが管理する一部の超高級外国人向けマンションを除いて、基本的には家主から直接借りることになる。大型マンションでも、それぞれの部屋は各オーナーが購入して、賃貸に出している。不動産仲介会社を通したとしても契約の相手は家主となるため、家主の人柄などはきちんとチェックしたい。下見のときに大家さんが鍵を持って登場することもある。

同じマンション内でも、広さ、部屋の向き、内装などにより家賃がかなり違う。また「早く貸したい」など家主側の事情により、安く借りられるラッキーなケースも。最初に提示された家賃で決めずに、必ず交渉するようにしたい。

北京の賃貸物件は基本的に、家具・家電付き。気になる部分の修繕や新しい家具の購入をお願いする、公共料金の支払いを一部負担してもらうなど、強気の姿勢で攻めてみよう。逆に邪魔な家具や家主の私物は持っていってもらわないと、勝手に売り払うこともできず、後悔することに。

■探し方

年々ひどくなる交通事情を念頭に

北京のオフィス街は(1)「CBD」(北京商務中心 Central Business District) と名づけられた東側と(2)中国のシリコンバレー「中関村」がある西側に分けられる。まず自分の会社の位置と通勤手段を考え

▲何かと交通規制が多い北京の道路

よう。マイカーブームの北京では渋滞がひどく、特に朝夕の通勤時間はかなり混雑する。さらに天安門広場一帯や市内を東西に走る長安街沿いなどではタクシーを停めることができない。空《から》のタクシーの走行が禁止されている地域もある。そのため中途半端に会社に近く、毎日タクシーを使用しなければならない場所よりも、少し遠くてもバスや地下鉄を利用できる場所に住んだほうがいいだろう。また、だだっ広い北京ではタクシー代がかさむ傾向にあるので、品揃えの良いスーパーマーケットが付近にあるかどうかをチェックすることを忘れずに。

北京での部屋探しには(1)不動産仲介会社、(2)インターネット、(3)知り合いの紹介——などの方法があるが、やはり仲介会社に頼む人が多い。日系の不動産会社も多いが、20万円以上からの駐在員向け高額物件の取り扱いが中心。北京の現地採用者は「我愛我家」や「北京租房中心」といった大手不動産会社を利用している。

最近は大手不動産サイト「捜房」(http://rent.soufun.com/) など、

インターネットを通して自分で物件を見つけ、家主と交渉する人も増えた。検索機能がついていて、エリアや家賃など希望条件を入力すれば、リストが示される。しかし騙されることもあるし、向こうは騙すつもりがなくても、お互いの誤解や思い込みから、トラブルに巻き込まれるケースも多い。

交渉はすべて中国語で行なわれることも念頭に置いて、物件の下見や契約の際は、信頼のおける中国人や会社のスタッフに付き添ってもらったほうがいいだろう。

■契約

いくら注意してもし過ぎることはない

希望の部屋が見つかって、家主との条件交渉がまとまったら、いよいよ契約だ。北京で部屋を借りる場合、一般にギャランティ（保証金）２カ月分と前家賃１カ月分の計３カ月分が必要となる。保証金は退室時に返却される。契約は１年ごと、家賃の支払いは月払いまたは３カ月払いというのが一般的。まとまった金額を先に払ってしまうと、トラブルが発生した場合、回収できず、悔しい思いをすることがある。

契約書は全て中国語で書かれている。大変だけれど、後々のトラブルを避けるためにしっかりと読みこなそう。契約書には⑴貸し手、借り手双方の名前、⑵賃貸対象の部屋の住所、面積（平方メートルで表示）、⑶契約期間、⑷家賃の額と支払方法、⑸保証金の額と支払方法、⑹貸し手の責任、⑺借り手の責任（又貸しの禁止など）、⑻違約した場合の措置、⑼準拠法、⑽その他——などで構成される。おかしな部分があったら遠慮せずに直してもらおう。また「貸し手の責任」の部分に希望事項がきちんと盛り込まれているか確認することを忘れずに。

退室時の光熱費の清算方法も確かめておくこと。万が一に備えて、領収書や証拠となる書類は全て保存しておこう。

■入居後の手続き

合法的に居住するために

北京で外国人が中国人向け団地に住むことができるようになったのはここ数年のこと。それまで外国人は家賃が20万円以上もする「外銷房《ワイシャオファン》」に入居することが義務付けられていた。現在では、規定の手続きを取り、「臨時住宿登記証明書」を発行してもらえば、外国人が一般居住地に住むことに何の問題もない。

証明書発行のためには家主に「房産所有証(不動産登記済証)」「(家賃収入の) 納税証明書」を提出してもらう必要がある。税金の支払いを嫌い、この手続きをしてくれない家主が多い。契約時に必ず確認すること。最悪の場合、ビザが取得できないという事態に陥る。できれば契約書に「貸し手が必要な手続きを取らなければ契約が発効しない」という条項を付け加えてもらおう。

臨時住宿登記証明書

資格所有者	就労 (Z)、訪問 (F)、観光 (L) ビザを有する者
受付期限	外国人の入境後24時間以内に入居者または家主が届け出る
申請場所	最寄の派出所
手続き方法	必要事項を記入した「臨時住宿申請表」およびパスポート、また貸し手の「房産所有証 (不動産登記済証)」「(家賃収入の) 納税証明書」「賃貸契約書」などを派出所に提出。ビザの有効期限に応じた「臨時住宿登記証明書」が発行される。その後、公安局外国人管理処への登録が指示される。必要な提出書類については最寄りの派出所に問い合わせること。

⑵日本人女性の部屋探し日記

●ウェンズさん（28歳、日本人女性）

プロフィール：大学を卒業して日本の旅行会社で４年間働いた後、北京外国語大学に留学。知り合いの紹介を経て、日系IT機器メーカーの総経理秘書として８月から働くことになった。現在は学校の寮（２人部屋）に住んでいる。ルームメートはオーストラリア人。

♡部屋探しスタート！

6月1日（火）

学校側から７月15日までに退房（部屋を引き払うこと）をしろと正式に言われた。いよいよ本格的に部屋探しをしなくちゃ。試験が終わるのが６月22日だから、間に合うとは思うけど、旅行にも行きたいから早く決めちゃいたい。

条件は

・会社の近く。自転車通勤が希望
・家賃補助が3000元なのでそれ以下
・バスタブ付き。北京はバスタブ付きの物件が少ないんだけど、がんばって探すつもり
・バス停から徒歩５分以内
・2DKまたは2LDK
・４階以上
・エレベーター付き
・徒歩５分以内の場所にスーパーマーケット

とりあえずネットサーフィン。中国語版Yahooで「北京」「租房」（賃貸）で検索したら、専門サイトがたくさん出てきた。覗いてみたけど、日本と違って間取り図がないからピ

#01「条件」
条件は細かすぎてもあいまいでもダメ。最低でも家賃の上限、エリア、間取り、利用交通機関は決めておこう。その他、特にこだわりの条件がある場合には、優先順位をつけておくと良い。

#02「3000元」
北京で働く現地採用者が暮らす平均的な家賃相場は、1DKや2DKで月額2000～4000元が多い。特に治安の悪いエリアなどはないが、まわりの環境を良く見て決めよう。日本人が100%満足できるレベルの部屋はかなりの家賃になる。妥協が肝要。

#03「ネットサーフィン」
センチュリー21（http://www.c21beijing.com.cn/）
捜房（http://rent.soufun.com/）

ンと来ない。せめて外観の写真ぐらい載せてほしい〜。土地カンがないから、住所を見ても分からないし。不動産業者にお願いしたほうが楽かも。

不動産会社に電話
6月2日（水）

就職先も決まったし、成績なんてどうでもいいや、と思いつつ、やっぱり勉強が気になる。

大学の外に自分で部屋を探して住んでいる同級生（日本人）に聞いたら、不動産業者にお願いしても、借りる側は仲介手数料を払わなくてもいいんだって。大家さんが払うみたい。さっそく日本語情報誌に載っていた地元系の不動産会社に電話してみたら、いい部屋があるということで、明日午後に見学に行くことになった。楽しみ〜。

#04「仲介手数料」
日系不動産会社のほとんどでは、仲介手数料は家主の負担となり、借り手が支払う必要はない。しかし中国資本の会社では、仲介手数料半月分または1カ月が必要になるところも。しっかりと確認したい。

⁇あやしい不動産会社
6月3日（木）

最悪。超あやしい不動産会社だった。7月中旬から借りたいというと「今からでは早すぎる」って。昨日はそんなこと言ってなかったのに。途中で日本人だと分かると「とりあえず一件見てみよう」と言われて強引に連れて行かれたのが、郊外にある一軒家。「200平米近くあって、家賃1万5000元は安い。お勧めです」だって。しかも帰りは東四十条の駅で降ろされ、「車代だ」と100元請求

#05「早すぎる」
北京の不動産会社はだいたい入居希望日の1〜2週間前にならないと本気になってくれない傾向がある。特別な事情で入居日の1カ月以上前に決めておきたい場合は、かなり熱意を示す必要がある。高級マンションを扱う日系不動産会社は例外。

#06「強引に連れて行かれた」
態度が悪い、契約などの手続きに不

された。なんだか怖くなって払っちゃった。

あ〜、何も言えなかった自分が悔しい。住所が国貿センターの近くで一等地だったから油断した。

☎日系不動産会社に電話
6月7日（月）

すっかりやる気をなくしていたけれど、やっぱり自分のことだからがんばらないと。朝一番に日系の不動産会社に電話してみる。条件を言うと「それではいくつか回ってみましょう」という返事。明日の午後から3件ぐらい見せてくれるらしい。話をしたのは日本人だけど、案内してくれるのは中国人で、黄さんという名前。東直門のセブンイレブンの前で待ち合わせすることに。

☼2件見学も予算オーバー
6月8日（火）

黄さんは25歳ぐらいで感じのいい人。もちろん日本語OK。待ち合わせ場所から歩いて5分の外国人向けアパートを見せてもらう。駅からも徒歩圏内だし、買い物も便利そう。外国人向けと言っても住んでいるのは中国人が多いみたい。複数の部屋を見せてもらったけれど、一番安いのが5000元で43平米の1LDK。北向きのせいもあるけど洞窟みたい。もう少し広い部屋は6000元と7000元。「予算オーバーです」というと、「ドル建てで1年分前払いするなら交渉

備がある、強引な提案が多い——など「怪しい」と感じたら、すぐに帰ろう。そういう不動産会社は明らかにイヤな雰囲気が漂っていることが多い。後々トラブルに発展する可能性も。

#07「不動産会社」
日系および外資系不動産仲介会社リスト

● Century21
朝陽区光華路2号漢威大厦1725室
☎（010）6561-7788

●トラスト不動産
朝陽区京港城市大厦4#6B
☎（010）6557-0272／6558-7040
FAX（010）6557-3292
http://www.trust-realestate.net

● CB Richard Ellis　世邦魏理仕
朝陽区工人体育場北路盈科中心A座15階10A -18
☎（010）6539-1288

●キンストン不動産有限公司
朝陽区城市広場2号楼10H
☎（010）6557-0272
FAX（010）6557-3292
http://kingston-net.com/

できます」という。でも予算の倍じゃん。ちゃんとこっちの話を聞いてるの？

２件目は普通の中国人向け物件。敷地内に入るとゴミが散乱していて、郵便受けも埃だらけ。おまけに鍵を持ってくるはずの大家さんが１時間以上も遅刻。ドアが二重になっていて、いかにも「地元の人向き」って感じ。中はタイル張りで、家具は黒で統一されていて、まるでバーみたい。洗面所が小さいし、シャワーも後で取り付けたみたいで、トイレに近すぎる。80平米の2DKで4000元。

予定の時間が過ぎちゃったので、３件目の大家さんが機嫌を損ねて帰ってしまったみたい。今日は結局２件で終わり。疲れた。

#08「敷地内」
市民が住む団地（アパート）は「小区」（シャオチュー）と呼ばれるコミュニティ（町内会のようなもの）に分かれていて、公共スペースの管理などは「小区」単位で行なわれている。

#09「2DK」
北京では間取りを説明するときに「２室１庁」というような言い方をする。これは2DK（LDK）、つまり「DK（ダイニングキッチン）」また「LDK（リビング・ダイニング・キッチン）」プラス２部屋ということ。

!! ２週間で探さなきゃ
6月10日（木）

７月19日にいとこのなっちゃんの結婚式があるので、７月15日から日本に一時帰国することになった。ビザの手続きもあるので10日間ぐらい滞在する予定。学校の試験が６月15～22日。それからすぐに旅行に行く計画があるので、部屋は７月１～14日の２週間で探さなくちゃいけないことになった。

黄さんから電話があったので「あまりピンと来ないから他を探したい」と言うと、「条件に合っているのに」と主張される。でも「家賃も

高いし、家具も良くなかった」と伝えると、黄さんは不満げに「あれ以上安いところはないです」と言う。あんなに感じが良かった黄さんが急に冷たくなったせいで、他の不動産会社に電話する気がなくなった。仕方がないので、ネットや新聞の折込広告で探す。

#10「折込広告」
北京の地元紙の中には週1回の割合で、不動産関係の広告特集を組むところも。「租房」（ズーファン＝賃貸物件）情報を大量に扱っており、相場を知るのに役立つ。

♥地元系不動産会社に電話

6月15日（火）

同級生の韓国人に「外国人だけで探すと、相場より高い値段で契約しちゃうことが多い」と言われる。彼の友達は入居後に、同じマンションなのに隣の人の方がかなり安く借りてることが分かって、損した気分になったんだって。そういうこともあるんだね。で、地元系不動産会社でお勧めの所を教えてもらい、さっそくネットで検索してみる。物件数が多くて期待できそう。

#11「地元系不動産会社」
●我愛我家
http://www.5i5j.com/
●北京租房中心
朝陽区六里屯北里19号　陽家園３号楼610室
☎（010）6506-0321
http://www.fengye888.com

試験が終わった

6月22日（火）

最後の試験が終わったのでみんなで打ち上げに客家料理を食べに行く。その後バーで盛り上がった。学生生活もこれで最後かあ。

北京残留組の中で、就職が決まっているのは私を除いて３人。２人は今のアパートにそのまま住むらしい。もう１人は今部屋探しの最中だって。お互いがんばろー。

#12「留学生の部屋探し」
留学経験者は相場より高く部屋を借り、しかもそれに気付かない傾向にある。北京生活を１年以上続けてきたという自信が、逆に調査不足の原因となっているようだ。中国の相場および商習慣を理解し、家賃交渉にはシビアな態度で臨もう。

♬さよなら同屋
6月23日（水）

同屋（トンウー＝ルームメート）のキャレンが明日寮を出るので、近所の北京ダックレストランで送別会。２カ月かけて東南アジアを旅行して、９月からオーストラリアに戻って仕事だって。１年間、お世話になりました。最初はお互い言っていることも通じなかったんだよね。そう思うと１年ってすごいなあ。

♥４件見学
6月28日（月）

ちょっと中だるみしちゃったけど、中国資本の地元系不動産会社にお願いして４件見せてもらう。事前にインターネットで希望をきちんと伝える。条件に合わない所を見学しても疲れるだけだもんね。

１件目は、家具の趣味が悪すぎてNG。こっちの人って見栄っ張りが多いのかなあ。スペースにお金を払うのに、10人掛けソファーやガラス張りの超巨大円卓なんて要らないよ。あとキャラクター柄のカーテンも止めてほしい。

２件目は、６階なのにエレベーターがなかった。部屋に行くまでの廊下の窓が全部割れていた。３件目はすごく良くて、家賃は3000元ちょうど。東南向きで、70平米。会社まではバスで１回乗り換えなきゃならないけど、環境も問題なさそう。家具はまだ入ってなくて、予算以内で好

#13「希望をきちんと伝える」
見学するときは電話やメールで条件を詳しく伝えておいたほうが無駄足にならず、効率的に見学できる。チェックリストを作って見学時には細かく確認するようにしよう。見て回るうちにリストの項目が増えたり減ったりして、最終的に「これだけは欠かせない」という部分が見えてくるはず。

#14「家具の趣味」
北京では個人所有の物件が多く、高層マンションでもそれぞれの部屋で家主が異なる。家主が自分の趣味で、内装工事を発注し、家具も揃えて貸し出す。そのため引っ越したその日に生活が始められて便利ではあるが、家具や家電製品の趣味や質の問題が生じる。どうせ一時の仮住まい。あまりこだわらず、妥協できるところは妥協しよう。

きなものを買ってくれるという。不動産会社の担当者も「ここならいいですね」と満足げ。4件目は会社の近く。でも部屋が三角形で使いにくそう。タンスが壁にぴったりと付けられなくて、後ろに三角形の隙間ができてる。部屋にいるだけで頭がクラクラしそうなので、早々に退散。もう3件目で決定しよう。夕方、もう一度大家さんに来てもらって、7月10日（土）に引っ越したいとを告げる。それから電気のカードの使い方を説明してくれた。いい部屋に決まってよかった。自分で好きな家具を選べるっていうのはポイント高いよね。

#15「電気カード」
北京では各家に1枚、電気代を補充するためのプリペイドカードがある。配電盤に鍵がかかっていて、メーターの下にある挿入口にカードを差し込み、残額チェックおよび電気代チャージを行なう仕組み。カードの残額が少なくなったら銀行に持っていく。常に残額に注意しないと何の前触れもなく、突然真っ暗になる。

✿交渉決裂
6月30日（水）

大家さんがどうしても「証明書」を出したくないと言い出した。それがないとビザが取れない。どうやら税金を払いたくないのと、家の権利関係が複雑（？）なことが理由みたい。不動産会社の人が「会社の住所に住んでいることにすれば？」と提案してくれたので、早速人事担当者に電話して聞いてみた。10分後に折り返しがあって「オフィスビルなので個人の住居の登録をするのはムリです」という返事。

金曜日から上海に行こうと思って飛行機を予約してあったのに、キャンセルしなきゃダメかなあ。

#16「証明書」
北京でZビザを取得する際、地元派出所が発行する「臨時住宿登記証明書」が必要となるが、発行には貸し手の「房産所有証（不動産登記済証）」「（家賃収入の）納税証明書」「賃貸契約書」などの提出が義務付けられている（最寄の派出所に確認のこと）。契約後に家主が急に非協力的になるケースも。契約書にサインして、保証金や家賃を支払う前にきちんと確認しよう。最悪の場合、ビザが取得できないことも。

⁉それって詐欺？
7月5日（月）

1週間予定していた上海旅行を2泊3日に縮めて帰ってきた。退寮の日、つまり一時帰国まであと10日。見つかるのかなあ。

私と同じように部屋を探していた同級生の永島君がすごく沈んだ声で電話してきた。3万元近く騙し取られたんだって。

インターネットに賃貸情報を出していた大家さんと契約。で、保証金2カ月分と家賃6カ月分を払って、7月1日に引っ越し。そしたら昨日いきなり知らない中国人が「おまえ、ここで何をしてるんだ！」って怒鳴りこんで来たらしい。「大家さんに家賃を払って入居した」と説明したら、その中国人が本当の大家さんで、永島君が契約したのはニセモノだったということが判明。本物の大家さんによると、たぶん前の入居者が鍵を悪用したんじゃないかって。

結局、1週間後に出て行けと言われたみたい。本物の大家さんは一銭ももらってないんだから当然だけど……。永島君は仲介会社に頼まず、個人で部屋を探したことをすごく後悔していた。こういう時ってどこに訴えればいいのかなあ。私も気をつけないと。

#17「家賃6カ月分」
1年契約の場合、家賃の支払いは月払いまたは3カ月払いが一般的。まとまった金額を先に払ってしまうと、トラブルが発生しても回収できない場合がほとんど。

#18「個人での部屋探し」
たとえ不動産仲介会社を通していても、このようなトラブルの場合はあまり頼りにならない。解決しても利益が得られないため。仲介会社の収入は、契約時の紹介料だけ。悲しいけれど「紹介してしまえば後はどうでも良い」というところが多いのも事実。

◎あと1週間……
7月8日（木）

あと1週間で部屋を探さないとい

けない。ここまで追い詰められるとは予想していなかった。北京の食品会社で働いている友人（日本人）に相談すると外資系不動産会社を紹介してくれた。担当者、キムさんにさっそく電話。「14日には引っ越したい」と言うと「大丈夫ですよ」という返事。中国の人にありがちな安請け合いかも……と思っていたら、夜、携帯に「明日さっそく３件行きましょう」と電話があった。頼もしい。

♡環境抜群のマンション
7月9日（金）

スターバックスでキムさんと待ち合わせ。彼女は28歳で、中国語と英語が話せる。丸顔で頬が赤くて、ちょっと田舎の人っぽい。第一印象は「頼りなさそう。大丈夫かなあ」という感じ。今日は３件見学。

１件目：豪華なマンションのワンルーム。家具がアンティークで統一されていて良い感じだけど、狭いので収納に苦労しそう。それに4500元は予算オーバー。

２件目：普通のアパートで、予算どおりの月3000元。でも会社からかなり遠い。それに隣が工事中で騒音がすごい。工事の関係者が出入りしていて治安が悪そう。

３件目：会社の近くのマンションA。外見はこざっぱりしていて、敷地内の掃除も行き届いている。自転車で15分ぐらい。バスでも乗り換えなしで通える。近くに公園があって、

#19「治安が悪そう」
周辺の治安は極めて重要。警備員やオートロックの有無を確認する他、自分の足と目で周辺の雰囲気をチェックすること。

外国人用マンションも多くて、環境はばっちり。でも月4500元。3LDKで100平米。面積も家賃もこの半分だったら絶対決めるのに。

☼予算500元オーバー

7月10日（土）

昨日帰りのタクシーの中で、マンションAの環境が気に入ったことを伝えたら、キムさんが同じマンション内で3件見つけてくれた。やることが速い～。「田舎の人っぽい」なんて思ってごめんなさい！

1件目：昨日と同じ間取りの100平米3LDK。しかも5000元。大家さんが「電話機は東芝、壁のタイルはフィンランド製」と自慢していたけど、普通の家具でいいから安くしてほしい。完全に予算オーバーだよ。

2件目：70平米の1LDK。ちょうどいいんだけど、内装が古い。トイレを見せてもらったら、すごく汚かった。リフォーム予定はないみたい。「掃除すれば大丈夫ですよ」と言われたけど、引いてしまった。だって生活は毎日のことなのに……。

3件目：1DK。内装を変えてから1年しか経っていないというだけあって、清潔な感じ。一番気に入ったのは洗面所が広いこと。大家さんに「小さいバスタブを入れてあげる」と言われた。大家さんは複数の部屋を所有していて、特に日本人に優先して貸しているそう。「バスタブを買うのはこれで5回目。大丈夫」と

#20「電話機」
前の入居者や大家が電話代を精算していないという理由で、電話が使えないケースも。また長距離電話や国際電話が通じない電話もある。この場合は市内通話のみ。新しく開設をお願いするときは、関連費用をどちらが負担するか協議しなければならない。

#21「内装が古い」
古い部屋では特に、水回り、特に洗面所や台所などの排水管やトイレの水の流れ具合もチェック。また賃貸用の部屋と割り切って、家具や家電のメンテナンスを怠っている大家も多い。汚いだけでなく、壊れかけていたりするものもある。

#22「日本人を優先」
「日本人はきれいに使ってくれる」と

頼もしい。15階建ての２階だけど、南向きだし。家賃は3500元。予算を500元オーバー。でもここで決めちゃおうかな。

いう理由で、条件がよくなる場合も。日本人びいきの大家さんだと後々の交渉もスムーズに進み、良い関係が築ける。

㊮家賃交渉中
7月11日（日）

キムさんが家賃と契約書の内容を交渉してくれているらしい。前に住んでいた人はイタリア人で、家賃が5000元だったんだって。部屋を空けておきたくないから格安の3500元にしたということで、交渉は難航中みたい。住宅手当との差額500元は自己負担してもいいかな、大家さんも良さそうな人だったし。

＃23「契約書」
家を借りるとき最も重要なのは契約書。しっかり目を通そう。主にギャランティ（保証金）の返還など、金銭面に注目する。設備が内容と同一か、故障がないか――なども厳しくチェック。通常使用により設備が故障した場合の貸し手側の修理義務なども確認しよう。

♥いよいよ契約
7月12日（月）

朝一番でキムさんから電話。結局、3500元は変わらないけど、７月分の家賃をタダにしてくれるらしい。しかも即入居可能で、バスタブの取り付けは私が日本に一時帰国している間にやってくれるって。「工事には私が立ち会いますから安心してください」とキムさん。

契約書にサインをする前に、不動産登記済証と納税証明書を確認し、コピーをもらう。それからキムさんが「備え付けの家具と家電を全部リストアップしたほうがいい」と言い出して、大家さんが手書きで記入してくれる。そこまでしなくちゃいけないのかな。

管理費と冬の暖房代は大家さんが負担して、光熱費は私が払うことになった。冬の暖房代は年間数千元するらしい。全然知らなかったから、キムさんがいてくれてよかった。

契約書にサインして鍵をもらったあと、保証金2カ月分、1カ月分の家賃を払う。全部で1万500元。結構な出費だわ。9月分からは3カ月ずつ払うことにする。

引っ越しはいよいよ明日。スーツケースとダンボール5つだから友達に手伝ってもらって運んじゃう予定。そうそう。退寮時に鍵と引き換えに、寮の押金（保証金）を返してもらわないと。

#24「冬の暖房代」
北京のほとんどの家に「暖気」（ヌアンチ）と呼ばれる温水循環式の暖房設備が設置されていて、各部屋の面積に応じて暖房燃料費を支払う仕組み。貸し手、借り手のどちらが払うかを確認するほか、入居時にきちんと作動するかどうかチェックしたほうが無難。寒くなってから修理するのは辛い。

#25「結構な出費」
北京で部屋を借りる場合、一般にギャランティ（保証金）2カ月分、前家賃1カ月分の計3カ月が必要となる。つまり3000元の場合、契約時には9000元支払う。

☞その後のウェンズさん

部屋探しをしているときは気付かなかったのですが、窓枠はアルミサッシの方がいいです。北京は乾燥していて埃がすごいので、古い窓枠だと、土が入り込んで大変なことになります。

あと注意しなければならないのは、日本みたいに「地域ごとの家賃相場」というものがあまり存在しないことです。不便な場所なのに、高額な部屋もありました。ひたすら足で探して、ようやく自分にぴったりの物件にめぐり合えた——という感じです。マンション全体の感じが良かったのも決め手の1つです。

実を言うと、入居した部屋は、見た瞬間に決めていました。部屋に入ったとたん、「ここなら少しぐらい条件から外れていても住みたい」と思いました。1DKなのだけど、ガラス張りのベランダと部屋の間の壁が取り払われていて、結果的に、端っこに小さなサンルームが付いているような感じになっているんです。小さなテーブルと椅子を置いて、お茶スペースにしています。ここがあるから1

DKでも広めに見えるんですよ。実際住んでみると、洗面所のお湯の出が細かったり、壁紙がところどころ浮いていたりするけど、ほとんど気になりません。北京の部屋はやっぱりダメだなと投げやりになったり、契約間際で交渉が決裂したりして、精神的にも大変だったけれど、たくさんの部屋を見られたのは良い経験でした。

仲介会社のキムさんは、その後、衛星テレビが映らなくなったときに、大家さんと交渉してくれたりして、相変わらずパワフルにサポートしてくれています。

最大の懸案、バスタブ（笑）は、正方形の木でできたものを入れてくれました。大家さんの知り合いの家具職人のオリジナルみたいです。シャワーの真下に置いてくれたので、大学の寮のように、シャワーを浴びているうちに、おトイレの方まで水浸しになる心配がなく快適です。

実は私、1人暮らしは初めてなんです。隣に住んでいる中国人のおばさんが「あの部屋は風水がいい」と教えてくれました。前に住んでいたイタリア人は結婚が決まって帰国したらしいんです。私もちょっと期待しています（笑）。

❹遭遇しやすいトラブル

(1)仕事編

■労務トラブルの事例とその解決方法

北京で働くことは当然、日本での勤務とは異なる。日本のように「こんなことは言わなくても常識で分かってくれるだろう」「わざわざ書面で確認しなくても」という考えでは、トラブルを呼び寄せかねない。海外に出たら頼れるのは自分だけということを肝に銘じて、細心の注意を払おう。

求人広告に目を通す段階から⑴給与、⑵待遇（有給休暇、社会保険、年金、住宅手当、海外旅行保険など)、⑶渡航・ビザ申請（費用および手続きのサポート）——といったポイントをチェックし、就職が決まって雇用契約を結ぶ際に、会社側に直接確認する。「だいたい分かった」のレベルではなく、きちんと理解できるまで、しっかりと交渉・質問すること。さらに必ず「雇用契約書」を作成し、雇用条件を明記しておこう。

✿事例①　就業ビザを取らせてくれない

採用面接でＺ（就業）ビザ取得について確認し、試用期間が終わったら手続きを開始することで合意した。しかし試用期間満了から３カ月経った今も、まだＦ（訪問、出張）ビザで滞在している。社長は１週間単位で北京、上海、香港、東京を飛び回り、ゆっくり話す機会もない。忙しそうにしているのを見ると、「自分の都合ばかり主張したら悪いかな」と思ってしまう。６人いる日本人の同僚についても、最近入った３人はまだＦビザのまま。３人で「どうしよう」と相談するが結果は出ていない。

☞アドバイス　最悪の場合は辞職も視野に

Ｚビザに関してルーズな会社は意外に多い。事情はどうあれ、Ｚビザなしで働くことは違法。Ｆビザでの就労が公安局や労働局に摘発され、強制帰国になった例も多い。しっかりと主張すべきだ。それでも改善されない場合はきっぱりと辞める勇気を持とう。

✪事例②　中国人スタッフから無視される

28歳で経験も浅いのに、ただ日本人というだけで、中国人スタッフ５人をまとめる立場に。当初の不安が的中し、今では部下に無視されるようになった。業務にも支障が出ているが、誰にも相談できない状態が続いている。

☞アドバイス　能力と行動でアピール

まず「無視されている」と感じる具体例があるか、冷静に確認する必要がある。単なる思い過ごしというケースも多いからだ。本当に無視されているのであれば、速やかに日本人上司および中国人上司に相談する。同時に、一番早く出社し一番遅く帰るなどきちんとした勤務態度をアピールしよう。企画力でも顧客ケアでもなんでもいいから、中国人スタッフにはできない何かを見つけよう。無視されてもきちんと話かけるなど、自分から溶け込む努力も欠かせない。

✪事例③　ライバル会社への転職で大揉め

中国系大手出版社で２年間編集を担当していた実績を買われて、ヘッドハンティングされた。転職先は新しく設立された小規模な出版社。契約書どおりに退社３カ月前に書面で会社側に通知し、引き継ぎも滞りなく進んだ。ところが、退職まで２週間というときに突然、人事部に「競合他社への転職は認められない」「ノウハウと人材流出で予測される損失の賠償を求める」と言われ、途方に暮れている。

☞アドバイス　相手の面子に最大限の配慮を

ライバル会社（競業会社）への転職などを禁止する「競業避止義務」が就業規則、労働協約、労働契約書などで規定されていなければ、人事部の言い分に法的根拠はない。とは言え、面子を重んじる中国企業、特に大手はライバル会社への転職を極端に嫌う。ここで「では裁判で闘いましょう」と強硬な態度に出ると、事態はさらに悪化する。中国人が面子と同じように重視する「感情」（人情、友情）に訴えてみよう。せっかく良好な関係を築けたのだから、今後もその関係を維持したいと穏やかに説けば、事態が好転する可能性は高い。相手の面子と自尊心を最大限に尊重していることを態度で示すことが有効だ。

✿事例④　社長の人柄に魅かれて入社したが業績不振

40歳のカリスマ経営者と意気投合してITベンチャーに入社。待遇はそれほど良くなかったが、大きなビジネスに結びつきそうな予感があった。マーケティングを担当していたが、入社半年後、資金繰りが悪化し、給与が未払いに。調達に奔走する社長は日本に帰国したまま北京に戻らなくなり、電話しても「月末には入金があるから」と繰り返すのみ。取引先への支払いも滞り、社員の士気も下がりっぱなしだ。

☞アドバイス　儲け話とリスクは表裏一体

ベンチャー企業に就職して飛躍を目指すのもいいが、その裏にあるリスクもきちんと自分で引き受ける覚悟は必要だ。軽い気持ちで就職するのは誤り。甘い話に乗ってしまっただけと言われてもしかたがない。入社前は難しいかもしれないが、入社後であれば経営状態は自ずと見えてくるはず。給与未払いになる前に転職活動などの行動を取るべきだった。自分の判断に自信がもてないときは、人材紹介会社などを通すことで、倒産や給与未払いリスクはある程度避けることができる。

(2)住居編

■不動産賃貸トラブルの事例とその解決方法

住む場所を探す際にも北京独特の常識があることを理解しなければならない。「新築物件はトラブルが多いため避けたほうがいい」「見学に行ったら、お風呂もシャワーもない物件を紹介された」といった、日本の常識が通じないケースも多い。

見学時には、水回り、ガス・ガス器具、湯沸かし器、トイレ、空調、電話、家具、建物の設備などをしっかりと確認しよう。前の入居者が精算せずに退去したため電話が使用できないなど、トラブルの実例は枚挙に暇がない。

気に入った物件が見つかったら、契約を交わす。契約書は基本的に中国語で書かれており、内容も難しいため、言葉に自信がない場合は、日系や外資系の不動産会社に仲介を頼んだり、中国人の友人や同僚にサポートをお願いしたりするなどして、トラブル回避に努めたい。契約書をチェックする際は「まあ、こんなもんかな」という甘い考えは捨て、浮かんだ疑問はすぐに確認し、条項に盛り込んでもらおう。

住環境は生活の基本中の基本。今後の北京での生活を順調に進めるためにも、妥協せず、納得できる物件を探そう。

✿事例①　他の部屋より家賃が高かった

入居から数カ月が経ち、周囲の様子も把握できるようになった。同じマンションに住む外国人と親しく行き来するうち、自分の部屋の家賃が相場をかなり上回っていることに気付く。また、周辺にも安くて良質な物件がたくさんあることを知り、仲介業者にクレームをつけたが、全く取り合ってもらえない。

☞アドバイス　事前の調査は念入りに

北京では部屋のオーナーが個人的に賃貸に出す場合が多いため、

同じ間取りでも家賃が異なることはよくある。備え付けの家具の質、光熱費負担の有無、受信できるテレビチャンネル数なども賃貸料に影響する。その一方で、明らかに同じ条件なのに家賃が1000元以上も違うケースも。そのほとんどが事前の調査不足によるもの。複数の不動産会社を通じて相場を比較するなど、足を使った事前の調査が肝要だ。

❂事例②　突然立ち退きを迫られた

築20年のマンションだったが、市の中心部に位置し、職場にも近く、かなり気に入っていた。ところがある日、不動産会社とオーナーが連名で立ち退きを求める書類を送ってきた。理由は老朽化による取り壊し。先月、契約を更新したばかりということもあり、苦情を言ったが「北京市当局が決めたこと。敷金は返すので、1カ月以内に出て行け」と事務的な返答があっただけだ。

☞アドバイス　「異国」と割り切って新しい部屋を探すべきだ

立ち退きにより、引っ越しなどの負担や生活環境の変化など、賃借人はさまざまな不利益を強いられる。新しい住居を見つけられなければ住む家もなくなる。日本であれば当然「借り手の権利」を主張できる。ところが、都市再開発が急ピッチで進む北京では、地元住民さえも驚くような「立ち退き命令」が公的機関から出されることもあり、多くの人が涙を飲んで命令に従っている。「異国だから仕方ない」と割り切って、すぐに部屋探しを始めよう。敷金の全額返却や引っ越し代の負担など「貸し手側の都合による中途解約」に関する条項が記されている場合はそれが適用される。

❂事例③　ビザ更新に必要な書類の提出を拒否された

ビザを更新するため、地元派出所への登記と公安局出入境管理局での手続きが必要となった。地元派出所で「賃貸契約書」と「租賃治安（不動産賃貸）許可証」のコピーを提出するよう求められ、家

主にお願いしたが、いろいろ言い訳を並べられ、結局拒否された。

☞アドバイス　契約を交わす前に必ず確認を

脱税などの目的で家主が必要な手続きを嫌がる場合も。残念ながら、契約を交わし家賃を受け取ったとたんに非協力的になる家主もいる。こうした事態を避けるため、「家主がビザ更新に必要な書類を提出しない場合、契約は無効とする」といった条項を盛り込むことをお勧めする。新規にビザを申請する場合は、ビザ取得後に家賃を支払うなどの予防策も考えられる。

☼事例④　入居後に本物の家主が現れ、家賃を騙し取られた

業務の都合上、急いで部屋を決めなければならず、日系不動産会社に連絡し、予算と希望の条件を伝えた。紹介された物件はかなりの予算オーバーだったが、不動産会社を信頼して契約。ところが入居後すぐに、正式な登記証明書をもつ「本物の家主」が現れ、敷金と半年分の家賃を騙し取られたことに気づく。唯一の味方だったはずの不動産会社も不誠実な発言を繰り返し、仕事にも大きな支障が出た。

☞アドバイス　多額の家賃を先払いするのは危険

１年分の家賃を先に払ってしまうと、トラブル発生時には回収できないことが多い。契約は1年更新、家賃は3カ月払いが一般的。また経験豊富な不動産会社であってもトラブルに対処できない場合もあり、やはり「自分の身は自分で守る」という心構えが必要だ。類似ケースとして「部屋を買い取った」と別人が家賃の取立てにくることも。いずれの場合も登記名義の確認が欠かせない。

北京で暮らす

❶交通

(1)バス(公共汽車)

北京に来たばかりのときは、バスを乗りこなすのは「至難の業」と感じるかもしれない。しかし実際に生活をスタートさせ、行動のパターンが決まってくれば、バスでの移動はとても便利。交通費の節約にもなる。バスの路線は「300路」「137路」というように「＊＊路」で示す。運行時間はだいたい５時から23時ぐらいまで。

普通の大型バス（公共汽車）は前後どちらの入り口からでも乗り降りできる。赤いラインが入った２両編成のバスもある。料金は１元から。バスの中央付近に座っている車掌に行き先を告げて切符を購入する。路線はかなり整備されている。乗り換えのコツさえつかめば、行動範囲も広がるはず。各バス停には全停留所の名称や料金が記された看板が立っているので、乗る前にチェックしておこう。バスが来たら、車両に表示されている路線番号を確認する。

車掌のいないワンマンカー（無人售票車）では乗車の際、前方の運転席の隣にある箱に料金を入れる。お釣りはもらえないので、小銭を用意する必要がある。路線番号の前に「特」の字がある２階建てバスでは、乗車後、巡回してくる車掌から切符を買う。料金は一律２元。

市の中心部にはミニマイクロバス（小公共汽車）もある。全区間１人１～３元で、大型バスと異なり、バス停以外の場所での乗り降

▲バスは大切な庶民の足

りが可能なので便利。手を挙げてバスを停め、乗り込んだ後に車掌に行き先を告げて、料金を支払う仕組み。目的地が近づいたら、車掌に言って停めてもらう。タクシーと同じようにドア・ツー・ドアの移動ができる。

トローリバス（無軌電車）では前後の入り口に車掌が１人ずつ乗っている。乗車券は１元から。１路、４路、52路、57路が市内を横断している。

エアコン付バス(公交空調車)は808路、801路、802路などの線路。北京の繁華街を通っている。乗車料金は２～11元。２階建てバスは主に長安街、前門大街、２環路を走る。車掌から切符を購入する。

このほかには、郊外へ行く「旅遊バス」がある。春から秋にかけて、週末に運行される。万里の長城をはじめ、郊外の観光地へ行くときに利用したい。万里の長城行きのバスは約35元からで、前門、北京駅、西直門付近などにあるバス停から出発している。

問い合わせ先は☎6103‒5066。

バス関連のトラブルについては「バス管理処（☎6326-6808）」に通報する。

⑵地下鉄（地鉄）

比較的分かりやすい北京の地下鉄。路線は ⑴東の郊外の「四恵東」から西の郊外の「蘋果園」を結ぶ１号線、⑵環状線になっている２号線、⑶市の北東部を循環する13号線、⑷「四恵」から東に延びる八通線――の４本が通っている。

１号線と２号線は、「復興門」と「建国門」、２号線と13号線は「東直門」と「西直門」で乗り換える。乗車券は一律３元。地下鉄の運行時間は５時～22時40分。５～10分間隔で走行している。朝夕のラッシュ時は２～３分間隔だが、かなり混雑する。

基本的に乗り換えは無料。１号線または２号線から13号線への乗り換え（その逆も同様）は、乗車の際に５元の乗車券を購入する。１、２号線と八通線の乗換切符は４元。

窓口で５元払えば、愛想のない係員が自動的に乗車券を手渡してくれる。混雑する時間帯は、100元札は嫌われるので、せめて10元札、20元札を用意しておこう。

ラッシュ時や雨の日などは窓口に長い列ができることもある。以前は列など作らず、みんなが窓口に突進するため、慣れない観光客や外国人は、いつまで経っても切符を購入できず、うろうろするばかりだったが、北京でも「並ぶ」という習慣が一般化したことはとてもありがたい。

それでも時々横入りしようとする人が出現する。そういうときは「請排隊《チンパイトエ》（並んでください）」とクールに注意しよう。周囲からも「留素質《リウスージ》（マナーを守れ）」という厳しい声が飛んでくることだろう。

切符を手に入れたら、改札係に乗車券を渡し、半券を返してもらう。係が話に夢中で半券が返ってこないことが多いが、そのまま乗り込んでも特に問題はない。清算に必要な場合や記念に残しておき

▲路線を把握できれば、地下鉄には便利な乗り物。積極的に利用しよう

たいという人は「要票《ヤオピアオ》（切符を下さい）」と言えば、乗車券をビリっと豪快に破いて、半分だけ返してくれる。身長1.1メートル以下の児童は無料。大きな荷物（人間1人分のスペースが必要な大きさ）を持ちこむ場合は、その分の料金を支払う。

ホームの柱に各駅までの所要時間が示されたボードが貼り付けてあり、分かりやすい。北京の人は高齢者や幼児に当たり前のように席を譲る。ぜひ見習いたい。目的地に着いて車両を降りると、ホームに駅周辺の地図が表示されているので、出口を確認しよう。

■路線各駅（【　】は乗換駅）

●1号線

四恵東–四恵–大望路–国貿–永安里–【建国門】–東単–王府井–天安門東–天安門西–西単–【復興門】–南礼士路–木樨地–軍事博物館–公主墳–万寿路–五棵松–玉泉路–八宝山–八角遊楽園–古城路–蘋果園

●2号線（環状線）
北京站–崇文門–前門–和平門–宣武門–長椿街–【復興門】–阜成門–車公荘–【西直門】–積水潭–鼓楼大街–安定門–擁和宮–【東直門】–東四十条–朝陽門–【建国門】–北京站
●13号線
【西直門】–大鐘寺–知春路–五道口–上地–西二旗–龍澤–回龍観–霍営–立水橋–北苑–望京西–芍薬居–光熙門–柳芳–【東直門】

⑶タクシー（出租汽車）

北京の道は歩きにくい。ワンブロックの距離が長いため、地図上では「ほんの少しの距離」に見えても、実際に歩いてみるとなかなか目的地に着かない——ということが多い。値段が安いこともあり、タクシーを頻繁かつ気軽に利用している人がほとんどだ。天安門広場や北京駅の周辺、繁華街など、駐停車禁止区域以外は、手を挙げて合図をすれば、どこにでも停まってくれる。雨の日などタクシーがなかなかつかまらないときは、近くの大きなホテルに行き、門の前で待機しているタクシーを呼んでもらおう。

4キロ未満までの初乗りはすべて10元で、走行料金は小型車（シャレードなど）、中型車（サンタナなど）、大型車のいずれも2.0元／キロメートル。待ち時間は5分ごとに1キロメートルとして計算される。郊外（片道15キロメートル以上）は50%、夜間（23:00〜翌5:00）は20%の割増。

タクシーに乗ったら、行き先を告げる。うまく伝わらない場合は地図を見せたり、目的地の住所を記した紙を示したりするとよい。最近は国有企業をリストラされて、新しくタクシーの運転を始めた人も多い。運転がかなり乱暴な場合もあるので、十分に注意しよう。逆に、タクシーの屋根の上についている「出租汽車 TAXI」という表示の横の赤い星は「優良ドライバー」の証。

降りるときに領収書をもらっておくと、忘れ物などのトラブルに

▲2004年から投入された新デザインのタクシー

も迅速に対処できる。とは言っても、忘れ物が出てくることはほとんどない。下りるときには必ず車内を確認しよう。

正規タクシーは、(1)ナンバーが「京B」、(2)フロントガラスに「営運証」「TAXI」のステッカー、(3)メーター走行、(4)助手席の前の「服務監督カード（運転手の顔写真と会社名、登録番号などが入った証明書）」——などが目印となる。

「黒車（白タク）」と言って営業許可書のない車が客引きをしているケースがある。空港ロビーで「タクシー？」と声をかけられても無視して、正規のタクシー乗り場を利用するようにしよう。空港から市内へは高速代を含めても100元前後。タクシー関連のトラブルについては「タクシー管理処（☎6835-1150）」に通報する。

つり銭がないことが多いため、小銭（1、5、10、20元札）を用意すること。「お釣りは運転手が用意しておくもの」という先進国的発想は、北京では通用しない。

▲北京の中心部を東西に横切る長安街を走るバス

⑷地方への交通手段　長距離バス（長途汽車）

国土が広い中国では、長距離バスが主力交通機関となっている。空調バスや寝台バスも増え、快適な旅が楽しめるようになった。北京市内には十数カ所の長距離バスターミナル（長途汽車站）がある。

主な長距離バスターミナルは「趙公口」（朝陽区永定門外南三環中路34号)、「東直門」（朝陽区東直門外斜街45号)、「西直門」（海淀区北下関２号)、「永定門」（北京南駅広場東側）など。天津行きは永定門や西直門から発車する。

窓口では定時に出発するバスの切符を売っている。列車と違い、切符は当日でも購入可能。数日前から販売している路線もある。また車内で切符を購入する場合も多い。ターミナルで呼び込みをしている係員からも切符を購入できるが、バスによってはある程度の人数が集まらないと出発しないことがある。基本的に座席指定がないため、早めにバスに乗り込み、席を確保したい。

乗車時間が長いバスでは、食事時間になると食堂に寄る場合もあるが、あまり清潔ではなく、味もいまひとつなので、乗り込む前にパンやスナック菓子、ミネラルウォーターなどを用意しておこう。スリも多いので、荷物には最大限の注意を払うこと。

⑸地方への交通手段　鉄道(鉄路)

鉄道は中国語で「鉄路」、列車は「火車」という。北京駅は国内各都市と長距離列車で結ばれている。1000元単位の飛行機と違い、わずか数百元で長い距離を移動できる列車は、恒常的に混雑しており、切符もなかなか取りにくい。

北京にある主要な鉄道の駅は、北京駅、北京西駅、北京北駅（西直門)、北京南駅（永定門）の４つ。90％の列車は北京駅と北京西駅を利用している。基本的には、国際鉄道幹線や北方（長春や大連など）に向かう列車は北京駅を、南方（上海や香港など）へ行く列車は北京西駅を通る。北京からはチベット、海南省、台湾省を除く各省（直轄市・自治区）の省都や主要都市へ行くことができる。このほか、６本の国際鉄道幹線があり、ロシア、ベトナム、モンゴル、北朝鮮へ通じている。

列車の種類は「快速特急（快速特快)」「特急（特快)」「急行（直快)」「準急（快客)」「快速（直客)」「各駅停車（客)」などがある。列車の種類は「＊＊次」と表示されている。

列車の乗車券では、寝台車が「一等寝台(軟臥)」と「普通寝台(硬臥)」、一般座席が「一等席（軟座)」と「普通席（硬座)」に分かれている。「軟臥」は上・下段の２段ベッドが向かい合うコンパートメント寝台。この車両のみ冷暖房完備で快適に過ごせる。

観光シーズンでないときでも、当日の切符購入はかなり難しい。事前に市内にある切符前売所や駅の販売窓口で買う。北京駅や北京西駅には外国人用売り場がある。時間がない場合は、旅行社やホテルに頼むという方法もある。

▲現在「地下鉄オリンピック支線」などが建設中。2008年までに完成する

北京駅では、入り口から入って１階左奥に外国人用売場がある。プラットホームへ行くには、中央部にある乗車口（進站口）からエスカレーターで２階へ上る。改札時間が来たら待合室の先端にある改札を通ってホームに入る。軟臥の待合室は１階左にあり、そこから乗車する。

８時間以上移動する場合は、硬座ではかなりつらい。特に旧正月、メーデー、国慶節（10月１日）の連休中は、何億人という人が国内を移動するため、「８時間立ちっ放し」という恐ろしい経験をする可能性も高い。

車内ではお弁当やインスタントラーメンを売っているが、自分で持ち込んでも構わない。北京駅の売店で真空パックの北京ダックを買って、車内で食べる人もいるらしい。

列車の旅の楽しみは、一般の中国人の日常が垣間見られること。外国人だと分かると質問攻めに合うが、それも旅の楽しい思い出となるだろう。窓の外を流れる景色も雄大だ。

(6)国内線飛行機(飛機)

鉄道なら数日かかる移動も、飛行機なら数時間で済む。国内線主要各社のカウンターやチケットセンターのほか、旅行社、ホテルで航空券の予約、購入が可能。正規料金の半額近くの格安航空券もあるが払い戻しや他の便への変更ができないという制限付きのものもある。購入時には、氏名、連絡先、パスポート番号を告げる。

最近は人々の生活レベルが向上し、航空機を利用する人が増えている。連休前や混雑する路線については、早めに予約したほうがよい。

北京首都空港に着いたら、国内線ロビーに向かい、空港管理建設費（機場管理建設費）50元を払う。国内線チェックインカウンターは、航空会社ごとにブロックに分けられている。中国国際航空(CA)を例に挙げると、F～Gのブロックであればどのカウンターでもチェックインができる。国内線のチェックイン時間は出発の1時間50分前から30分前まで。チェックインには航空券とパスポートが必要。

主要航空会社

航空会社	電話番号	住所
中国国際空港	6601-3336	西城区西長安街15号 民航営業大廈
中国北方航空	6601-7755（内線）2720	
中国西北航空	6601-7755（内線）2720	
中国西南航空	6610-7579	
中国東方航空	6468-1166	

❷医療

北京ではここ数年、医療の質は大きく改善されている。その一方で、言葉の問題や衛生に対する意識の違い、また病院によっては高額な医療費など、注意しなければならない点も多い。

(1)医療機関

北京の医療機関は3つのカテゴリーに大別される。

■総合病院内の「外国人専門外来」

日本人が利用するのは主に、米ロックフェラー財団が設立した「北京協和医院」と日本の無償資金協力によって設立された「中日友好医院」の2つの総合病院。外国人専用外来、入院病棟があり、高い医療技術、近代的医療機器を誇る。診察は、中国語、英語、日本語で行なわれる。清算には、人民元の現金ほか、クレジットカード、保険会社のキャッシュレスサービスが使用できる。

■外資系クリニック

各国の救急医療サービス会社が設立したクリニック。ホームドクター的役割を果たす。クリニックで解決できないような疾患や事故の場合、総合病院に移送され、治療を受けることもある。北京和睦家医院（北京ユナイテッド・ファミリー病院）以外は、基本的に入院はできない。英語、日本語を話せる医師や看護婦がいる。支払いは人民元やドルの現金、クレジットカード、保険会社のキャッシュレスサービスが使用できる。

■中国人向け病院

一般の市民が利用する病院。基本的に中国語しか通じない。医療

技術や衛生面での問題も考慮すべきだが、医療費が格段に安い。受付(中国語で「掛号」)など、診療の手続きが複雑なので、中国語が分かる人に付き添ってもらうとよい。支払いは基本的に人民元のみ。

中日友好医院国際医療部
所在地：朝陽区北三環路和平路北東側
受付☎6422−2952（日本語専用、24時間対応）
☎6420−3246（酒谷医師オフィス直通、但し緊急時のみ）
☎6422−1122（内線4391、葉医師オフィス）

北京協和病院（東院、王府井）
所在地：東城区王府井師府園１号
受付☎6529−5269
日本語可☎6529−5262
急診電話☎6529−5284（英語）

北京ユナイテッド・ファミリー病院（北京和睦家医院）
所在地：朝陽区将台路２号（麗都飯店、日本人学校近く）
急診電話☎6433−2345（24時間対応）
英語ホットライン☎1369−362−3031（24時間対応）
日本語予約☎6434−5273

北京インターナショナル（SOS）クリニック
（北京国際 SOS 救援センター）
所在地：朝陽区幸福三村１号　北信租賃中心Ｃ座
受付☎6462−9112（24時間対応）
緊急センター☎6462−9100（24時間対応）
日本語受付☎6462−9054

北京朝陽天衛診所
所在地：朝陽区南新園西路８号　龍頭公寓南棟１Ｆ
受付☎8675-0033（常時日本語による電話受付）

インターナショナルメディカルクリニック（北京国際医療中心）
所在地：朝陽区亮馬橋路50号　燕莎中心オフィス楼/公寓
受付☎6465-1561／62／63（英語、中国語、24時間対応）

北京香港インターナショナルメディカルクリニック
（北京香港国際医務診所）
所在地：東城区朝陽門北大街２号港澳中心弁公室９Ｆ
受付☎6501-4260（日本語可）
日本語受付☎6502-3426

⑵赴任前に

①常備薬や既往症の薬の準備

日本で使用される一般の常備薬のほとんどは、北京でも購入できる。しかし慣れない環境での生活を考慮して、入国時に持参したほうがよい。また既往症の薬は、あらかじめ日本で多めに処方してもらうこと。大量に持ち込む場合は、医師の診断書（中国語、英語）が必要になる。

風邪薬（コンタック＝康泰克)、痛み止め（バファリン＝保服霊)、下痢止め（正露丸)、虫刺され薬、目薬などの薬が手に入るが、成分や配合は日本で市販されている薬と必ずしも同じではない。反対にマスク、伸縮性の高い包帯、眼帯、消毒液などはあまり見かけない。

②予防接種

中国では経口感染疾患が多く、生水や生ものはできるだけ避けること。事前にＡ型肝炎、Ｂ型肝炎、破傷風などの予防接種を受け

ておくとよい。乳幼児の予防接種については、日本脳炎、麻疹、3種混合（ジフテリア、百日咳、破傷風）ワクチンなどは現地でも受けられる。ポリオ、BCG、MMR(麻疹、風疹、おたふくかぜ予防用)の接種も可能。

③健康診断

中国で就業ビザを取得する際、指定医療機関での健康診断が義務付けられている。

(3)北京で注意すべき疾患

①エイズ

中国衛生省の発表によると、HIV感染者は中国全土で60万人に達していると推定され、当局は2010年までに感染者数を150万人以下に抑えるための防御策に努めている。不特定多数との性交渉や注射針による感染に注意したい。

②性感染症

当局の発表では1999年の時点で性感染症の患者数はおよそ84万人とされているが、一部には400万人が何らかの性感染症にかかっているとする推定もある。

③経口感染症

細菌に汚染された飲食物を経口で摂取した場合、下痢、腹痛、嘔吐、発熱などの症状を引き起こすことがある。手を洗い、生ものや生水をさけ、火が通ったものを食べるようにするなど注意が必要。

残留農薬や寄生虫対策としては、野菜はよく水にさらしてから調理し、できる限り生食は避ける。

上水道は比較的整備されているが、重炭酸カルシウムを主成分とする硬水であるため、そのまま飲用することはできない。1分以上

煮沸したものを飲むか、ミネラルウォーターや蒸留水を購入するほうがよい。製氷する際も、沸騰水やミネラルウォーターを用いる。外国人家庭の多くが、蒸留水のタンクを装着するタイプの装置を使用している。

(4)その他

■救急車

北京では「120」または「999」に電話すると、24時間対応で救急車が駆けつけてくれる。有料。オペレーターは中国語しか話せない。また希望の病院に搬送されるとは限らないため、タクシーなどで行き慣れた病院に向かうほうが早く適切な治療が受けられる。

❸IT事情

(1)インターネット

日本の電圧が100ボルトなのに対し、中国は220ボルト。そのため日本からパソコンを持ち込む場合には、100〜240ボルトの国際対応アダプタをそろえた方が無難。北京で使われている電話やLANのモジュラージャックの形状は日本と同じ。そのため、パソコン、モデム、バッテリー、モジュラージャックがあればインターネットが使用できる。ただし過電流などからモデムを保護するためのモデムセーバー（商品名）を用意することをお勧めする。

北京でインターネットを利用するには、プロバイダに加入するか電話代と一緒に料金を請求される番号を使用して、メールアカウントを取得するといった2種類の方法がある。

■代表的プロバイダ

中国網通（CNC）は電話局で申し込みができる。手続きには申請書とパスポートのコピーなどが必要。

■プロバイダに加入せずに接続

パソコンとモデムと電話線があれば、ダイヤルアップネットワークに設定して、インターネットを利用することができる。通信料は電話の通話料金とともに請求される。無料メールアカウントの取得もOK。次の表の数字を使えばダイヤルアップで、プロバイダに加入せずに接続が可能。契約を交わしたり、事務所に行ってお金を払ったりしなくてよいので便利かつ気軽に利用できる。オフィスやホテルからのアクセスには外線番号（0や9）などが必要な場合も。

接続電話番号	16900	95963	96600
ユーザーネーム	169	263	なし
パスワード	169	263	なし

最近はブロードバンドやADSLがかなり普及している。電話局へ行き、中国網通を通じて申請手続きを行う。初期工事費と月々の使用料の支払いが必要。

■その他の注意事項

●日本国内で購入したパソコンを持ち込む場合には、リカバリーディスク、取扱説明書など付属品を必ず持参すること。

●ウイルス対策ソフトを必ずインストールし、定期的にアップデートすること。中国公安部のデータによると、2004年6月時点で、中国のパソコンユーザーの87.9％が、コンピュータウイルスに感染した経験がある。そのうち57.1％が3回以上感染しているなど、ウイルス被害は深刻だ。感染ルートはメールだけでなく、蔓延する海賊版ソフトが原因の場合もある。「ウインドウズ2005」などあり得ない名前のソフトも出回っているので、おもしろ半分に購入することのないよう気をつけたい。

(2)携帯電話

■基本事情

中国情報産業省は2005年の中国の携帯電話ユーザーが4億人を超えると予想しており、世界の大手通信企業が最新の技術の導入を目指している。

主な通信会社は「中国移動」(チャイナモバイル）と「中国聯通」(チャイナユニコム）の2大キャリアが中心で、通信網は(1)「中国移動」の「全球通」「神州行」「M-ZONE」と(2)「中国聯通」の「GSM」「如意通」「CDMA」――サービスを展開している。中国では送受信ともに料金がかかる。中国の第2世代携帯電話はGSM（Global System for Mobile Communications）方式であり、日本のPDC (Personal Digital Cellular）方式の携帯電話を中国に持っていっても通じない。

知人・友人との連絡以外にも、困ったときやトラブルに巻き込まれたときなど、携帯電話の利用範囲は幅広い。価格は中国製が約800元から。最近は携帯にお金をかける傾向にあり、頻繁に新機種に買い換える学生も多い。ホワイトカラーの間では2000～3000元のカメラ付き機種が人気のようだ。日系メーカーやノキア、モトローラなど外資メーカーの製品の方が、故障も少なく安心できる。

GSM方式の携帯電話はカバーの交換が簡単なため、中古品のカバーを交換して新品として売られているケースもある。また充電器、基板、液晶などのパーツだけでなく、箱、説明書、メーカーの認定シールを販売する店まであり、中古品を新品として販売する業者が大勢いる。またバッテリーにも偽物が存在する。そのため携帯電話を買うときは、デパートや家電チェーンなど規模の大きな店で買うようにしたい。

中国の携帯電話はプリペイド方式が一般的で、携帯電話本体は日本より割高。「電話番号」も購入しなければならない。加入手続きをした都市以外で携帯電話を使用した場合、ローミング扱いとなり

通話料が高くなるため、特別な事情がない限り住んでいる都市で加入しよう。

また中国の携帯電話同士の文字情報交換は、メールではなく、ショートメッセージ(SMS)が主流。中国のGSM方式の携帯電話は基本的にインターネットにつなぐことができない（一部例外あり）。

■サービスプラン

●GSM携帯

携帯電話本体と契約用のICカード（SIMカード）があれば通話可能。電話番号は本体とSIMカードに保存できる。電波の強さは日本の携帯電話の3倍と言われている。

a）契約（後払い）タイプ：毎月基本料金を支払う。着信転送や国際ローミングなど様々な付加機能の利用が可能。外国人が購入する場合はパスポートおよび中国企業または中国人の保証が必要。通話料のほかに中国移動では月50元、中国聯通では月45元の基本料金がかかる。

b）プリペイド方式：基本料金ゼロで、保証金が不要。50元、100元、200元、300元など購入したカード分の通話ができる。料金追加の場合に必要なカード(「充値カード」と呼ぶ)は、新聞スタンド、携帯電話会社のカウンター、コンビニエンスストアなど市内の至るところで販売されている。国際電話も可能。中国移動のプリペイドカードは「神州行《シェンジョウシン》」、中国聯通は「如意通《ルイトン》」と呼ばれる。カードの裏のスクラッチ部分をこすり、出てきた暗証番号を入力する。

●PHS方式

中国電信のPHSは「小霊通《シャオリントン》」と呼ばれている。使用範囲は北京市内四環路の内側で、ビルの高層階や地下などは電波が届かない。2004年12月にようやく携帯電話との間でショートメッセージ(SMS)が交換できるようになった。(1)65元または75元で市内かけ放題、(2)基本料金は25元、通話料金は固定電話と同じで、国際電話が可能——という2つのプランがある。

■一番簡単な携帯電話の買い方、使い方

大型のショップへ行き、気に入った携帯電話を買う。プリペイド方式のものであれば、電話会社との契約など面倒な手続きは一切要らない。携帯電話の本体購入後に必要なものは中国移動の「神州行」または中国聯通の「如意通」というSIMカード。このSIMカードに電話番号が付いている。電話番号は通常であれば150元、末尾に縁起が良いとされる「8」や「9」が付いている番号は割高になる。四川省で固定電話の番号「8888-8888」がオークションで、3000万円で落札されたこともあるほど、中国人は番号にこだわる。

携帯電話にSIMカードをセットする。SIMカードには通話料50元分が付いているので、携帯電話の電源を入れたら「13800138000」をダイヤルして、50元分をチャージする。携帯電話を買い換えても、SIMカードを換えなければ同じ番号が使えるほか、カードに保存してある電話番号の記録などの情報もそのまま使用できる。

❹銀行

(1)お金の基本

■通貨の種類

法定通貨は人民幣（レンミンビー・人民元・RMB)。中国人民銀行が発行する。通貨単位は元（ユエン、口語ではクアイ）と呼ばれる。その下に、角（ジャオ、口語でマオ)、分（フェン）がある。1元＝10角＝100分。ただし分はほとんど使用されていない。

●紙幣

1分、2分、5分、1角、2角、5角、1元、2元、5元*、10元*、20元、50元*、100元*

＊これらの紙幣は新旧２種類ある。

●**硬貨**

１分、２分、５分、１角、５角、１元

■両替

●**両替**

現金からだけでなく、トラベラーズチェックからの両替も可能。中国銀行各支店のほか、中国工商銀行、中国人民建設銀行、中国農業銀行の一部支店、ホテル、空港、友誼商店（燕沙友誼商城は9：00～21：00、友誼商店は9：00～21：00）などで両替できる。レートはどこもほぼ同じ。パスポートの提示を求められることがある。銀行の入り口などで「両替ですか（換銭＝ホワンチエン)」と声をかけてくる人たちがいるが、違法の闇両替商である。トラブルに巻き込まれたり、違法行為として処罰されたりする可能性があるため、絶対に利用しないこと。

●**再両替**

余った人民元は帰国の際に空港内の銀行で再両替できる。外貨交換証明書（両替時にもらうレシート）が必要。両替した額の半分しか再両替できず、証明書の期限は６カ月なので、日本円から中国元へ両替するときは、余分なお金が出ないようにきちんと計算しよう。１人当たり６000元までの国外持ち出しが認められているため、日本に持って帰り、再訪中の際に使用することもできる。日本では人民元から日本円への両替はできない。

■クレジットカード

デパート、３つ星クラス以上のホテル、ショッピングセンター、レストランなどではVISAやマスターなどのクレジットカードが利用できる。

(2)銀行口座

■中国の銀行に口座を開く

中国の銀行で個人口座を開設する場合、「在折張戸」（日本でいう通帳式普通預金）が一般的。パスポートが必要となる。外貨口座、人民元口座のほか、マルチマネー（多幣）口座があり、円・ドルの両方の預金が可能。出入金の際の手数料はかからない。口座には「定期帳戸」（定期預金）や「活期帳戸」（普通預金）などさまざまな種類がある。暗証番号（4桁または6桁）を登録すれば、通帳、キャッシュカードで引き出しができる。印鑑は不要。外貨預金は定期預金と普通預金の2種類。

●中国の銀行／本店

中信実業銀行	6554-1658	東城区朝陽門北大街8号
中国人民銀行	6619-4114	西城区成方街32号
中国工商銀行	6610-7156	西城区復興門内大街55号
中国銀行	6601-6688	西城区阜成門内大街410号
中国建設銀行	6621-2836	西城区金融大街25号
中国農業銀行	6821-1610	西城区復興路甲23号
光大銀行	6856-5577	西城区復興門外大街6号
華夏銀行	6615-1199	西城区西単北大街111号
中国投資銀行	6304-3388	宣武区宣武門外大街88号
北京市商業銀行	6352-0159	宣武区右安門内大街65号

●外資系銀行／北京支店

三和銀行	6518-2780	東城区恒基中心2座410号
東京三菱 UFJ 銀行	6590-8888	朝陽区発展大廈2階
みずほコーポレート銀行	6525-1888	朝陽区長富宮弁公楼8階
シティバンク	6510-2933	東城区光華長安大廈16号

▲各銀行の支店はあちこちにあり、比較的便利

(3)中国への送金

■銀行を利用する

外為取扱（公認）銀行から送金する。「外国送金依頼書」に必要事項を記入し、窓口で送るお金と手数料を渡す。

●外為取扱銀行＝中国銀行東京支店や都市銀行など中国銀行と取引のある銀行

●外国送金依頼書の記入事項（アルファベットで記入する）

・送金金額
・受取人氏名住所
・仕向銀行、支店名
・口座番号
・送金人氏名住所

送金手数料と到着までの日数

	送金手数料	取扱手数料	日数
普通送金	2000円	1500円～(金額によって異なる)	10～14日 ＋国内支店間移動時間
電信送金	2500円	1500円＋電信料1500～2500円	2～4日 ＋国内支店間移動時間

この他、円建ての際は別途手数料1500円が、米ドル建ての際は両替手数料（1ドル当たり1円）必要となる場合もある。

所得税について

中国国内で就業する外国人には、個人所得税が課せられ、税率は次の通り。4000元までは非課税。中国は累進課税方式を取っており、税務局に申告し、納税しなければならない。

給与課税所得(給与－控除額)	税率（%）	速算控除額（元）
500以下	5	0
500～2000	10	25
2000～5000	15	125
5000～2万	20	375
2万～4万	25	1375
4万～6万	30	3375
6万～8万	35	6375
8万～10万	40	1万375
10万以上	45	1万5375

外国人個人所得税の計算式：

給与課税所得（所得金額－4000元）×税率－速算控除数

たとえば月給15,000元の場合、税額は

（1万5000元－4000元）×20%－375元＝1825元

で、手取り給与は1万3175元となる。

■郵便局を利用する

国際送金取扱郵便局で送金が可能。受取人の住所宛てに申し込む。送金手数料は、送金額10万円で1000円、10〜20万円で1500円、20〜60万円で2万円。送金にはおよそ3週間かかり、受取人には郵便局から通知が届く。

❺生活費の目安

どこまで日本にこだわるか——。北京生活の予算を組み立てる時の大きなポイントとなる。逆に言えば「どこまで現地のモノを活用できるか」ということである。中国は物価が安いことで知られる。しかし、米調査会社マーサー・ヒューマン・リソース・コンサルティングが2004年6月に発表した「世界主要都市の生活費ランキング」で、北京は11位だった。このランキングは、世界114都市を対象に、住宅、食品、医療、日用品、交通、娯楽といった200以上のデータを分析し、外国人の生活費を比較調査して決定される。1位は東京、2位はロンドン、3位はモスクワだった。ニューヨークは12位で、外国人にとって北京よりも物価が安い都市ということになる。つまり外国人として暮らし、日本の便利さを持ち込もうとすると、ニューヨークに住むよりお金が必要ということになる。

またライフスタイルによっても、生活費にかなりの開きが生じる。例えば東京都内の会社に通う1人暮らしの会社員でも、東京近郊の月6万円のワンルームマンションで質素に暮らす人と、月100万近い麻布のマンションに住んでいる人では、1カ月にかかるコストは大きく違う。北京でも、毎日日本食レストランで外食し、外資系スーパーで日本の調味料を大量に買い、月に数回ゴルフに出かけ、カラオケ三昧——という生活を送れば、それなりの生活費を覚悟しな

ければならない。

ランチはオフィスの社員食堂が約10元、近場の中華レストランで複数で食べれば１人約20元、マクドナルドやＫＦＣ、吉野家といったファストフードなら約25元、高級な日本料理店やイタリアンレストランなどだと約50元から。

一般的に男性は部屋に対するこだわりが少ないため家賃は低いが、交際費がかさむ傾向にあり、女性は家賃や衣類にお金をかける傾向にある。平均値としては、家賃2000〜4000元、生活費3000〜5000元の範囲で生活する人が多いようだ。

(1)家計簿大公開！

●中国系翻訳会社に勤めるＡさん（28歳、女性）

	項目		金額
収入	手取り		6500元
	住居手当て		1000元
	合計		7500元
支出	固定費	住居費	2200元
		光熱費	100元
		ネット関係	120元
		携帯電話	100元
		小計	2520元
	生活費	食費	1500元
		交際費	300元
		被服・化粧品	300元
		その他	1420元
		小計	3520元
	合計		6040元
収支			1460元

生活を始めるに当たってかかった初期費用は、保証金が１カ月分（2200元）と学生寮からの引っ越し料金が150元。徐々に、ミニ冷蔵庫（約800元）、ミニ洗濯機（約800元）、組み立て式の棚（約500元）、

▲食材や日用品は中国系スーパー、こだわりのある品は外資系と上手に使い分けよう

寝具一式（約800元）、電子レンジ（約400元）、DVD プレーヤー（約800元）などを買い揃えた。

食費は、留学時代は自炊中心だったので月500元以下で生活していたが、現在は昼食が毎日外食のため1カ月1500〜2000元で、そのうちランチが1000元以上を占める。電気・ガス代は3〜4カ月に1度、大家さんが取りに来る。北京では食べていくだけであれば3000〜4000元で生きていけるが、それでは航空運賃も出せないので、一生日本に帰れないと思う。

中国で暮らしていて高いと思うのは衣料品。ピンとキリがはっきりしすぎるため、妥協できる手ごろな商品がない。またミドルエンド以上の電子機器や携帯電話端末は割高。逆に、DVD や CD、書籍など出版物や携帯電話の維持費、通信費は安い。野菜が新鮮で、安い、大きいうえに、おいしい。でも農薬漬けであるという重大な欠点がある。

「その他」の項目は、月4回の中国語教室（1回120元)、タクシ

ー代（約500元）、マッサージ代、トイレタリー用品購入費など。通勤は晴れた日は自転車、雨の日はバスがタクシー。

●中国系コンサルタント会社に勤めるＢさん（25歳、男性）

	項目		金額
収入	手取り		4500元
	住居手当て		500元
	合計		5000元
支出	固定費	住居費	1200元
		光熱費	100元
		ネット関係	120元
		携帯電話	500元
		小計	1920元
	生活費	食費	500元
		交際費	200元
		被服・化粧品	300元
		その他	100元
		小計	1100元
	合計		3020元
収支			1980元

はっきり言って生活は苦しい。留学時代に住んでいた大連はもっと物価が安かったが、北京は物が高いと思う。会社まではバスで10分ほど。バス料金は１元だが、混んでいるときはどさくさに紛れてタダ乗りすることも。会社のあるオフィスビルに共同社員食堂があるのでお昼は１食８元、夕食は近所の弁当屋で５元。どちらもおかずが２～３品選べる。友人と外食する時は、ビール代込みで１人当たり30～50元に抑えるようにしている。衣料品が安いので助かっている。洗濯をすると色あせたり、縮んだりすることも多いが、１シーズンで捨ててしまうと思えば、それほど気にならない。価格の安い靴は歩きにくいので、履物だけは高いものを買うか、日本に帰った時に２～３足購入している。

「その他」の項目はDVD購入代金。遠距離恋愛の彼女が頻繁に、

携帯電話にかけてくるので、通話料がけっこうかかる。毎月2000元ぐらい貯めておいて、長期の休みは彼女のために帰るようにしている。お給料のよい転職先を見つけるか、彼女に中国で就職してもらうかしないと、今のままではなかなか結婚に踏み切れない。

●日系専門商社に勤めるＣさん（35歳、女性）

	項目		金額
収入	手取り		1万5000元
	住居手当て		4000元
	合計		1万9000元
支出	固定費	住居費	7000元
		光熱費	200元
		ネット関係	300元
		携帯電話	200元
		小計	7700元
	生活費	食費	1000元
		交際費	1000元
		被服・化粧品	1000元
		その他	2000元
		小計	5000元
	合計		1万2700元
収支			6300元

「その他」の項目はスポーツジムが月500元、マッサージが月400元、ピアノが月400元、趣味のお茶やアクセサリーの購入など。インターネットは大家さんがADSLにしたくないと主張し、ダイヤルアップのままなので割高に。国際電話は日本で自動引き落とし。洋服は２月と８月のバーゲンシーズンに半額になったときを狙って、有名ブランドのものを２～３着買うようにしている。書籍、使い捨てコンタクトレンズ、衣類、寝具などはオンラインショッピングで日本から取り寄せているので、給与が全額人民元建てというのは痛い。外貨交換の規制を早く撤廃してほしい。そうでなければカード引き落としで、日本の貯金が目減りする一方。一時帰国の前に

▲外資系の飲食店が多く、にぎわっている

は闇両替商で人民元を日本円に換えて、日本の口座に入金してくる。

ランチは会社が負担してくれるので、実際必要な食費は朝食と夕食代のみ。朝食はパン食。住居が外国人用マンションで、隣に日本人駐在員一家が住んでいる。奥さんが夕食のおかずを差し入れてくれることが多く、とても助かっている。読み終わった日本のファッション誌を譲ってもらうことも。出張者やお客さんが北京に来る前にメールで「何かお土産のリクエストはありますか」と聞いてくれるので、日本の調味料やレトルト食品を頼むことが多い。

家でゆっくりするのが好きなので、交際費はそれほどかからない。外食は月10回ぐらい。そのうち半分は上司や取引先が一緒で、ご馳走してもらえることが多い（たぶん接待費）。女友達とバーに行ったりするけど、そんなに飲めないので1回につき100元以下で収まる。年下の女の子と出かけるときはたまにごちそうすることもある。

▲首都・北京では各国の料理を楽しむことができる

⑵物価

■食品

野菜や果物は毎朝開かれる自由市場で購入するのが一番安いが、農薬問題が気になる。また値段交渉が面倒だし、寒い日や暑い日はつらい。自由市場では肉類は剥き出しのまま売られていて、夏は白い綿の布がかけられているが、ハエがたかるなど、とても衛生的とは言えない。肉類の販売は国内スーパーマーケットでも、量り売りの所と、パック包装されている店と２通りある。一部外資系スーパーでは日系企業の薄切りスライス肉なども手に入る。野菜や果物も大手スーパーであれば農薬基準をクリアした「緑色野菜」「無公害野菜」などが売られている。

食品類の価格（特に野菜・果物類）は季節による変動が大きく、祝日前には高くなる。外資系スーパーは、見た目と品質は良いが高い。いろいろ使い分けて、買い物上手を目指そう。

▲北京ではトロピカルフルーツが安く手に入る

商品	自由市場	国内スーパー	外資系スーパー
牛肉1キロ	15元	19元	60元
豚肉1キロ	17元	26元	65元
鶏肉1キロ	8元	11.2元	60元
リンゴ1キロ	3.0元	24元	32元
しいたけ1キロ	7.0元	20元	40元
トマト1キロ	6.0元	10元	18元
砂糖1キロ	5.4元	10.6元	12元
グラニュー糖（日本直輸入）	――	――	45元
コメ5キロ	18元	22元	(秋田小町)49.3元
コアラのマーチ（ロッテ現地生産）	――	3.6元	4.2元
マヨネーズ（キユーピー現地生産）400g	――	9.9元	12.8元
カップ麺UFO（日清現地生産）	――	3.5元	4.8元
牛乳1リットル	――	4.85元	8.1元
バター200グラム	――	――	25～30元

▲選択する店により、食費は大きく異なる

■ファストフード系

マクドナルド、KFC、スターバックス、サブウェイなど米系ファストフード店は比較的そろっていて、店舗数も多い。牛丼の吉野家もある。中華料理に飽きたときなどは強い見方。味もほとんど変わらないが、日本よりも味付けが濃い傾向にある。また中国オリジナルメニューもあるので、ぜひ試してみたい。

商品（店）	価格
ハンバーガー（マクドナルド）	4.5元
ビッグマック（　〃　）	10.5元
ダブルチーズバーガー（　〃　）	8.0元
チキンフィレオ（　〃　）	10.5元
オリジナルチキン１ピース（KFC）	7.0元
チキンフィレサンド（　〃　）	10.5元

■サービス関係

人件費が安い北京では、サービスを施してもらうための料金がと

ても安い。また新聞、書籍の価格も低い。タクシーの初乗りは日本円に換算すると160円前後（10元）で乗れるため、利用頻度が高くなりがち。

サービス	価格
新聞	0.5元または1.0元
バス初乗り	1.0元
地下鉄	3.0元〜
タクシー初乗り	10元
マッサージ（美容院、理髪店など店内）	10〜15元（45分）
マッサージ（専門店）	80元〜（1時間）

書籍『達・芬奇密碼』ダン・ブラウン著（米）、朱振武／呉晟／周元暁訳 上海人民出版社 邦題『ダ・ヴィンチ・コード』 原題『THE DA VINCI CODE』	28元
書籍『哈利・波特与鳳凰社』J.K. ローリング著（英）、馬愛農など訳 人民文学出版社 邦題『ハリー・ポッターと不死鳥の騎士団』	59元

■美容院

以前は「一時帰国するまで数カ月間髪は切らない」という日本人が多かったが、最近は日本人が経営する美容院が急増している。日本語でサービスを受けられるので安心。日本人美容師を指名し、持ってきた雑誌を指差しながら、希望の髪型について熱心に説明するおしゃれな北京っ子たちも増えた。白衣を来た人が自転車にハサミや鏡、櫛などを乗せて公園の木陰で散髪してくれる移動式の屋外美容院もある。こちらは1回5元から。

サービス	現地	日系
美容院（カット）	15元〜	150〜400元
美容院（パーマ）	80元〜	700〜1200元

■生活用品

外資系メーカーが多数進出しており、質の高い現地生産品の入手が可能になった。ポケットティッシュもウェットティッシュも紙おむつも地元系スーパーに普通に陳列されている。電話機、ドライヤー、カセットデッキなど家電製品は、日本企業の関連子会社が生産するものであっても、品質にばらつきがある。またデザイン、機能面では100%自分の趣味に合うものを探すのは難しい。妥協が肝要。

商品名	価格
シャンプー（現地メーカー）400グラム	21元
シャンプー（外資系メーカー）P＆G「Rejoy」700グラム	39元
シャンプー（輸入品）資生堂「スーパーマイルド」600グラム	58元
トイレットペーパー（クリネックス10巻）	25.2元
トイレットペーパー（地元メーカー10巻）	15元
歯ブラシ１本	1.5元
食器洗い用洗剤（現地メーカー、500グラム）	1.9元
電球（フィリップス現地生産）	3.3元

⑶買い物事情

北京では1990年代後半に崇光（そごう）、華堂商場（イトーヨーカ堂）が進出した。今では一時帰国のときに買いだめをする必要も少なくなり、たいていのものは手に入るようになった。外国人が多く住む東側を中心に大手のデパートやスーパーマーケットが多数あり、ショッピングの選択の幅が広がった。日系や外資系のマンションには、小型スーパーが付設され、納豆や和菓子など日本の物が揃っている。

北京で暮らす外国人は、安い食材がほしければ屋外のマーケット「自由市場」、輸入食材や無農薬野菜などを使いたければ外資系スーパー、というように、買いたい物や価格に応じて、さまざまなショッピングスポットを賢く使い分けている。

▲旧正月（春節）のデパートは華やかだ

■日本人がよく利用するショッピングスポット

◎北京友誼商店

外国人用デパート。お土産物が揃っているので、観光客がよく利用する。値段は高いが質が良いわけではない。ただ1階にあるスーパーマーケットは使える。スターバックスが入っていて、待ち合わせに便利。

朝陽区建国門外大街17号

年中無休 9：30～21：30

◎燕莎友誼商城（ルフトハンザセンター）

ルフトハンザ系列のデパート。家電、家具、衣類、食料品などが購入できる。地下のスーパーは日本の食材も扱っているが、外国人向けの値段設定。ホテルに隣接していて、日本料理、ドイツ料理、イタリア料理などのレストランがある。

朝陽区亮馬橋路52号（東三環路「燕莎橋」）

☎010-6465-1188

◎太平洋百貨

高級デパート。衣料品、家電、スポーツ用品、化粧品、食料品などを販売している。地下のスーパーマーケットは日本の食材が豊富。スターバックスが入っている。

朝陽区工体北路甲２号　盈科中心

☎010–6539–3888

◎華堂商場（イトーヨーカ堂）

日本のイトーヨーカ堂とはイメージが少し違うが、日用雑貨も豊富。価格設定も庶民向き。無農薬野菜や産地表示野菜が並び、安心して買い物ができる。

・十里堡店

朝陽区十里堡甲３号

☎010–6556–5556

・亜運村店

朝陽区北四環東路108号

☎010–6491–0099

・豊台北路店

豊台北路79号冠京大厦

☎010–6380–1166

年中無休 9：00〜21：30

◎賽特購物中心（CIVIC）

元ヤオハン。輸入品が多く、価格はかなり高い。地下のスーパーには日本直輸入の食材がかなり揃っているが、だからといって同じ商品がいつもあるとは限らない。

朝陽区建国門外大街22号

☎010–6512–4488

年中無休 9：00〜21:30

◎家楽福（カルフール）

広い店内にたくさんの商品が並び､カートごと各階を移動できる。値段設定も地元の人向きで、いつも多くの人でにぎわっている。文房具、掃除用具、トイレタリー小物などの日用品の購入に便利。

・国展店
朝陽区北三環東路乙６号
☎010–8460–1030
・馬連道店
宣武区馬連道路11号
☎010–6332–2155
・中関村広場店
海淀区中関村中関村広場
☎010–5172–1516
・双井店
朝陽区広渠路31号
☎010–5190–9508

◎京客隆

地元系スーパー・チェーン。値段を交渉する必要がないため、自由市場と違い中国語が苦手でも、気軽に買い物ができる。北京の老若男女でいつも混雑している。

・購買中心
朝陽区甜水園北里16号
☎010–8598–2342
・三里屯店
朝陽区三里屯北路南27楼
☎010–6416–6607
・関東店
朝陽区関東店大街甲29号
☎010–6502–5749

▲2004年7月に「セブンイレブン北京1号店」が登場

◎ JENNY LOU

輸入食材の店。パン、チーズ、ワイン、缶詰、パスタ類、パスタソース、シリアル、菓子類が置かれている。西洋料理に使う調味料やスパイス類も豊富。チーズ、肉、野菜は量り売り。週末になると、自国の味を求める外国人がたくさんの食材を買い込む姿が見られる。

・朝陽公園店
　朝陽区農展館南路１号（朝陽公園西門南側）
　☎010–6501–6249
・三里屯店
　朝陽区三里屯西５街５号
　☎010–6461–6928
・麗都暇日飯店前店
　朝陽区将台路麗都暇日飯店前
　☎010–6434–8591

◎7-11便利店（セブンイレブン）

待望のセブンイレブンがようやく北京に登場。菓子や調味料、酒類など日本製品が豊富。お弁当コーナーでは８種類のおかずから３～４品選べる。おでんコーナーと合わせて地元客にも人気。おにぎりやサラダ、デザート類の味は北京の人の好みに合わせてあり、日本とはラインアップが異なる。

・東直門店
東城区東直門内大街５号
・前門店
崇文区前門大街甲２号
・霄雲路店
朝陽区曙光里30号院５号楼
年中無休24時間営業

◎宜家家居（IKEA）

スウェーデン生まれの家具メーカーが展開する店舗。以前は、北京で買う家具は重くて低品質、デザインも今１つのものが多かったが、IKEAができてからはカラフル、安価、シンプルでおしゃれな商品が手に入るようになった。地元の人たちにも人気で、土日は大混雑。

朝陽区阜通東大街59号（四元橋西北角）
☎010–6479–2345

❻日本人コミュニティ

北京日本人会

日本大使館、中国日本商会、大手日系企業などが中心となり、発

足した。会員相互の親睦と福祉の増進、日中友好親善を目的に活動。安全、医療等に関する北京在住日本人のための情報を提供するほか、会報誌『日本人会だより』を毎月発行している。会員数は約1747人(2004年11月現在)。子ども音楽会、各種スポーツイベント、クリスマスパーティー、バザーなどが毎年開催されている。

朝陽区建国門外大街甲26号　長富宮飯店弁公楼104
☎010−6527−2970
FAX010−6527−2971

〈入会〉
入会の手続きは、日本人会事務所にある申込書に必要事項を記入し、会費を払うと、その場で会員証が発行される。

1．開室時間：月曜日から金曜日　午前9：00−12：00　午後13：30−17：30

2．会員資格

個人会員	中国に居住し日本国籍を有する満18歳以上の方
留学生会員	日本国籍を有し中国の教育機関が発行する学生証を所持する留学生の方
家族会員	個人会員並び留学生会員の家族で満18歳以上の方
準会員	国籍にかかわらず本会の趣旨に賛同し、且つ理事会の承認を得た方
賛助会員	中国日本人商工会議所会員企業、及びその他日系企業・団体。

3．会費

個人会員	430元／年
留学生会員	150元／年
家族会員	150元／年
準会員	150元／年
賛助会員	中国日本人商工会の規定に準じて徴収

日本人会所属　同好会（50音順）

クラブ名	活動日など
囲碁	主に日曜日、発展大厦にて
剣道	
水泳	
つり	毎月１回例会を開催
テニス	毎日曜日9-12時、国際テニス中心
俳句	毎月第２土曜日に句会を開催
バトミントン	毎日曜日10-12時、日本人学校体育館
バレーボール	毎土曜日15-17時、日本人学校
ブリッジ	毎水曜日に長富宮飯店にて
野球	毎月第３日曜日

同郷会・県人会（50音順）

秋田県、石川県、茨城県、岩手県、愛媛県、大分県、香川県、鹿児島県（北京さつま会）、熊本県、静岡県、島根県、千葉県、栃木県、富山県、長野県（信州県人会）、新潟県、兵庫県、福井県、福岡県、福島県、北海道、三重県、宮城県、山形県、山口県、和歌山県

同窓会（50音順）

大阪外国語大学、九州大学（北京筥崎会）、慶応大学（三田会）、神戸市外国語大学、城西国際大学・城西大、上智大学（ソフィア会）、成蹊大学（北京成蹊会）、東京外国語大学、一橋大学（如水会）、法政大学（法政チャイナ）、明治大学（紫燕会）、早稲田大学（北京稲門会）

その他の集まり（50音順）

池坊北京支部、燕京山の会、燕京スキーの会、京劇の会、月木会テニス同好会、茶道裏千家淡交会北京同好会、昭和21年生まれの会、女子バスケットボール同好会、北京環境ボランティアネットワーク、北京 HAM 同好会、大和なでしこ会

❼関係機関

在中国日本国大使館

朝陽区建国門外日壇路７号（郵便番号100600）

☎010-6532-2361（代表）

総務部　☎6532-2346

政治部　☎6532-1971

経済部　☎6532-2138

広報部　☎6532-2138

FAX010-6532-4625

http://www.cn.emb-japan.go.jp/jp/01top.htm

在中国日本国大使館領事部

朝陽区東三環北路北京南銀大厦２階（郵便番号100027）

邦人保護　☎6410-6970

旅券・戸籍・各種証明　☎6410-6971

ビザ申請　☎6410-6973

残留孤児・戸籍取得　☎6410-6972

FAX010-6410-6975

各種証明受付時間：月曜日～金曜日　9：00～11：30　13：00～17：00

重慶総領事館

重慶市渝中区民生路283号　重慶賓館商務大厦14F

☎023-6373-3585

FAX023-6373-3589

http://www.chongqing.cn.emb-japan.go.jp/

上海総領事館
上海市万山路８号
☎021–5257–4766、5257–4768（査証問い合わせ専用）
FAX021–6278–8988
http://www.shanghai.cn.emb-japan.go.jp/

広州総領事館
広州市環市東路368号花園大厦
☎020–8334–3009、8334–3090（領事・査証班）
FAX020–8333–8972
http://www.guangzhou.cn.emb-japan.go.jp/

瀋陽総領事館
遼寧省瀋陽市和平区十四緯路50号
☎024–2322–7490
FAX024–2322–2394
http://www.shengyang.cn.emb-japan.go.jp/jp/index.htm

大連出張駐在官事務所
遼寧省大連市西崗区中山路147号森茂大厦３階
☎0411–8370–4077、4081、4082
FAX0411–8370–4066
http://www.dalian.cn.emb-japan.go.jp/

在香港総領事館
香港中環康楽廣場８號交易廣場第一座46樓及47樓
☎852–2522–1184
FAX852–2868–0156
http://www.hk.emb-japan.go.jp/index_j.html

北京日本人会
朝陽区建国門外大街甲26号　長富宮飯店弁公楼104（郵便番号100022）
☎010–6527–2970
FAX010–6527–2971
http://www.j-act.com/beijing/index.htm

日本人学校
朝陽区将台西路6号（郵便番号100016）
☎010–6436–3250
FAX010–6436–3766
http://www.jsb.org.cn/

中国日本商会
朝陽区建国門外大街甲26号　長富宮飯店弁公楼104（郵便番号100022）
☎010–6515–0829、6513–0839
FAX010–6513–9859
http://www.cjcci.biz/

日本貿易振興機構（ジェトロ）
朝陽区建国門外大街甲26号長富宮弁公楼7003（郵便番号100022）
☎010–6513–7077
FAX010–6513–7079
http://www.jetro.go.jp/china/beijing/

（財）日中経済協会
朝陽区建国門外大街甲26号長富宮弁公楼401（郵便番号100022）
☎010–6513–9880～9883
FAX010–6513–9884

http://www.jc-web.or.jp/default.htm

北京市公安局　外国人管理処ビザ関係
東城区安定門東大街２号（二環路の小街橋付近）
☎010-8401-5292（外国人用）
業務時間8：30～16：30（月曜日～土曜日）

■知っていると便利な電話番号

緊急
火事：☎119
警察：☎110
救急車：☎120または999
交通事故：☎122

北京救急センター：☎120または6525-5678
東城区緊急センター：☎010-6403-4567
朝陽区救急センター：☎010-6502-4214
海淀区救急センター：☎010-6255-1759
北京市電力センター：☎010-6303-4561
北京市煤気公司救急修理：☎010-6502-2414

電話サービス
時報：☎117
天気予報：☎121
電話番号案内：☎114

■日本書籍のある図書館

首都図書館
朝陽区東三環南路88号
☎010-6735-8114
開館時間：9：00〜19：30（一部閲覧室を除く）

中国国家図書館
海淀区白石橋路39号
☎010-6841-5566
開館時間：9：00〜17：00（一部閲覧室を除く）
http://www.nlc.gov.cn

北京日本人会図書館
朝陽区建国門外大街甲26号　長富宮飯店弁公楼１階
☎010-6527-2970
FAX010-6527-2971
利用時間：火曜日〜金曜日　10：00〜17：00（お昼休みなし）
土曜日・日曜日　10：00〜12：00　13：00–17：00
貸出料：無料
貸し出し機関書籍、ビデオテープとも貸出日を含めず２週間

日本経済協会資料室
朝陽区建国門外大街甲26号　長富宮飯店弁公楼401
☎010-6513-9880/1/2/3
開館時間：月曜日〜金曜日　9：00〜12：00　13：30〜17：30

日本貿易振興会図書館
朝陽区建国門外大街甲26号　長富宮飯店弁公楼7003
☎010-6513-7075
開館時間：月曜日～金曜日　9：00～11：30　13：30～17：00

日本国駐華大使館新聞文化中心
朝陽区建国門外大外21号　国際倶楽部弁公大楼１、２階
☎010-6532-2138
開館時間：10：00～17：20　土曜日13：00～17：00（２階のみ）　火・日曜日は休館

国際交流基金図書館
朝陽区建国門外大街甲19号　国際大厦２号楼８階
☎6500-6522
開館時間：月曜日～金曜日　10：00～17：00

■日本書籍のある書店

中国図書進出口総公司（日本図書販売センター）
書籍代金＝図書原価×比率（日本書籍の場合は1.35）×交換レート
（科学研究所、学校単位でない場合、上記代金にプラス13%の税金が課税される）
本店
朝陽区工体育東路16号南小楼１階
☎010-6500-1336
営業時間：9：00～19：00（月曜日定休）

長富宮飯店売店
朝陽区建国門外大街甲26号

☎010-6512-5555（内線1267）
営業時間：7：00～22：00

北京外文書店日本書センター

売場面積30坪、約１万冊の品揃えで2004年９月オープン。株式会社トーハンが運営に協力している。
東城区王府井大街235号・北京外文書店３階
☎010-6512-6938、6512-6910
FAX010-6512-6930
営業時間：9：00～20：30

学ぶ

❶中国語をマスターする

中国語を本格的に勉強したいと考える人は、留学先候補としてまず北京を挙げる。その理由は、標準語（普通語）が話されている、文化的・歴史的資料が集中している、治安がよく生活が便利、有名大学が集中している——などさまざまだが、留学生が多いということもあり、語学関連の学校や塾はかなり充実している。最近は大学でも個人レッスン授業を設けるなど、外国人をターゲットにしたサービスを拡大している。

北京で働くということは、生活しながら語学を習得する大きなチャンスでもある。教室で教えてもらった内容を、帰りのタクシーで応用することも可能だ。また教室という密室の中にいても、どっぷりと中国語に浸ることができる。

働きながら学ぶのであれば、週末コースや夜間コースの授業に参加する他、家庭教師の派遣をお願いすることもできる。「貿易関連用語を中心に」「交渉に役立つ中国語を」など、具体的な希望をリクエストしよう。

初心者レベルの人はもちろん、上級者もどんどん中国語環境に身を置いて、語学をマスターし、さらなるキャリアアップを目指そう。

❷技術·芸術などを身に付ける

古くから文化の中心地であった北京では、中国茶道、中華料理、民族楽器、足底按摩、水墨画、陶芸、武術、気功などさまざまなスクールがあり、先生のレベルが最も高い。趣味を通じて中国への理解を深めることもできるというメリットもある。

また外国人が多いため、パン、フラワーアレンジメント、フードコーディネート、トールペインティング、キルト、お菓子、各国料理など、国や文化を問わずいろいろな習い事が本格的に楽しめる。ここ数年の間に、日本で有名なその道のプロたちが北京で教室を運営するケースも増えた。

生活に華を添えるだけでなく、一生付き合えるような先生、友人と出会ったり、才能を開花させて自分で教室を開きビジネスにつなげたり、さまざまな可能性を見出すチャンスにもつながる。

❸スクール一覧

北京青山語学院

韓国資本で、しっかりとしたカリキュラムが自慢。清華大学や北京大学などの入試の受験準備コースや中日翻訳コースなど。大学受験準備のために通う日本人も多い。その他、映画やテレビドラマを勉強するクラスやHSK攻略クラスも人気。

朝陽区東三環中路海淀区五道口華清商務会館308号

☎010-8286-7725～8

FAX010–8286–7719
http://www.cschina.co.kr（韓国語）

地球村中国語学校

短期・長期各種クラスがあり、随時スタート可能。学費は１時間12元、語学学校だが半年以上通えばビザの延長に必要な書類を提供してくれる。⑴HSK(漢語水平考試)対策クラス、⑵専門クラス(貿易、作文、新聞読解、雑誌、映画課)、⑶HSK週末クラス――などがある。
朝陽区東三環中路海淀区五道口鉄路西側　順徳賓館２階201室
☎010–6253–7736、7737（7：30〜21：00）

清華大学美術学院　中国語教育中心

市の中心部にあり、通学に便利。少人数制で、教師陣のレベルも高い。学費は１学期950ドル、入学金50ドル。HSK強化クラスや夜間クラスもある。
朝陽区東三環中路34号　清華大学美術学院７号楼201室（国貿大厦東側）
☎010–6561–1138、1350（日本語可）

北京外交人員語言文化中心（LCC）

三里屯北の繁華街に位置する。80人の専門講師を抱える。語学コースは、一対一の個人レッスン（70〜130元／１時間）、３人以上のクラス（45元／人／１時間）など。

中国語以外にも、HSKクラス、英語、書道、絵画、漢詩、ピアノ、バイオリン、切り絵、気功、太極拳などのコースがある。
朝陽区東三環中路朝陽区三里屯北小街７号
☎010–6532–3005、4303
FAX010–6532–5638
E-mail：lcc @ chinesestudy-lcc.com

http://www.chinesestudy-lcc.com

語言文化セミナー

中日青年交流センター内。中国語や文化クラスの他、個人レッスン講座も設けている。中国語、英語など各種言語、中国茶道・中華料理・民族楽器・足底按摩などの文化講座がある。また家庭教師の派遣も行なっている。日本語でのレッスンも可能。

朝陽区東三環中路朝陽区亮馬橋路40号 中日青年交流中心研修楼401

☎010–6462–8472、6466–3311（内線3500）

FESCO トレーニングセンター

FESCOの正式名称は「北京外国企業集団有限責任公司」。ビザ取得手続き代行、人材派遣、語学教室などさまざまなサービスを提供しており、北京の日本人社会に広く知られている。語学授業はマンツーマンのほか、少人数クラスがあり、初級、上級、文学、専門などのコースに分かれている。韓国語や英語など他の言語の学習もできる。また家庭教師の派遣依頼も可能。太極拳、中医薬、中華料理、書道、絵画、切紙、中国茶道、刺繍、音楽などのクラスがある。

朝陽区東三環中路朝陽区朝陽門南大街14号１Ｆ

☎010–8563–6133（日本語可）

❹大学一覧

北京大学

海淀区頤和園路５号

留学に関する問い合わせ先：北京大学　留学生事務所

☎010–6275–1230、2747、9398

FAX010–6275–1233

E-mail：study @ pku.edu.cn

http://www.oir.pku.edu.cn

北京語言大学

海淀区学院路15号

留学に関する問い合わせ先：北京言語大学 外国人留学生募集弁公室

☎010–8230–3951、3086、3088

FAX010–8230–3087

E-mail：zhaosh1@ blcu.edu.cn（長期留学）

zhaosh2@ blcu.edu.cn　zhaosh4@ blcu.edu.cn（短期留学）

zhaosh3@ blcu.edu.cn（文化研修）

http://www.blcu.edu.cn/

北京師範大学

海淀区新街口外大街19号

留学に関する問い合わせ先：北京師範大学 外国学者及留学生弁公室

☎010–6220–7986、8364、0325

FAX010–6220–0823

E-mail：isp @ bnu.edu.cn

http://www.bnu.edu.cn/

清華大学
海淀区清華園
留学に関する問い合わせ先：清華大学　留学生工作弁公室
☎010–6278–4857、4621
FAX010–6277–1134
E-mail：lxsb @ tsinghua.edu.cn
http://www.tsinghua.edu.cn/

北京外国語大学
海淀区西三環北路２号
留学に関する問い合わせ先：北京外国語大学　留学生弁公室
☎010–8881–6549、0671
FAX010–8881–2587
E-mail：wsclxb @ mail.bfsu.edu.cn
http://www.bfsu.edu.cn/

中国人民大学
海淀区海淀路175号
留学に関する問い合わせ先：中国人民大学　留学生弁公室
☎010–8881–6549、0671
FAX010–8881–2587
E-mail：wsclxb @ mail.bfsu.edu.cn
http://www.ruc.edu.cn/

対外経済貿易大学
和平街北口恵新東街10号
留学に関する問い合わせ先：対外経済貿易大学　国際学院
☎010–6449–2329、2327
FAX010–6449–3820
E-mail：dfs @ uibe.edu.cn

http://www.uibe.edu.cn/

北京第二外国語学院

朝陽区定福荘南里１号

留学に関する問い合わせ先：北京第二外国語学院 国際交流与合作処

☎010-6577-8564、8565

FAX010-6576-2520

E-mail：ieco @ bisu.edu.cn

http://www.erwai.edu.cn/

首都経済貿易大学

朝陽門外紅廟金台里２号

留学に関する問い合わせ先:首都経済貿易大学　対外文化交流学院・留学生弁公室

☎010-6506-4328

FAX010-6500-6091

E-mail：CUEBWSC @263.net

http://www.cueb.edu.cn/

北京中医薬大学

朝陽区北三環東路11号

留学に関する問い合わせ先：北京中医薬大学　国際学院弁公室

☎010-6422-0280（対外培訓弁公室)、6421-3458（留学生管理科）

FAX010-6422-0858

E-mail：isbucm @ bjucmp.edu.cn

http://www.bjucmp.edu.cn/

❺留学関連の掲示板

北京留学生通信　http://www.studio-ito.net/bfc/
北京師範大学　http://www.egroups.co.jp/group/beishida
中央民族大学　http://www1.plala.or.jp/ruoyue/
清華大学　http://www.egroups.co.jp/group/qinghua
北京大学　http://www.egroups.co.jp/group/beijingdaxue

■漢語水平考試（HSK）とは

中国語を母国語としない人たちの中国語レベルを測定するための、中国教育部（日本の文部科学省に相当）が認めた唯一の中国語能力認定試験である。海外企業の中国進出や中国への留学生の増加を背景に、HSK受験者は年々増えており、2004年のHSK受験者数は8万9000人を越えた。

HSKは初・中級が1～8級、高級が9～11級に分かれており、中国の大学への留学や就職の際に、中国語能力を証明するためのツールとして利用されている。

HSK日本事務局
大阪府豊中市本町5－1－1教育センタービル（〒560-0021）
☎06-6857-3397
FAX06-6843-1119
E-mail：hsk @ jyda-ie.or.jp
http://www.jyda-ie.or.jp/hsk/top.htm